자기표현과
생활한문

자기표현과 생활한문

정우택

도서출판 **박이정**

자기표현과 생활한문

초판 발행 2009년 2월 25일
4쇄 발행 2013년 3월 8일

지은이 정우택
펴낸이 박찬익
편집장 김려생
책임편집 오유정

펴낸곳 도서출판 **박이정**
주소 서울시 동대문구 용두동 129-162
전화 02) 922-1192~3 | 팩스 02) 928-4683
홈페이지 www.pijbook.com
이메일 pijbook@naver.com
온라인 국민 729-21-0137-159
등록 1991년 3월 12일 제1-1182호

ISBN 978 - 89 - 6292 - 034 - 5(03710)

* 책값은 뒤표지에 있습니다.

머리말

현대사회에서 주체는 표현함으로써 존재하고, 표현을 통해 스스로를 확장한다. 사람의 능력은 표현으로 확인되는 것이다.

사회와 직장에서 개인은 타자와의 커뮤니케이션을 통해 생활을 하고 업무를 수행하는 것이다. 정확하고 원활한 커뮤니케이션은 매우 중요한 덕목이 된다.

표현력과 이해력은 사회인과 전문인의 기초능력이다. 한자는 전공의 개념을 이해하기 위해서 필수적으로 터득해야 하는 기초능력이다.

그래서 각 대학에서는 표현 능력의 향상과 개념 파악 및 이해력 증진을 위한 교육과정을 대폭 강화하고 있다.

이에 기초학습향상을 위한 교재를 새롭게 개발하게 된 것이다. 본 교재는 그러한 관점에서 개발되었다.

제Ⅰ장은 표현력을 향상하기 위한 학습장으로 마련하였다. 단어의 연상에서부터, 단어를 연결하여 문장을 만들고 나아가 하나의 완결된 생각의 틀을 제시하는 과정으로 자연스럽게 이어갈 수 있도록 편집하였다.

제Ⅱ장은 맞춤법을 쉽게 이해하고 공부할 수 있도록 편집하였다.

제Ⅲ장에서는 직업윤리를 생각해 보고, 이를 바탕으로 취업에 필요한 서류 작성 능력 향상에 중점을 두었다. 이력서 및 자기소개서 작성법을 다양한 예를 통해 학습하고, 또 면접의 요령도 제시하였다.

제Ⅳ장에서는 대학생활·사회생활·직장생활에서 필요로 하는 실용문을 익히도록 하였다. 실용문은 직장에서의 실무능력뿐 아니라 바람직한 사회관계를 형성하는데 매우 중요하다.

제Ⅴ장은 사회와 직장, 공부의 기초지식인 한자 교육에 할애했다. 아주 기초적인 한자에서부터 생활에 꼭 필요한 한자 학습에 초점을 맞추었다.

제Ⅵ장은 학생들이 생활에서 쉽게 접하는 한자상표를 활용하여 한자를 재미있고 쉽게 익힐 수 있도록 편집하였다.

제Ⅶ장은 기초한자를 바탕으로 생활의 교양과 상식을 함양할 수 있도록 하였다.

본 교재가 학생들의 표현력 향상과 이해력 증진에 이바지하고, 또 취업에 도움이 되어 유능한 직업인, 행복한 사회인으로 거듭나는 데 도움이 되기를 바란다.

2009. 2.

저자

차례

머리말

제1장

자기표현과 글쓰기

1. 질문, 글쓰기로 들어가는 문

질문은 관심의 표현이다. 대부분의 사람들은 질문을 할 때 자신이 관심을 갖는 것, 궁금한 것에 집중한다. 생텍쥐페리가 쓴 『어린 왕자』에는 어린아이와 어른의 질문이 얼마나 다른가를 보여주는 재미있는 이야기가 나온다.

나는 어린 왕자가 살던 별이 소혹성 B612호라고 믿을 만한 상당한 근거를 가지고 있다. 그 혹성은 딱 한 번, 1909년에 터키 천문학자에 의해 망원경에 잡힌 적이 있었다. 그 당시 그는 국제 천문학회에서 자신의 발견을 훌륭히 증명해 보였다. 그러나 그가 입은 옷 때문에 아무도 그의 말을 믿지 않았다. 어른들이란 모두 이런 식이다.

터키의 한 독재자가 국민들에게 서양식 옷을 입지 않으면 사형에 처한다고 강요한 것은 소혹성 B612호의 명성을 위해서는 다행스러운 일이었다. 그 천문학자는 1920년에 매우 멋있는 옷을 입고 다시 증명을 했다. 그러자 이번에는 모두들 그의 말을 믿었다.

내가 소혹성 B612호에 관해 이렇게 자세히 이야기하고 그 번호까지 일러주는 것은 어른들 때문이다. 어른들은 숫자를 좋아한다. 새로 사귄 친구 이야기를 할 때면 그들은 가장 중요한 것은 물어보는 적이 없다.

"그 애 목소리는 어떻지? 그 애가 좋아하는 놀이는 무엇이지? 나비를 채집하지 않니?"

라는 말을 그들은 절대로 하지 않는다.

"나이가 몇이지? 형제는 몇이고? 체중은 얼마지? 아버지 수입은 얼마야?"

하고 그들은 묻는다. 그 대답을 듣고서야 그 친구가 어떤 사람인지 알게 된 줄로 생각하는 것이다.

만약 어른들에게

"창문가에 제라늄 화분이 놓여있고 지붕에 비둘기가 살고 있는 분홍빛 벽돌집을 보았어요."

라고 말하면 어른들은 그 집이 어떤 집인지 상상하지 못한다. 어른들에게는 "10만 프랑짜리 집을 보았어요."라고 말해야 한다. 그러면 비로소 '야, 굉장히 좋은 집을 보았구나.'라고 감탄한다.

그래서

"어린 왕자가 아주 예쁘고, 잘 웃었고, 그리고 양 한 마리를 가지고 싶어 했다는 것이 그가 이 세상에 있었다는 증거예요. 만약 누군가 양을 가지고 싶어 한다면, 그건 그가 이 세상에 있었다는 증거예요."

라고 말한다면 어른들은 어깨를 한번 으쓱해 보이고는 여러분을 어린아이 취급할 것이다. 그러나

"그가 떠나온 별은 소혹성 B612호예요."

라고 말하면 어른들은 대충 인정을 하면서, 더 이상 어린 왕자에 대해 질문을 해 대며 여러분을 귀찮게 굴지 않을 것이다. 어른들은 다 그런 식이다. 그렇다고 어른들을 나쁘게 생각해서는 안 된다. 우리들이 어른들을 너그럽게 이해해주어야만 한다.

하지만 인생을 이해하는 우리들은 숫자 따위는 중요하게 생각하지 않는다.

-『어린 왕자』 중에서

『어린 왕자』의 내용을 보면, 어린아이들은 새로 친구를 사귈 때 그의 목소리, 모습, 취향, 취미 같은 것에 관심을 갖는다. 하지만 어른들은 숫자로 표현되고 비교될 수 있는 것들에 관심을 갖는다. 그래서 어른들은 숫자로 대답할 수 있는 것들만 질문한다. 어린아이와 어른의 질문이나 관심이 이렇게 다른 이유는 무엇일까? 그것은 '어떤 대상이나 상황의 본질을 무엇으로 생각하느냐가 다르기 때문이다. 정말 중요한 것, 본질을 파악하는 관점이 무엇이냐에 따라 질문의 내용과 방향이 달라지고, 그 대답도 달라진다.

글쓰기도 같은 원리이다. 질문은 모든 글쓰기의 시작이다. 그리고 어떤 질문을 하느냐에 따라 글쓰기의 내용과 방향이 달라진다. 반대로 글쓰기의 목적과 형식에 따라 질문의 내용이 달라지기도 한다. 이제 질문을 직접 만들어보면서 자신의 관심이 어디에 있는지 알아보자. 그런 다음 주위의 사람들과 질문을 비교하면서 서로의 관심이 일치하는지 또 다른지, 어떻게 다른지 알아보자.

내 앞에 사과가 있다.

나는 지금 눈을 감고 사과를 만지고 있다.

사과에 대해 궁금한 것을 질문으로 만들어 보자.

머릿속에서 떠오르는 대로 순서 없이 자연스럽게 질문한다.

이때 멈추지 않고 질문을 계속 이어나가는 것이 중요하다.

지금부터 나는 눈앞의 보이지 않는 사과에 대해 열 개의 질문을 만들 것이다.

1. ____

2. ____

3. ____

4. ____

5. ____

6. ____

7. ____

8. ____

9. ____

10. ____

사과에 대한 열 개의 질문을 자세히 분석해 보면 어떤 공통점이 나타날 것이다. 프랑스의 상징주의 화가 모리스 드니(Maurice Denis, 1870~19433)가 이렇게 말했다. "역사상 유명한 사과가 셋 있는데, 첫째가 이브의 사과이고, 둘째가 뉴턴의 사과이며, 셋째가 세잔의 사과이다. 평범한 화가의 사과는 먹고 싶지만 세잔의 사과는 마음에 말을 건넨다." 모리스 드니의 이 말을 기준으로, 여러분이 만든 열 개의 질문을 세 가지 유형으로 분석해볼 수 있다.

첫째, 인간의 내면에 존재하는 본능적인 호기심을 표현한 이브의 사과
둘째, 사물들 간의 연관과 법칙을 연구하고 밝혀낸 뉴턴의 사과
셋째, 사물의 색채와 형태를 오랫동안 고민했던 세잔의 사과

여러분이 만든 질문들은 위의 세 유형으로 구분해 볼 때, 어느 쪽이 가장 많은가? 질문이 가장 많이 속한 쪽이 자신의 관심 분야 또는 관심의 경향을 보여준다고 할 수 있다.

세 유형에 대한 구분이 분명하게 이해되지 않는다면 하나의 예를 들어 보자. 아래에 사과를 두고 쓴 한 편의 시가 있다. 이 시에 표현된 사과는 세 유형 중에서 어느 쪽의 사과에 가까운지 생각해 보자.

사과를 먹으며

함 민 복

사과를 먹는다
사과나무의 일부를 먹는다
사과꽃에 눈부시던 햇살을 먹는다
사과를 더 푸르게 하던 장마비를 먹는다
사과를 흔들던 소슬바람을 먹는다
사과나무를 감싸던 눈송이를 먹는다
사과 위를 지나던 벌레의 기억을 먹는다
사과나무에서 울던 새소리를 먹는다
사과를 연구한 식물학자의 지식을 먹는다
사과나무 집 딸이 바라보던 하늘을 먹는다
사과에 수액을 공급하던 사과나무 가지를 먹는다
사과나무의 세월, 사과나무 나이테를 먹는다
사과를 지탱해 온 사과나무 뿌리를 먹는다
사과의 씨앗을 먹는다
사과나무의 자양분 흙을 먹는다
사과나무의 흙을 붙잡고 있는 지구의 중력을 먹는다
    사과나무가 존재할 수 있게 한 우주를 먹는다
    흙으로 빚어진 사과를 먹는다
    흙에서 멀리 도망쳐보려다
    흙으로 돌아가고 마는
사과를 먹는다
사과가 나를 먹는다

시인은 지금 사과를 먹고 있다. 사과를 먹으며 생각한다. 사과가 달려 있던 사과나무, 사과를 만든 사과 꽃, 사과 꽃을 비추던 햇살, 사과를 키운 장마 비와 소슬바람, 사과나무를 흔들던 눈송이와 새소리, 사과 위를 지나가던 벌레 …… 마침내 시인의 생각은 흙 속에 뿌리내린 사과나무와 그 사과나무가 살아온 세월, 그리고 사과나무를 존재할 수 있게 한 우주로까지 이어진다. 사과를 먹는 행위와 사과에 대한 생각이 우주에 대한 생각으로, 나아가 우주의 미미한 존재인 나, 흙에서 태어나 흙으로 돌아갈 나의 존재에 대한 생각으로 이어지고 있는 것이다.

이 시에 표현된 사과는 위의 세 유형 중에서 '사물들 간의 연관과 법칙을 연구하고 밝혀낸 뉴턴의 사과'에 해당된다. 뉴턴이 사물들 간의 연관과 법칙을 바탕으로 만유인력이라는 과학 원리를 이끌어 냈다면, 시 「사과를 먹으며」는 사물들 간의 연관과 법칙을 통해 사물과 인간의 존재 원리와 그 의미를 탐구하는 철학적인 사색에 도달하고 있다.

우리는 '사과'라는 대상을 놓고 질문해 보았다 이제 질문의 대상을 다양하게 바꿔볼 수 있다. 아래 몇 가지 질문의 예가 있다. 그 중 하나를 선택해서 열 개의 질문을 만들어 보자. 질문을 할 때 두 가지의 조건을 지키는 것이 중요하다. 첫째는 머릿속에서 떠오르는 대로 순서 없이 자연스럽게 질문한다. 둘째는 이때 멈추지 않고 질문을 계속 이어나간다. 열 개의 질문이 완성되면 질문의 유형을 구분해 보자. 그러면 질문의 대상(또는 주제)에 대한 나의 관심이 무엇인지 좀 더 분명하게 나타날 것이다.

> ▶ 대학
> ▶ 여행
> ▶ 돈
> ▶ 친구
> ▶ 성공
> ▶ 내가 갖고 싶은 직업
> ▶ 결혼
> ▶ 휴식
> ▶ 10년 뒤의 나
> ▶ 습관

2. 단어-문장-이야기 만들기

가장 오래되었으며 가장 간단한 질문의 형식은 수수께끼이다. 수수께끼는 의도적으로 질문을 비틂으로써 대상을 낯설게 만드는 방법이다. 우리는 수수께끼를 통해 이미 알고 있는 대상을 새롭게 이해하고 상상력이 확장되는 즐거운 경험을 할 수 있다. 아래에 몇 개의 수수께끼가 준비되어 있다. 수수께끼의 답을 찾아보면서 딱딱하게 고정되어 있는 사고를 유연하게 풀어보자.

① 아침에는 네 발, 낮에는 두 발, 저녁에는 세 발인 것은 무엇일까? __________

② 별은 별인데 슬픈 별은 무엇일까? __________

③ 하늘에 있고, 날마다 크기가 조금씩 달라지며, 밤에 더 잘 보이고, 날카로운 칼을 연상시키는 것은 무엇일까? __________

④ 곡식이다. 작다. 동화의 주인공 이름에도 붙어있다. 겨울에 중요하게 사용하는 날이 있다. 귀신이 싫어한다는 속설이 있다. 떡에 쓰일 때는 겉에 붙어 있고 빵에 쓰일 때는 속에 들어 있다. 무엇일까? __________

⑤ 인체 중에서 가장 식물적인 분위기를 간직하고 있다. 인공적으로 못살게 굴수록 자신이 아름답게 보일 거라는 속물근성을 좀처럼 버리지 못한다. 때로는 한 순간의 결의를 표현하기 위해 일목요연하게 밀어 치우기도 한다. 그러나 대개 인간의 결심은 자주 흔들리거나 허물어진다. 세속을 떠날 때가 가까워지면 대부분 아름다운 은빛 광채를 발하게 된다. 인생이 발효되었다는 증거다.(이외수,『글쓰기의 공중부양』중에서) 무엇일까? __________

수수께끼를 푸는 동안 평소보다 생각이 유연해지고 상상력이 발휘되는 경험을 했을 것이다. 이것은 글쓰기를 위한 준비운동이다. 습관적인 생각과 고정된 사고를 가지고 좋은 글, 새로운 글을 쓰는 것은 불가능하다. 좋은 글, 새로운 글을 쓰기 위해서는 꽉 조여 있는 사고의 틀을 깨고 경험의 한계를 넘어, 미지의 영역을 탐험하고자 하는 열망과 도전이 필요하다. 준비가 되었다면 이제 본격적인 글쓰기의 단계로 들어가 보자.

❑ 1단계, 주어진 단어의 뒤를 이어서 끝말잇기를 해 보자.(5개)

* 동전 ⇒ 전화기 ⇒ 기차 ⇒ 차창 ⇒ 창틀 ⇒ 틀니

* 주전자 ⇒ 자전거 ⇒ 거미 ⇒ 미소 ⇒ 소리 ⇒ 리어카

* 바다 ⇒ _______ ⇒ _______ ⇒ _______ ⇒ _______ ⇒ _______

* 의자 ⇒ _______ ⇒ _______ ⇒ _______ ⇒ _______ ⇒ _______

❑ 2단계, 끝말잇기 한 단어의 앞에 수식하는 말을 붙여 보자.

* 낡은 동전 ⇒ 빨간 전화기
       ⇒ 달리는 기차
       ⇒ 어두운 차창
       ⇒ 턱을 괸 창틀
       ⇒ 쓸쓸한 틀니

* 끓고 있는 주전자 ⇒ 달리는 자전거
           ⇒ 여윈 거미
           ⇒ 희미한 미소
           ⇒ 신경을 거슬리는 소리
           ⇒ 아버지의 오래된 리어카

* _______ 바다 ⇒ _____________
          ⇒ _____________

⇒ ___________

⇒ ___________

⇒ ___________

* ___________ 의자 ⇒ ___________

⇒ ___________

⇒ ___________

⇒ ___________

⇒ ___________

□ 3단계, 수식하는 말 앞에 의성어나 의태어를 붙여 보자.

* 반질반질하게 낡은 동전 ⇒ 지링지링 울어대는 빨간 전화기

⇒ 우글우글 바글바글 달리는 기차

⇒ 쉭쉭 스쳐가는 어두운 차창

⇒ 물끄러미 턱을 괸 창틀

⇒ 유리 잔 속의 오도카니 쓸쓸한 틀니

* 부글부글 끓고 있는 주전자 ⇒ 비틀비틀 달리는 자전거

⇒ 속이 텅텅 비어 여윈 거미

⇒ 비시시 입가에 희미한 미소

⇒ 꽝꽝 끽끽 신경을 거슬리는 소리

⇒ 삐걱 삐걱거리는 아버지의 오래된 리어카

* ___________ 바다 ⇒ ___________

⇒ ___________

⇒ ___________

$$\Rightarrow \underline{\hspace{8cm}}$$

$$\Rightarrow \underline{\hspace{8cm}}$$

* \underline{\hspace{5cm}} 의자 $\Rightarrow$ \underline{\hspace{7cm}}

$$\Rightarrow \underline{\hspace{6cm}}$$

$$\Rightarrow \underline{\hspace{7cm}}$$

$$\Rightarrow \underline{\hspace{7cm}}$$

$$\Rightarrow \underline{\hspace{7cm}}$$

❏ 4단계, 만들어진 단어의 뒤에 서술어를 붙여서 하나의 문장으로 만들어 보자.

* 반질반질하게 낡은 동전을 잃어 버렸다.

⇒ 지렁지렁 울어대는 빨간 전화기를 노려본다.

⇒ 우글우글 바글바글 달리는 기차에 내 마음을 싣는다.

⇒ 쉭쉭 스쳐가는 어두운 차창으로 오래 전의. 한 얼굴이 떠오른다.

⇒ 물끄러미 턱을 괸 창틀 너머로 봄이 오고 있다.

⇒ 유리 잔 속의 오도카니 쓸쓸한 틀니가 할아버지 모습 같다.

* 부글부글 끓고 있는 주전자를 바라보았다.

⇒ 비틀비틀 달리는 자전거를 탄 것처럼 위태로웠다.

⇒ 속이 텅텅 비어 여윈 거미처럼 허무하다.

⇒ 비시시 입가에 희미한 미소가 떠올랐다.

⇒ 쾅쾅 끽끽 신경을 거슬리는 소리에 잠을 깼다.

⇒ 삐걱 삐걱거리는 아버지의 오래된 리어카를 천천히 쓰다듬어 본다.

* \underline{\hspace{5cm}} 바다 \underline{\hspace{7cm}}

⇒ \underline{\hspace{8cm}}

⇒ _______________________________________

⇒ _______________________________________

⇒ _______________________________________

⇒ _______________________________________

* ________________ 의자 ________________________

⇒ _______________________________________

⇒ _______________________________________

⇒ _______________________________________

⇒ _______________________________________

⇒ _______________________________________

❑ 5단계, 위에 만들어놓은 열 개의 문장 중에서 두 개를 선택한 뒤, 그 문장의 앞과 뒤에 한두 문장씩 덧붙여서 하나의 이야기를 만들어 보자.

* 친구가 오래 전에 행운의 동전이라며 낡은 동전을 주었다. 동전을 늘 주머니에 넣어가 지고 다녔다. 반질반질하게 낡은 동전을 잃어버렸다. 낡은 동전과 함께 행운이 내 곁을 떠나버린 것 같아서 마음이 무거워졌다.

* 아버지의 산소에 다녀온 뒤 예전 살던 집에 갔다. 창고 한 쪽에 아버지가 쓰시던 리어카가 먼지를 뒤집어쓰고 있었다. 삐걱삐걱거리는 아버지의 오래된 리어카를 천천히 쓰다듬어 보았다. 가슴 밑바닥이 뜨거워지면서 나도 모르게 눈물이 났다.

*

*

　단어-문장-이야기 만들기 5단계를 직접 해 보면서 단어가 어떻게 문장으로 만들어지고, 하나의 이야기로 연결되는지를 연습해 보았다. 단어-문장-이야기 만들기 5단계는 글쓰기에 어려움을 느끼거나 심리적으로 부담을 갖는 사람들을 위한 글쓰기의 기초과정이다. 이 과정을 거친 뒤 글쓰기에 자신감이 생겼다면, 5단계에 만들어 놓은 한 단락 정도의 이야기 토막을 계속 확장하여 한 편의 완성된 이야기로 만들어 볼 수 있을 것이다.

3. '나'를 주제로 한 글쓰기

1) 마인드 맵(mind map)

마인드 맵은 마음 속에 지도를 그리듯이 줄거리를 이해하며 정리하는 방법이다. 1970년대 영국의 심리학자 토니 부잔(Tony Buzan)이 처음으로 고안했다. 마인드 맵은 두뇌의 기능들을 정확히 파악하고 그 기능들을 효과적으로 활용할 수 있도록 고안된 방법이다.

마인드 맵의 구조는 네 가지의 특징을 갖는다.

첫째, 생각의 핵심이 되는 주제는 항상 중심 이미지에서 시작한다.

둘째, 중심 이미지에 관련된 주요 주제는 사람의 몸에 붙어 있는 팔처럼 연결되어서 표현된다.

셋째, 가지들의 연결은 핵심 이미지와 핵심 단어들을 통해 확산된다.

넷째, 계속 이어지는 부 주제들은 나뭇가지의 마디마디가 서로 연결되어 있는 것 같은 구조를 취한다.

마인드 맵의 구조는 인간의 뇌신경 중에서 시냅스의 구조와 유사하다. 시냅스는 신경세포인 뉴런과 뉴런 사이의 작은 틈이다. 하나의 뉴런이 활성화되면, 전기적 충격이 뉴런의 신경섬유를 타고 내려와 최종적으로 그 말단에서 화학물질인 신경전달물질을 분비하게 한다. 이 전달물질은 시냅스 사이 공간을 건너, 전달되는 뉴런에 있는 수상돌기에 결합하여 시냅스 작동이 이뤄진다. 본질적으로 뇌가 하는 모든 일은 이러한 시냅스 전달과정에 의해

완수된다. 시냅스의 구조를 보면, 한 가닥의 신경섬유가 많은 가지로 나뉘어 많은 뉴런과 시냅스를 만들고, 또 하나의 세포체에는 많은 신경섬유로부터의 분지가 시냅스를 만들어 접촉하고 있다. 뉴욕대 신경과학연구소의 조지프 르두(Joseph Le Deux)에 따르면 시냅스는 우리가 생각하고, 행동하고, 상상하고, 느끼고, 기억하는 통로이다. 즉, 시냅스는 우리 각자를 독립적이고 복합적인 개체로 기능하도록 매순간 도와주는 역할을 한다.

마인드 맵의 작성방법은 다음과 같다.

1) A3 정도의 큰 백지를 준비한다.
2) 백지의 전체 공간을 풍경화를 그릴 때처럼 자유롭게 사용한다.
3) 백지의 중심에서 시작하고, 종이는 가로로 길게 펼친다.
4) 내가 쓰려고 하는 주제에 대한 핵심 이미지를 정한다.
5) 핵심 이미지와 연관된 핵심 단어를 쓴다.
6) 핵심이미지와 단어를 선으로 연결한다.(중심 가지)
7) 중심 가지와 연결되어 떠오르는 단어들을 생각나는 대로 쓴다.
8) 중심가지와 연결되는 잔 가지들을 만들어 나간다.

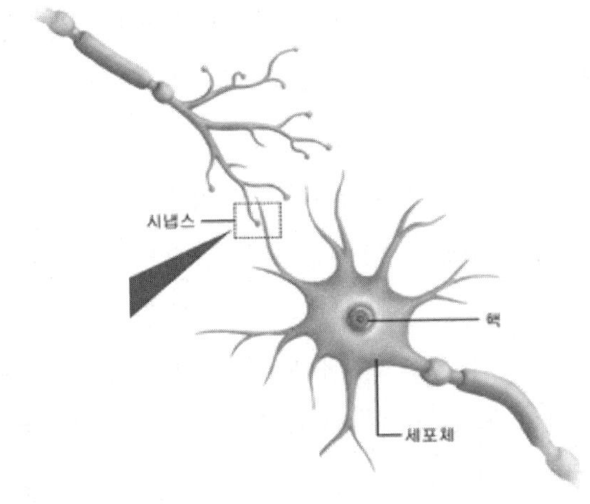

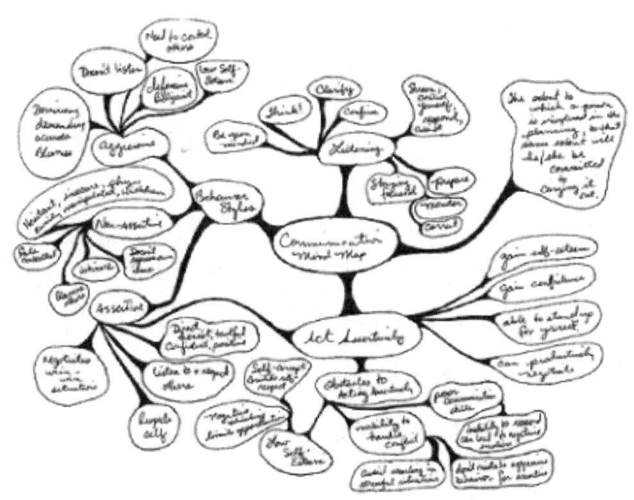

　　마인드 맵을 작성할 때 몇 가지의 주의사항이 있다. 첫째, 마인드 맵은 노트가 아니라 그림지도이다. 둘째, 마인드 맵은 문장이 아니라 단어, 이미지를 중심으로 쓴다. 셋째, 마인드 맵의 가지들로 연결된 이미지와 단어들은 서로 연관성이 있어야 한다. 넷째, 생각이 막혀서 가지들을 연결할 수 없을 때에도 몇 개의 선을 그어서 생각을 열어 둔다.

　　이제 '나'를 주제로 하여 마인드 맵을 만들어 보자. 먼저 마인드 맵으로 만들 주제를 선정해야 한다. 아래에 세 가지의 주제가 있다. 그 중에서 하나를 선택하여 마인드 맵을 만들어보자.

첫 번째 주제 : 내가 좋아하는 것

두 번째 주제 : 방학에 하고 싶은 것

세 번째 주제 : 전공 공부

　　첫 번째 주제를 선택할 경우 내가 좋아하는 음식, 좋아하는 친구, 좋아하는 음악 등으로 중심 가지를 만들고 그것에 연결되는 잔 가지를 만들 수 있다. 두 번째 주제를 선택할 경우 독서, 여행, 운동 등으로 중심 가지를 만들고 그것에 연결되는 잔 가지를 만들 수 있다. 그리고 세 번째 주제를 선택할 경우 자신의 전공 분야를 중심 가지로 만들고 그것에 연결되는 잔 가지를 만들어 나가면 된다.

2) 자유 작문 훈련

자유 작문은 글쓰기에 대한 두려움을 덜어주고, 글을 자유롭게 쓰는 데 도움을 주는 방법이다. 자유 작문은 완성된 글쓰기를 목표로 하는 것이 아니다. 토막글이라도 자신의 생각을 짧은 시간에 최대한 많이 쓰는 것이 중요하다.

자유 작문의 방법은 다음과 같다.

첫째, 글제(또는 글감)을 제시한다.

둘째, 정해진 시간 동안 글제에서 연상된 내용을 문장으로 쓴다. 정해진 시간은 처음 3분에서 시작하여 점차 10분 정도까지 늘려갈 수 있다.

자유 작문의 효과를 높이기 위해서는 반드시 아래의 주의사항을 지킬 필요가 있다.

첫째, 글을 쓸 때 정해진 시간 동안 멈추지 않고 계속 쓴다.

둘째, 만약 이어서 쓸 말이 생각나지 않으면 같은 단어를 반복해서 쓴다. 예를 들어 '나는, 나는, 나는'을 반복하거나 '그리고, 그리고, 그리고'를 반복한다. 쓸 내용이 다시 생각나면 이어서 계속 쓴다.

셋째, 빠른 속도로 쓴다. 정해진 시간에 많은 내용을 쓰면서 자신의 생각을 풀어내는 것이 자유 작문의 목표이다. 따라서 글씨를 예쁘고 깔끔하게 쓰는 것은 중요하지 않다.

넷째, 일단 쓴 글은 고치거나 지우지 않는다. 글을 쓰다가 맞춤법이 틀리거나 쓴 내용이 마음에 들지 않더라도 고치거나 지우지 않고 계속 써야 한다.

아래에 자유 작문을 위한 두 개의 보기 글이 있다. 이 보기 글들을 읽은 뒤 주어진 글제 중에서 하나를 선택하여 자유 작문 훈련을 해 보자.

〈자유 작문 훈련〉 보기 글 ①

글제 : 두려움

조건 : 모든 문장을 '나는 ~'으로 시작할 것

　　　3분 동안 쓸 것.

　　나는 밤이 두렵다. 나는 내가 지금처럼 앞으로도 비슷한 삶을 살게 될까 두렵다. 나는 사람들이 나를 싫어할까 두렵다. 나는 가까운 사람들이 다치거나 내 곁을 떠날까 두렵다. 나는 아플까 두렵다. 나는 낯선 사람들을 처음 만나서 이야기하는 것이 두렵다. 나는 노래방에 가는 것이 두렵다. 나는 나는 나는 나는 나는 나는 천둥치고 번개치는 밤이 두렵다. 나는 혼자 있는 밤 시간이 두렵다. 나는 나는 나는 나는 나는 다른 사람들에게 싫은 말을 해야 할 때가 두렵다. 나는 아니라고 말하는 것이 두렵다. 나는 나는 거절당할까 두렵다.

〈자유 작문 훈련〉 보기 글 ②

글제 : 동물의 몸과 영혼

조건 : 첫 문장을 '나는 ○○○(동물의 이름)이다'로 시작할 것.

　　　5분 동안 쓸 것.

　　나는 사자다. 내 안에는 사자의 두려움 없는 용기가 들어 있다. 나는 사자의 날카로운 발톱과 강한 앞발을 갖고 있다. 나는 밀림의 누구보다 빠르게 뛴다. 나는 한번 정한 목표물을 놓치지 않는다. 목표물을 발견하면 내 심장이 터질듯 빠르게 목표물을 쫓는다. 그리고 그리고 그리고 나는 멋진 갈기를 갖고 있다. 바람에 나의 갈기가 휘날리면 모든 동물들이 나를 우러러 본다. 내가 한번 포효하면 밀림의 모든 동물들과 나무들, 풀들이 두려움에 떤다. 나는 밀림의 왕이다. 아무 것도 거칠 것이 없다. 나는 내가 원하는 것을 향해 곧장 뛰어간다. 그리고 목표를 달성한 뒤 나무 그늘에서 근심 없이 휴식을 취한다. 그리고 그리고 그리고 그리고 그리고 나는 약한 것들에는 관심이 없다. 나는 사자다. 나는 강하므로 세상의 강한 것들과 경쟁한다. 그리고 그리고 그리고 나는 나의 거친 숨소리, 휘날리는 갈기, 두려움 없는 앞발, 빠르고 강한 뒷발을 사랑한다. 나는 사자다. 내 안에는 사자의 영혼이 꿈틀거리고 있다..

다음에 제시된 글제들 중에서 한 개를 선택하여 자유 작문 훈련을 해보자. 단, 글제와 함께 주어진 조건들을 반드시 지켜야 한다.

1) 글제 : 나를 기쁘게 하는 것
　조건 : 모든 문장을 '나는 ~'으로 시작할 것
　　　　 3분 동안 쓸 것.
2) 글제 : 나를 화나게 하는 것
　조건 : 모든 문장을 '나는 ~'으로 시작할 것
　　　　 3분 동안 쓸 것.
3) 글제 : 동물의 몸과 영혼
　조건 : 첫 문장을 '나는 ○○○(동물의 이름)이다'로 시작할 것.
　　　　 5분 동안 쓸 것.
4) 글제 : 내 친구
　조건 : 첫 문장을 '나는 ○○○의 친구다. 내 친구는 ○○○다.'로 시작할 것.
　　　　 내 친구로 사람이 아니라 무생물들의 이름을 적을 것.
　　　　 (예를 들어 책상, 전화기, 산, 바람 등)
　　　　 5분 동안 쓸 것.

3) 부정적인 생각을 긍정적인 생각으로 바꾸기

사람들은 누구나 가슴 속에 못난이 한 명씩을 데리고 산다. 그 못난이는 내가 무언가 새로운 일을 시작하려고 할 때면 불쑥불쑥 튀어나와서 참견을 한다. "그걸 내가 어떻게 할 수 있겠어? 나는 지금까지 한 번도 그 일을 해본 적이 없잖아. 그냥 지금처럼 살아. 공연히 시도했다가 실패하면 창피하잖아." 같은 말로 나의 의지를 꺾어 놓는다. 또는 나의 약점들을 파헤쳐서 나를 주눅 들게 한다. "나는 키가 작아. 나는 노래를 못해. 나는 공부를 아무리 해도 성적이 오르지 않다. 나는 얼굴이 못생겼어. 나는 친구들 사이에 인기가 없어. 나는 성공하지 못할 거야." 내 안의 못난이가 하는 말들을 듣고 있으면 자신이 점점 형편없는 사람 같은 생각이 들고 열등감에 사로잡히게 된다. 아무리 노력해도 도저히 발전할 수 없을 거라는 절망감에 빠지기도 한다.

못난이가 목소리를 내기 시작하는 바로 이런 때가 위기의 순간이다. 또는 변화의 순간이다. 위기를 위기로 받아들이고 체념한다면 나는 결국 못난이의 말대로 살게 될 것이다. 하지만 우리에게는 부정을 긍정으로 바꾸는 힘이 있다. 못난이가 지적한 약점들을 긍정의 시선으로 변화시킬 수 있다면, 나는 내 안의 부정적인 에너지를 긍정으로 바꾸어 변화를 위한 토대로 만들고, 더욱 성장할 수 있을 것이다.

지금부터 내 안에 있는 못난이의 말, 나에 대한 부정적인 생각을 열 개로 정리해 보자. 평소에 내가 생각했던 부정적인 면, 또는 사람들이 나에게 지적했던 문제점들을 중심으로 쓰면 된다. 예를 들어 '나는 잔머리가 뛰어나, 나는 행동이 느려, 나는 결단력이 부족해, 나는 사람들의 관심을 잘 끌지 못해 등'을 쓸 수 있다.

〈나에 대한 부정적인 생각 열 개〉

1. ____

2. ____

3. ____

4. ____

5. ____

6. ____

7. ____

8. ____

9. ____

10. ____

　지금까지 쓴 부정적인 면들을 다시 읽어본 뒤, 나의 부정적인 면에서 좋은 점은 찾을 수 없는지 천천히 생각해 보자. 실제로 모든 장점과 단점은 동전의 양 면이다. 따라서 어느 한 쪽만 부각될 때 그 본래의 완전한 모습을 알 수가 없다. 내 안의 부정적인 면들도 이와 마찬가지이다. 부정적인 면의 뒤에는 긍정적인 면이 숨어 있다. 동전의 뒷면까지 알아보는 밝은 눈과 지혜를 갖는 것이 중요하다.

　예를 들어 '나는 잔 머리가 뛰어나'를 '나는 상황에 대한 적응력이 뛰어나'로 바꿀 수 있으며, '나는 행동이 느려'를 '나는 행동하기 전에 충분히 생각하기 때문에 실수가 적어'로 바꿀 수 있다. 그리고 '나는 결단력이 부족해'를 '나는 쉽게 결단하지 못하지만 한번 결정한 것은 끝가지 해 내'로 바꿀 수 있으며 '나는 사람들의 관심을 잘 끌지 못해'를 '사람들이 나의 진정한 모습을 알고 나면 오랫동안 친구로 지낼 수 있어'로 바꿀 수 있다.

　직접 아래에 제시된 부정적인 생각들을 긍정적인 생각으로 바꾸어 보자.

걱정이 많다 ── 신중하다

거만하다 ── 자존심이 강하다

집착한다 ── 애정이 많다

비겁하다 ── 무모하지 않다

위선적이다 ── 나를 보호하려 한다

게으르다 ──

쉽게 복종한다 ──

의지가 약하다 ──

남의 말을 잘 안 듣는다 ──

의존적이다 ──

성급하다 ──

화를 잘 낸다 ──

거짓말로 상황을 피한다 ──

다른 사람을 지배하려 한다 ──

잔꾀를 부린다 ──

욕심이 많다 ──

이기적이다 ──

지는 것을 못 참는다 ──

　　부정적인 면의 뒤에 감춰져 있는 긍정적인 면을 찾아보는 연습을 해 보았다. 이 연습을 통해 평소에 단순하게 바라보았던 부분을 좀 더 복잡하고 깊이 있게 이해하는 능력을 갖게 되었다. 이제 앞에서 쓴 〈나에 대한 부정적인 생각 열 개〉를 긍정적인 생각으로 바꾸어서 써 보자.

〈부정적인 생각을 긍정적인 생각으로 바꾸기〉

1. ____
➠

2. ____
➠

3. ____
➠

4. ____
➠

5. ____
➠

6. ____
➠

7. ____
➠

8. ____
➠

9. ____
➠

10. ____
➠

모든 행복과 성공의 바탕은 긍정적인 사고이다. 그러나 무턱대고 자신을 긍정적으로만 평가한다면 그것은 자만과 자기 과신에 빠질 위험이 크다. 중요한 것은 나의 긍정적인 면과 부정적인 면을 모두 아는 것이다. 그리고 부정적인 면을 숨기지 않고 그것을 포용하면서 변화를 위한 기반으로 만들어내는 긍정적인 시선이야말로 우리의 행복과 성공을 위해서 정말 필요한 것이다.

4) 기억 속으로의 여행

1) 내가 태어난 집, 어린 시절에 살았던 집에 대해서 써 보자. 그 집이 있던 위치, 집의 구조, 내가 즐겨 놀던 장소, 특별한 추억이 깃든 공간, 그 집에서 같이 살던 사람들, 가족들이 모여서 밥을 먹던 공간, 내가 공부하고 잠을 자던 방의 모습 등등을 자세하게 모두 기록해 보자. 그림으로 그려보아도 좋다. 그리고 집에 머물러 있을 때의 느낌을 함께 떠올려서 써 보자.

2) 가장 처음 떠오른 기억에 대해서 써 보자. 눈을 감고 기억의 바닥으로 내려가서 생각
나는 가장 오래된 기억을 떠올려 보자. 그 때의 내 모습, 주변 풍경, 같이 있던 사람, 생각나
는 색깔, 냄새, 소리, 느낌 등등을 기억해서 써 보자.

(보기 글) 내가 다섯 살 때 우리 집이 읍내에서 외곽으로 이사를 했다. 다른 가족들은 보이지
않고, 나는 5촌 고모의 손을 잡고 들길을 걸어간다. 주변은 온통 초록색이다. 봄이었고, 키가
중간쯤 자란 보리들이 바람에 흔들리고 있다. 햇빛이 출렁이는 보리밭 위로 눈부시게 빛난다.
끝이 날 것 같지 않은 들길을 어린 내가 계속 걸어가고 있다. 윤기가 넘치고 따뜻한 풍경이다.

3) 지금까지 받은 선물 중에서 가장 기억에 남는 선물에 대해서 써 보자. 어떤 선물이었는지, 무엇 때문에 선물을 받았는지, 그 선물을 준 사람은 누구인지, 선물을 받았을 때의 느낌은 어땠는지 써 보자. 그 선물을 가지고 무엇을 했는지, 그리고 지금 그 선물은 어디에 있는지도 생각해서 써 보자. 선물을 그림으로 그려보아도 좋다.

4) 가장 많이 아팠던 기억을 떠올려 보자. 어떻게 얼마나 아팠는지, 내가 아팠을 때 누가 돌봐 주었는지, 그때의 느낌을 기억해서 써 보자.

5) 어릴 때 나를 괴롭혔던 꿈 이야기를 써 보자. 성장기에는 누구나 한밤중에 무서운 꿈을 꾸다가 깨어나서 두려워 떨던 기억이 있다. 잠이 들면 다시 그 꿈을 꾸게 될까 무서워서 다시 잠이 들 수도 없고 같이 자는 사람을 깨울 수도 없어서 혼자 긴 밤을 깨어있어야 했던 기억이 있는지, 그때 나를 두렵게 만들었던 꿈은 어떤 것이었는지 기억해서 써 보자. 꿈의 내용이 상세하게 기억나지 않는다면 생각하는 장면들, 모습들을 토막토막 써도 좋다. 그때 내가 그런 꿈을 꾸었던 이유에 대해서 생각해보자. 그리고 만약 어른이 된 지금, 그 꿈을 다시 꾼다면 어떤 기분을 느낄 지도 한번 생각해서 써 보자.

6) 사춘기 시절 내 옆에 있었던 친구들을 기억해 보자. 누구 누구였는지, 그 친구들과 무엇을 했는지, 그 친구들과 함께 있으면 어떤 느낌이었는지 떠올려 보자. 부모님이 그 친구들을 어떻게 생각했는지도 써 보자. 그 친구들과 언제 어떻게 헤어졌는지, 헤어질 때의 느낌은 어땠는지 써 보자. 지금 그 친구들을 다시 만난다면 어떤 느낌이 들 지, 무슨 말을 하고 싶은 지 생각해서 써 보자.

7) 기억에 남는 여행에 대해서 써 보자. 여행을 떠났던 때와 장소, 여행을 가게 된 동기, 동행했던 사람, 여행을 하면서 기억에 남는 일 등등을 자세하게 써 보자. 그 여행이 나에게 특별한 의미로 남아있는 이유에 대해서도 써 보자. 여행을 다녔던 장소와 여정을 지도로 그려보아도 좋다.

8) 첫사랑에 대해서 써 보자. 내가 그 사람을 처음 보았을 때의 모습, 그때의 느낌을 떠올려 보자. 그 사람에게 내 마음을 표현한 적이 있는지, 어떻게 표현했는지, 또 표현하지 못했다면 왜 그랬는지 생각해 보자. 첫사랑과 어떻게 헤어졌는지, 이별할 때 어떤 느낌이었는지, 그리고 지금 첫사랑을 떠올리면 어떤 느낌이 드는지 써 보자.

9) 지금까지 살아오면서 내가 처음으로 실패했다고 느낀 기억에 대해서 써 보자. 시험에서 불합격했을 때인가? 사랑하는 사람이 떠났을 때인가? 건강이 나빠졌을 때인가? 아니면 욕망을 통제하지 못할 때인가? 내가 실패했다고 느꼈던 때는 언제이며, 그 이유는 무엇 때문인지 써 보자. 그때 나는 어떤 느낌이었는지, 그리고 어떻게 행동했는지 자세하게 떠올려서 써 보자. 만약 지금 같은 상황에 부딪힌다면 나는 어떻게 행동할 지도 써 보자.

10) 나를 가장 기운 나게 했던 칭찬의 말을 떠 올려 보자. 그 칭찬의 말은 무엇인가? 나에게 칭찬을 해 준 사람은 누구이며, 무슨 일로 칭찬을 받았는지 써 보자. 칭찬을 받았을 때의 느낌은 어떠했는지, 칭찬을 받은 뒤에 나는 어떻게 행동했는지 자세히 떠올려서 써 보자.

4. 부모님의 역사 쓰기

〈부모님의 역사 쓰기〉를 통해서 우리는 부모님의 삶을 한 사람이 태어나고 성장하고 어른이 되는 과정으로 이해하고 받아들일 수 있다. 가족이라는 울타리를 넘어 부모님을 독립적이고 개성적인 사람으로 인정하게 되는 것이다. 우리가 청소년기를 거쳐 어른으로 성장하는 데 있어 부모님을 개인의 역사를 지닌 한 사람의 어른으로 인정하고 이해하는 것은 반드시 거쳐야 하는 과정이다.

〈부모님의 역사 쓰기〉를 하는 방법은 다음과 같다.

첫째, 부모님 중에서 어떤 분의 역사를 쓸 지 결정한다. 평소에 어머니(또는 아버지)와 친밀감을 많이 느껴서 함께 질문하고 대답을 듣는 것이 편하다면 그 분을 역사 쓰기의 대상으로 정한다. 반대로 평소에 아버지(또는 어머니)께 거리감을 느끼고 친밀하게 지내지 못했다면, 역사 쓰기를 통해 더욱 가까워질 수 있는 계기로 삼아서 그 분을 대상으로 정할 수도 있다. 단, 부모님의 역사를 쓰기 위해서는 그 분의 동의와 협조가 필요하기 때문에 먼저 충분하게 설명을 드린 뒤 동의와 협조를 구한다.

둘째, 아버지(또는 어머니)께서 그 동안 살아오신 삶에 대한 기본적인 조사를 한다. 예를 들어 출생, 학교의 입학과 졸업, 직장, 결혼, 자녀의 탄생 등을 간단한 연보의 형태로 작성한다. 이렇게 작성한 연보는 부모님의 역사를 쓴 뒤에 자료로 첨부한다.

1960년 11월 2일	충북 제천시 금성면에서 출생
1968년 3월	금성초등학교 입학
1970년 5월	충북 청주시로 이사, 청주 운천초등학교 전학
1974년 3월	대성중학교 입학
1977년 3월	청주고등학교 입학
1980년 3월	○○대학교 ○○○학과 입학
1982년 6월	육군 입대
1984년 5월	육군 제대, 복학
1986년 2월	○○대학교 졸업
1986년 3월	○○○ 입사
1990년 5월	○○○와 결혼, 제천으로 이사
1991년 2월	딸 ○○○ 출생
1994년 9월	아들 ○○○ 출생
1996년 8월	○○○로 회사 옮김
2009년 현재	○○○의 ○○으로 근무

셋째, 아버지(또는 어머니)께 질문할 내용을 몇 가지로 정리한다. 질문은 한 사람의 어른으로 그 분이 성장해온 삶을 잘 이해할 수 있는 내용이면 좋다. 예를 들어 어린 시절 기억에 남는 일, 학교생활, 성격, 친구관계, 장래 희망과 실현, 힘들었던 일과 기뻤던 일 등을 질문할 수 있다. 그리고 부모님이 결혼하기까지의 과정, 아이가 태어났을 때의 느낌 등과 같이 특별히 자녀로서 궁금했던 내용을 질문할 수도 있다. 질문은 너무 많거나 적지 않도록 열 개 안팎이면 충분하다.

넷째, 아버지(또는 어머니)와 정해진 시간과 장소에서 인터뷰를 시작한다. 인터뷰는 가능하면 다른 일정과 다른 사람들에게 방해받지 않도록 충분한 시간을 갖고 조용한 공간에서 진행하는 것이 좋다. 질문과 대답은 즉시 기록하거나 녹음, 영상 녹화를 해둔다.

다섯째, 인터뷰한 내용을 보충할 수 있는 사진이나 자료 등을 준비한다. 아버지(또는 어머니)께 부탁해서 어린 시절의 가족사진, 학창 시절의 사진, 결혼사진, 자녀들의 어린 시절

사진 등을 스크랩한다. 아버지(또는 어머니)와 함께 옛날에 살던 동네와 집, 다녔던 학교 등을 찾아보는 기억여행을 하고 그 사진을 찍을 수도 있다.

여섯째, 인터뷰한 내용과 사진, 기록 등을 바탕으로 아버지(또는 어머니)의 역사를 글로 쓴다. 글을 쓸 때는 가능하면 객관적인 리포터의 자세로 쓰는 것이 좋다. 글쓰기가 끝나면 부모님과 함께 읽어보고, 그 동안 인터뷰를 하고 부모님의 역사 쓰기를 하면서 느낀 점을 서로 나눈다.

〈부모님의 역사 쓰기〉 보기 글

엄마의 추억

어머니의 고향은 충청북도 단양군 ○○면 ○○리 ○○이시다. 2남 3녀 중에서 장녀이시며 외할머니가 아닌 증조할머니 손에서 자랐다. 처음 기억은 사촌 오빠가 연주창으로 죽어 증조할머니께서 밖으로 나오지 못하게 했던 것이다.

생일이 빨라 일곱 살에 ○○초등학교에 입학했다. 이때는 키가 작지 않았는데 초등학교 이후로 키가 자라지 않아 작으시다. 수업을 마치고 집에 들어오기만 하면 수탁이 날아들어 쪼는 바람에 증조할머니께서는 항상 마중을 나와 기다려 주셨다. 어느 날 증조할머니한테도 날아들어 잡아서 맛있게 끓여 몸보신하셨다.

여덟 살부터는 외할머니와 함께 살았다. 하교 길에는 길가에 있는 목화 다래와 배춧잎을 따먹으며 달콤한 게 맛있었다는 어머니의 얘기를 들으면서 초등학교 때 당근 뽑아 먹었던 얘기를 말씀드렸다.

2학년 때 잊지 못할 사건이 있었다. 교실에서 친구의 연필이 없어졌다. 선생님께서는 소지품 검사를 하셨고 선생님께서는 어머니의 연필을 보고서 어디서 났냐며 도둑으로 몰아 억울하게도 종아리를 맞았다. 지금 생각하면 그때 외할아버지께 사실대로 말씀드려 훔치지 않았다는 걸 증명할 텐데 왜 말하지 않았을까 하시며 너무나 분하고 억울하다며 열변을 토하셨다. 이때 처음으로 선생님을 미워했으며 아직까지도 성함이 잊히지 않는다고 했다.

학교에서 이런 일도 있었다. 신발장에 고무신을 넣고서 수업을 들은 뒤 수업이 끝나고 집에 가려는 찰나 고무신이 없어졌다. 여기저기 찾아 봤지만 보이지 않아 찾지 못하고 맨발로 10리나 되는 집까지 걸어왔다. 며칠이 지나 우연히 쓰레기장을 지나가는데 땅속에 묻어두었던 고무신이 어젯밤 비로 인해 빼꼼히 보여 고무신을 찾을 수 있었지만 고무가 낡아서 신을 수 가 없었다. 순진했던 어머니를 놀리려고 남학생들이 숨겨 놓고는 그동안 모른 척했던 것이다. 외할아버지께

혼나지 않았냐고 여쭤봤더니 다행히 그냥 넘어 가셨다.

어머니가 가장 좋아하던 음식은 삶은 계란이시다. 소풍날이며 삶은 계란과 김밥 대신 김치와 밥을 싸가셨다. 집이 가난하진 않았지만 어머니께서는 김이 싫어서 김밥을 먹지 않으셨다.

가난하고 어렵던 학창시절 학용품은 물물교환으로 했다. 계란 하나를 가지고 문방구에 가서 연필 하나와 바꿔오는 형식이다. 어머니는 닭이 알을 잘 낳게 하려고 수업 끝나고 집에 돌아오면 냇가에 가서 다슬기를 잡아다 먹이로 주었으며 쌀겨나 옥수수를 가져다주었다며 옛 생각에 잠기셨다.

어머니의 추억은 닭뿐만 아니라 동생과 함께 소꼴을 베러 갔다가 소꼴은 안하고 놀던 기억, 여름에 사촌 동생이 냇가에서 놀다가 신발을 잃어버려 신발 찾느라 고생했던 기억, 냇가에서 가재 잡아다 집에서 고추장 넣고서 끓여 먹든가 아니면 계란 풀어 튀겨먹던 기억, 신발로 물고기 잡던 기억, 껌이 먹고 싶으면 소나무의 송진이나 논둑에 있는 껌풀 뜯어 먹다가 벽에 붙여 놓았던 기억, 메뚜기 잡아 풀에 엮어 다니다 튀겨 먹던 기억, 뱀딸기 · 오디 · 버찌 · 앵두 · 까마중 등 길가의 과일을 따먹으면서 지냈던 학창시절의 모습이 떠오른다고 했다.

처음 외할아버지께 맞은 얘기를 들려 주셨다. 언젠지 잘 생각은 안 나고 보리가 필 때인 3월쯤에 있었던 일이었다. 외할아버지께서는 동네에 환갑잔치가 있으셔서 그동안 애지중지하던 병아리를 어머니께 잘 돌보라는 말씀을 남기고 나가셨다. 어머니는 시간이 가는 줄 모르고 또래 친구들과 고무줄놀이도 하고 숨바꼭질 등을 하면서 신나게 놀았다. 저녁 때 외할아버지께서는 나갔다 들어오셨고 어머니는 외할아버지 말씀을 까먹고 밤새 놀다 들어왔다. 결국 병아리는 사라지고 말았고 그날 종아리 세 대를 맞았다고 하셨다.

항상 궁금했던 어머니 눈이 안 좋아진 이유를 알 수 있었던 건 둘째 외할머니의 옛날 얘기로 인해 풀어졌다. 이유는 외할아버지께서는 어머니께 재떨이를 가져 오라고 시키셨다. 다른 일을 하고 있으셨는지 심부름 소리를 듣지 못하고 가만히 있다가 외할아버지께서 던진 물건에 맞고서 경기를 일으키며 기절하셨다. 이 일을 겪으신 후로 눈이 안 좋아지셨다. 외할아버지께서는 내가 태어나지 10년 전에 돌아가셔서 나는 외할아버지에 대한 기억이 없다. 어머니가 말씀하시길 무뚝뚝하시고 무서운 것이 아버지와 비슷하다고 덧붙여 얘기하셨다.

열세 살 때 졸업과 동시에 ○○으로 이사를 가셨다. 이사 가면서 처음 트럭을 타보신 어머니는 기뻤다고 했다. ○○에서 외할아버지께서는 막국수 장사를 하셨고 얼마 하지 못해 장사가 망해서 문을 닫았다. 어머니는 어쩔 수 없이 어린 나이인 열네 살 때부터 스물여섯 살까지 남의 집살이를 하셨다. 그나마 부잣집에서 지내 굶고 지내지는 않았지만 라면 하나도 제대로 끓여 먹지 못하는 동생들 생각에 눈시울이 붉어지셨다. 주로 한 일은 애들 돌보기, 집안 청소, 밥 짓기, 빨래하기 등을 하였고 한 해가 지나 나이가 들면서는 접시 공장 함바집에서 배달, 한복집, 식당 서빙, 파출부 등 안 해본 일이 없어 이곳저곳 안 가본 곳이 없다. 이렇게 아름다운 어머니의 청춘은 빠르게 흘러 가셨다.

19○○년 1월 옆집 할머니의 중매로 어머니는 아버지를 만나게 되셨다. 아버지께서 어머니를 만나러 와야 하는 걸 어머니께서 아버지를 만나러 경기도 광주로 내려오셨다. 포장되지 않은 길을 버스타고 내려 걸어서 오는데 발이 푹푹 빠지는 등 가관이 아니었다고 하셨다. 어머니는 "사기 결혼을 했다"라고 말씀하셨다. 어리둥절하여 까닭을 물어 보았다. 어머니 왈 옆집 할머니께서는 아버지에 대해 말하시길 땅도 조금 가지고 있고 농사도 짓고 사람도 착실한 것이 괜찮은 사람이라고 하셨는데 알고 보니 머리는 하얗고, 가진 건 아무것도 없는 것이 착실하지 않았다며 몇 번이나 헤어질 생각을 했다고 하셨다. 이렇게 두 분은 빈손으로 결혼생활을 꾸려 나갔다. 할머니 할아버지께서 일찍 돌아가셔서 어머니는 시집살이를 하지 않으셨다. 생계유지를 위해 사슴농장, 공장, 막노동, 남의 땅에 농사짓기 등을 하면서 하루하루를 힘겹게 살아 오셨다. 일 년 만에 오빠가 태어났고 3년이 지나 언니, 또 3년이 지나 나를 낳으셨다. 내가 태어나고 얼마 지나지 않아 외할머니께서 돌아가셨다. 어머니는 어린 나를 등에 업고는 장례식장에 가셨다고 말씀해 주셨다.

어머니와 아버지께서는 너무나도 가난하셨기에 하루 벌어 하루 먹기 바빠 결혼식을 올리시지 못하셨다. 그런데 운 좋게도 19○○년 ○○월 ○일 새마을협의회에서 공짜로 합동결혼식을 올리게 해주셨다. 장소는 농협에 있는 예식장이었고 세 커플 중에서 한 커플은 아버지의 친구셨다. 늘 화장기 없는 어머니 얼굴을 보다 결혼사진에 신부 화장한 모습을 보고서는 이런 때도 있었구나 하고 놀라웠다.

마흔 살 때 '○○○○'라는 자동차 부품을 만드는 공장에 다니셨다. 뭐든 하면 끝까지 하시는 편이라 10년 정도 다니셨다. 눈이 좋지 않으셔서 설움도 많이 겪으셨다. 어려운 살림에도 조금씩 아끼면서 모아둔 돈으로 집을 새로 고쳤다. 고치는 동안에는 작은 할머니 댁에서 신세를 지셨다. 어머니의 공장 사정은 점점 악화되어 갔고 월급이 몇 달씩 밀리기 시작했다. 게다가 불이 나서 경기도 ○○의 공장으로 이전하였다. 아침마다 도시락을 준비하셨고 아프셔도 편히 쉴 수 없으셨다.

19○○년 ○○월 ○○일 오빠를 군대에 보내시고도 눈물 한번 흘리시질 않아서 자식 사랑이 없는 줄 알았는데 어머니께서는 오빠가 잘 마치고 돌아올 거라 믿었기에 걱정하지 않으셨다고 했다. 그런 어머니의 수명이 단축될 뻔한 사건이 있었다. 아버지의 환갑이 얼마 남지 않아서 이것저것 알아보고 있는데 전화 한 통이 어머니의 정심을 혼미하게 만들어놓았다. 오빠의 오토바이 사고가 원인이었다. 전화를 받는 순간 가슴이 철렁했었다고 말씀해 주셨다. 서울 ○○병원에서 3개월 동안 잠도 제대로 이루지 못하시며 병간호를 해주셨다. 다행히 오빠의 병은 차츰차츰 나아지고 있었고 집에서 가까운 병원으로 이전할 수 있었다. 어려서는 말썽 없이 잘 자라더니 커서 고생시킨다며 하소연을 털어 놓으셨다.

어머니는 요즘 들어 모든 일이 순조롭게 잘 풀린다면서 앞으로 소원이 있다면 지금처럼만 지속되어 주길 바란다며 말씀하셨다.

제Ⅱ장

맞춤법과 표준어

1. 한글 맞춤법

바른말 좋은 글쓰기를 위해서 가장 먼저 해야 할 일은 한글 표준어 규정과 맞춤법을 알고 지키는 것이다. 한글맞춤법 제 1장의 총칙에는 한글맞춤법에 대한 세 가지의 원칙이 제시되어 있다. 그 내용은 다음과 같다.

제1항 한글 맞춤법은 표준어를 소리대로 적되, 어법에 맞도록 함을 원칙으로 한다.
제2항 문장의 각 단어는 띄어 씀을 원칙으로 한다.
제3항 외래어는 '외래어 표기법'에 따라 적는다.

위의 원칙들을 바탕으로 한글맞춤법을 활용할 때 기본적으로 알아야 할 규칙들을 항목별로 정리해 보자. 대표적으로 두음법칙, 모음조화, 사이시옷에 대한 규칙이 있다.

1) 두음법칙

▶ 적용 : 두음법칙은 발음을 편하게 하기 위해 특정 자음이 단어의 첫 머리에 오는 것을 피하는 현상이다. 두음법칙은 한자어, 한자 합성어에 적용하는 규칙이다. 두음법칙이 적용되는 발음은 'ㄴ, ㄹ'이다. 실제 적용되는 방법은 다음과 같다.

① 냐, 녀, 뇨, 뉴 ⇒ 야, 여, 요, 유

② 라, 러, 로, 루, 르, 래, 뢰 ⇒ 나, 너, 노, 누, 느, 내, 뇌

③ 랴, 려, 료, 류, 리, 례 ⇒ 야, 여, 요, 유, 이, 예

④ 모음과 'ㄴ 받침' 뒤의 렬, 률 ⇒ 열, 율

　　(예 : 비율, 분열, 선율, 전율, 이율, 출산율, 이혼율 등)

▶ 예외 : 두음법칙이 적용되지 않는 예외 규정은 다음과 같다.

① 고유어와 외래어에는 적용하지 않는다. (예 : 녀석, 라디오 등)

② 의존명사는 두음법칙을 따르지 않는다. (예 : 리 – 그럴 리가 없다.)

③ 신년도 : '신년+도'의 한자 합성어로 규정하기 때문이다.

④ 제작 연도, 발행 연도, 졸업 연도, 회계 연도에는 두음법칙을 적용하지 않는다. 이때 '연도'는 1년 동안의 기간을 뜻한다.

⑤ 2000년도 출생, 1999년도 졸업에는 두음법칙을 적용한다. 이때 '년도'는 특정한 해를 가리키는 경우이다.

2) 모음조화

▶ 적용 : 모음조화는 여러 음절의 단어에서 공통된 모음(양성모음, 음성모음)끼리 결합하는 현상이다. 예를 들어 하얗다/허옇다, 새카맣다/시커멓다, 얇아/엷어, 반짝반짝/번쩍번쩍 등과 같은 현상이다. 하지만 현대 국어에서 모음조화가 약화되는 추세이다.

▶ 예외 : 'ㅂ 불규칙용언'의 경우 단음절과 2음절 이상의 단어에서 모음조화가 적용되는 방법이 다르다.

① 어간이 단음절인 경우는 모음조화를 적용한다.

　　(예 : 곱다/고와, 밉다/미워, 돕다/도와, 눕다/누워 등)

② 어간이 2음절 이상인 경우는 음성모음을 일률적으로 적용한다.

　　(예 : 가깝다/가까워, 두렵다/두려워, 아름답다/아름다워 등)

3) 사이시옷

▶ 적용 :

첫째, 순 우리말로 된 합성어로서 앞말이 모음으로 끝난 경우에 사이시옷을 적용한다.

① 뒷말의 첫소리가 된소리로 나는 것

　　(예 : 나룻배, 나뭇가지, 냇가, 맷돌, 머릿기름, 모깃불, 핏대, 햇볕, 바닷가 등)

② 뒷말의 첫소리 〈ㄴ, ㅁ〉앞에서 〈ㄴ〉소리가 덧나는 것

　　(예 : 아랫니, 텃마당, 아랫마을, 뒷머리, 잇몸, 냇물, 빗물 등)

③ 뒷말의 첫소리 모음 앞에서 〈ㄴ ㄴ〉소리가 덧나는 것

　　(예 : 두렛일, 뒷일, 베갯잇, 깻잎, 나뭇잎 등)

둘째, 순 우리말과 한자어로 된 합성어로 앞말이 모음으로 끝난 경우에 사이시옷을 적용한다.

① 뒷말의 첫소리가 된소리로 나는 것

　　(예 : 찻잔, 텃세, 탯줄, 햇수 등)

② 뒷말의 첫소리 〈ㄴ, ㅁ〉앞에서 〈ㄴ〉소리가 덧나는 것

　　(예 : 곗날, 제삿날, 툇마루 등)

③ 뒷말의 첫소리 모음 앞에서 〈ㄴ ㄴ〉소리가 덧나는 것

　　(예 : 가욋일, 홋일, 예삿일 등)

▶ 예외 : 두 음절로 된 한자어 중에서 '곳간(庫間), 셋방(貰房), 숫자(數字), 찻간(車間), 툇간(退間), 횟수(回數)'는 사이시옷을 적용하지 않는다.

4) 복수표준어

같은 대상에 대해서 둘 이상의 말이 대등한 세력으로 널리 쓰일 때에 이를 모두 표준어로 규정한 것이 복수표준어이다. 복수표준어가 사용되는 경우는 크게 네 가지로 나눌 수 있다.

① 준말과 본말이 다 같이 널리 쓰이는 경우

거짓부리 / 거짓불   시누이 / 시누 / 시뉘
노을 / 놀   오누이 / 오누 / 오뉘
막대기 / 막대   외우다 / 외다
머무르다 / 머물다   이기죽거리다 / 이죽거리다
서두르다 / 서둘다   찌꺼기 / 찌끼
서투르다 / 서툴다

② 하나를 원칙으로 하고 다른 하나를 허용하는 경우

네 / 예
쇠고기 / 소고기
괴다 / 고이다
쐬다 / 쏘이다
죄다 / 조이다
쬐다 / 쪼이다

③ 어감의 차이를 나타내는 단어, 또는 발음이 비슷한 단어

거슴츠레 / 게슴츠레
고까 / 꼬까
고린내 / 코린내
구린내 / 쿠린내
꺼림하다 / 깨름하다
나부랭이 / 너부렁이

④ 방언이지만 널리 쓰이는 단어

멍게 / 우렁쉥이
물방개 / 선두리
애순 / 어린순

⑤ 기타 복수표준어의 예

가락엿/가래엿   멀찌감치/멀찍이/멀찌가니

가물/가뭄

가엾다/가엽다

감감무소식/감감소식

개수통/설거지통

~거리다/~대다

게을러빠지다/게을러터지다

고깃간/푸줏간

곰곰/곰곰이

관계없다/상관없다

귀퉁머리/귀퉁배기

극성떨다/극성부리다

깃저고리/배내옷/배냇저고리

꼬까/때때/고까

나귀/당나귀

넝쿨/덩굴

녘/쪽

눈대중/눈어림/눈짐작

느림광이/느림보/늘보

다달이/매달

댓돌/툇돌

돼지감자/뚱딴지

되우/된통/되게

뒷말/뒷소리

들락거리다/들랑거리다

들락날락/들랑날랑

딴전/딴청

땅콩/호콩

땔감/땔거리

~트리다/~뜨리다

마파람/앞바람

만큼/만치

애꾸눈이/외눈박이

어금버금하다/어금지금하다

모내다/모심다

모쪼록/아무쪼록

목화/면화

봉숭아/봉선화

민둥산/벌거숭이산

바깥벽/밭벽

바른/오른(右)

버들강아지/버들개지

벌레/버러지

변덕스럽다/변덕맞다

보조개/볼우물

보통내기/여간내기/예사내기

볼따구니/볼통이/볼때기

부침개/지짐

뾰두라지/뾰루지

살쾡이/삵

삽살개/삽사리

상두꾼/상여꾼

생철/양철

서럽다/섧다

서방질/화냥질

성글다/성기다

수수깡/수숫대

~스레하다/~스름하다

시늉/흉내

신/신발

심술꾸러기/심술쟁이

씁쓰레하다/씁스름하다

아귀차다/아귀세다

아무튼/어떻든/어쨌든/하여튼/여하튼

알은 척/알은 체

귀고리/귀걸이

어기여차/어여차

어림잡다/어림치다   가뿐하다/가쁜하다
어이없다/어처구니없다   곱추/곱사등이
어저께/어제   늘장/늦장
언덕바지/언덕배기   두견새/소쩍새
여왕벌/장수벌   멧돼지/산돼지
여물다/영글다   모래사장/모래톱
여쭈다/여쭙다   소나기/소낙비
여태/입때   쌍까풀/쌍꺼풀
여태껏/이제껏/입때껏   제비꽃/오랑캐꽃
연달다/잇달다   절룩발이/절름발이
엿기름/엿길금   쪽빛/남빛
옥수수/강냉이   애벌/초벌
욕심꾸러기/욕심쟁이   책거리/책씻이
우레/천둥   철따구니/철딱서니
의심스럽다/의심쩍다   이에요/이어요
일찌감치/일찌거니   자리옷/잠옷
자물쇠/자물통   장가가다/장가들다
재롱떨다/재롱부리다   제가끔/제각기
좀처럼/좀체   중신/중매
쪽/편   차차/차츰
천연덕스럽다/천연스럽다 침놓다/침주다
혼자되다/홀로되다

5) 혼동해서 사용하기 쉬운 단어

① 안 / 않

'안'은 '아니'의 준말로 부사어이며 '않'은 '아니하'의 준말로 '않다'의 어간이다. '안'은 뒷말과 띄어 쓰고 '않'은 뒷말과 붙여 쓴다.

    예 철수는 밥을 안 먹었다
         청소를 안 해서 교실이 더럽다

한국 사람은 밥을 먹지 않으면 살 수 없다
그는 건강이 좋지 않아서 여행을 포기했다.
이제 다시는 그 친구를 안 만날 거야.

② 든 / 던

'든'은 '든지'의 준말로 무엇이나 가리지 않음을 나타내며, '던'은 지난 일을 회상하거나 과거의 동작이 완결되지 못함을 나타낸다.

> 예 얼마나 놀랐던지 지금도 가슴이 콩닥거린다.
> 먹든지 말든지 네 맘대로 해라.
> 나의 살던 고향은 꽃피는 산골 그 속에서 놀던 때가 그립습니다.

③ 비치다 / 비추다

'비치다'는 자동사이며 '비추다'는 타동사로 앞에 목적어가 있다.

> 예 둥근 달이 연못에 비치다.
> 둥근 달이 동네를 환하게 비추다.
> 얼굴이 거리의 쇼윈도에 비치다.
> 거울에 얼굴을 비추어 본다.

④ 왠지 / 웬

'왠지'는 '왜인지'의 준말이며 '웬'은 '어찌 된, 어떠한'을 나타낸다.
> 예 늦잠꾸러기가 오늘은 웬 일로 일찍 일어났니?
> 오늘은 왠지 너에게 전화를 하고 싶었다.
> 봄에는 왠지 마음이 설렌다.

⑤ 웃/ 윗/ 위

> ㉠ 아래/위를 구분해서 위를 가리키는 경우에는 '위'로 적는다.
> ㉡ '위'의 뒷말이 된소리나 거센소리일 경우에는 '위'로 적는다.
> ㉢ '위'가 뒷말과 결합하여 된소리가 나거나 'ㄴ' 또는 'ㄴㄴ' 소리가 덧날 경우에는 사이시옷이 있는 '윗'으로 적는다. (예 : 윗도리, 윗마을, 윗넓이, 윗눈썹, 윗니, 윗도리,

윗막이, 윗머리, 윗목, 윗몸, 윗바람, 윗배, 윗벌, 윗변, 윗수염, 윗입술, 윗잇몸, 윗
자리 등)

　ㄹ 아래/위의 구분이 없는 경우는 '웃'으로 적는다. (예 : 웃어른, 웃돈 등)

⑥ 거치다 : 무엇에 걸리거나 막히다. 지나는 길에 잠깐 들르다. 과정이나 단계를 밟다.
　거둥다 : 구름이나 안개 따위가 없어지다. 돈 따위가 거두어지다.

⑦ 느리다 : 빠르지 못하고 더디다. 꼬임새나 짜임새가 성글다. 성질이 야무지지 못하다.
　늘이다 : (사동) 물체에 당기는 힘을 가하여 본디의 길이보다 더 길어지게 하다.
　　　　　(엿가락을 늘이다. 용수철을 늘이다. 고무줄을 늘이다.)
　　　　　아래로 길게 처지게 하다.(머리를 땋아 늘이다. 주렴을 늘이다.)
　늘리다 : (사동) 늘게 하다. (투자를 늘리다. 소득을 늘리다. 인원을 늘리다.)
　　　　　다른 것을 대거나 이어서 더 길게 하다.(바지를 늘리다. 옷소매를 늘리다)
　　　　　물건의 부피 등을 이전보다 더 크게 하다.(가게를 늘리다. 집을 늘리다.)

⑧ 다리다 : 옷이나 천의 주름살을 다리미로 문질러 펴다
　달이다 : 액체를 끓여서 진하게 만들다. 한약 따위를 물에 넣고 끓여서 우러나오게
　　　　　하다.

⑨ 다치다 : 맞거나 부딪치어 상하다. 손을 대어 건드리다.
　　　　　남의 재물을 손해가 되게 건드리다.
　닫히다 : (피동)열렸던 것이 닫아지다. (방문이 바람에 닫히다.)
　닫치다 : '닫다'의 힘줌말.(문을 꼭 닫치고 들어와라. 입을 그만 닫쳐라)

⑩ 마치다 : 끝내다. 속에 무엇이 받치다. 몸의 어느 부분이 결리다.
　맞히다 : 물음에 옳은 답을 하다. (사동) 목표에 맞게 하다.
　　　　　눈이나 비, 침 등을 맞게 하다.

맞추다 : 서로 일치하도록 하다. 서로 마주대다. 해체된 물건을 결합하다.

　　　　어떤 물음에 대해 올바로 답을 하다. 정도에 알맞게 하다.

　　　　순서를 고르게 하거나 짝을 채우다. 일정한 규격으로 만들도록 미리 부탁하다.

⑪ 바치다 : 웃어른이나 신께 드리다. 몸과 마음을 고스란히 쏟다. 세금 등을 내다.

　　　　주접스러울 정도로 욕심을 내고 또 즐기다.(여자를 바치다)

　바치다 : '받다'의 힘줄말.(우산을 받치다, 기둥을 받치다)

　　　　어떤 물건의 속이나 안에 다른 것을 끼어 넣다.(받쳐 입다)

　　　　한글에서 모음 글자 밑에 자음 글자를 붙이어 적다.

　　　　앉았거나 누웠을 때 바닥이 딱딱하게 배기다.

　　　　먹은 것이 잘 소화되지 않고 위로 치밀다.

　받히다 : 물건을 도매나 소매로 팔다. (피동)떠받음을 당하다.

　밭치다 : '밭다(체에 부어서 국물만 받아내다)'의 힘줌말.

⑫ 부딪치다 : '부딪다(물건과 물건이 서로 힘있게 마주닿다)'의 힘줌말. 맞닥뜨리다.

　　　　어떤 사실에 직면하다.(곤란한 일에 부딪치다. 그와 정류장에 자주 부딪친다)

　부딪히다 : (피동) 부딪음을 당하다.

⑬ 시키다 : 남에게 어떤 일을 하게 하다.

　식히다 : (사동) ~을 식게 하다.

⑭ 안치다 : 어떤 물건을 찌거나 끓이거나 삶기 위해 솥에 넣다.

　앉히다 : (사동) 앉게 하다. (타동) 올려놓다. 걸치어 놓다. 버릇을 가르치다.

⑮ 저리다 : 근육이니 뼈마디가 오래 눌리어 피가 잘 통하지 않아서 근육이 불편하다.

　절이다 : 소금을 뿌려서 절게 하다.

6) 기초어휘 연습 문제 ①

맞는 단어를 고르고, 그 단어를 넣어서 문장을 만들어 보세요.

① 일찍이 / 일찌기 ⇒

② 거친 / 거칠은 ⇒

③ 잠궈 / 잠가 ⇒

④ 사겨 / 사귀어 / 사귀여 ⇒

⑤ 몇 일 / 며칠 ⇒

⑥ 머릿말 / 머리말 ⇒

⑦ 혼잣말 / 혼자말 ⇒

⑧ 아니오 / 아니요 ⇒

⑨ 줄게 / 줄께 ⇒

⑩ 왠지 / 웬지 ⇒

7) 기초어휘 연습 문제 ②

맞는 단어를 고르고, 그 단어를 넣어서 문장을 만들어 보세요.

① 칸 / 간 ⇒

② 강낭콩 / 강남콩 ⇒

③ 오뚝이 / 오뚜기 ⇒

④ 삼촌 / 삼춘 ⇒

⑤ 같아 / 같애 ⇒

⑥ 우렁쉥이 / 멍게 ⇒

⑦ 점장이 / 점쟁이 ⇒

⑧ 아기 / 애기 ⇒

⑨ 안절부절못하다 / 안절부절하다 ⇒

⑩ 웃어른 / 웃어른 ⇒

⑪위층 / 윗층 ⇒

⑫ 담쟁이넝쿨 / 덩굴 / 넝쿨 ⇒

2. 띄어쓰기

좋은 글쓰기를 위해서는 한글맞춤법 규정에 맞는 띄어쓰기의 원칙과 적용된 예를 알고 지키는 것이 필요하다. 띄어쓰기에서 알아두어야 할 기본 원칙은 네 가지가 있다. 그 내용은 다음과 같다.

첫째, 문장의 각 단어는 띄어 씀을 원칙으로 한다.
둘째, 조사는 그 앞말에 붙여 쓴다.
셋째, 의존명사는 띄어 쓴다.
넷째, 보조용언은 띄어 씀을 원칙으로 하되, 경우에 따라서는 붙여 씀도 허용한다.

1) 조사의 종류와 활용

조사는 체언이나 부사, 어미 등의 아래에 붙어, 그 말과 다른 말과의 문법적 관계를 나타내거나 또는 그 말의 뜻을 도와주는 역할을 한다. 조사의 종류는 격조사, 접속조사, 보조사로 크게 나누어진다. 조사의 종류와 활용은 다음과 같다.

▶ 격조사

① 주격조사 : 이, 가 (은/는 : 특수격 조사)

② 서술격조사 : 이다, 되다 (㉄ : 이것은 책이다.)

③ 목적격조사 : 을, 를

④ 보격조사 : '되다, 아니다' 앞의 체언에 붙는 이, 가

　(㉄ : 그는 군인이 되었다. 그녀는 바보가 아니다)

⑤ 관형격조사 : 의 (㉄ : 우리의 소원)

⑥ 호격조사 : 야, 아, 여 (㉄ : 철수야)

⑦ 부사격조사 : 특별히 주의해서 사용해야 하는 부사격 조사의 예는 다음과 같다.

　㋑ '에'와 '에서'

　　㉠ 도착하는 곳이면 '에', 떠나는 곳이면 '에서'

　　　㉄ 그들은 방금 학교에 왔다.

　　　　그들은 벌써 학교에서 떠났다.

　　㉡ 머무는 곳이면 '에', 활동하는 곳이면 '에서'

　　　㉄ 그들은 제천에 머물렀다.

　　　　그들은 제천에서 장사를 했다.

　　㉢ 넣는 경우라면 '에', 꺼내는 경우이면 '에서'

　　　㉄ 가방에 손을 집어넣었다.

　　　　가방에서 열쇠를 꺼냈다.

　　㉣ 움직임이 없으면 '에', 움직임이 있으면 '에서'

　　　㉄ 들판에 나무가 있다.

　　　　들판에서 새가 운다.

　㋒ '에'와 '에게' : 유정명사 뒤에 붙으면 '에게', 그 밖에는 '에'를 붙인다.

　　㉄ 철수에게 편지를 섰다.

　　　당국에 항의를 표했다.

　　　철수가 달려가다가 책상에 부딪쳤다.

　　　철수가 숙제를 안 했다고 선생님에게 맞았다.

남의 집에 들어가려다가 개에게 물렸다.

㉔ '에서', '에게서', '로부터'

㉠ 출발점이 유정 명사이면 '에게서', 그 밖의 경우에는 '에서'를 쓴다.

⒠ 그에게서 선물이 왔다.

집에서 택배가 왔다.

㉕ '부터'와 '로부터'

: '부터'는 보조사로서 주어나 목적어 또는 부사어가 될 수 있는 체언 뒤에 붙고, '로부터'는 부사격조사로서 그곳이 출발점이 될 수 있는 체언 뒤에 쓰인다.

⒠ 철수부터 말해라.

그들은 곧바로 아침조회부터 시작했다.

동사무소로부터 입학 통지서가 도착했다.

먼저 시장부터 가야 하지 않겠니?

㉖ 공동부사격조사 : 와/과, 하고

㉗ 비교부사격조사 : 보다, 처럼, 만큼, 같이

▶ 접속조사 : 단어와 단어, 문장과 문장을 같은 자격으로 잇는 조사.

와, 과, 하고, (이)고, 에 등이 있다.

⒠ 철수와 영희는 친구다.

철수하고 영희는 친구다.

어제 동네 잔치가 벌어져서 <u>술에 고기에</u> 많이 먹었다.

어제 동네 잔치가 벌어져서 술이다 고기다 많이 먹었다.

어제 동네 잔치가 벌어져서 술이고 고기고 많이 먹었다.

▶ 보조사 : 체언에 일정한 격을 규정하지 않고 여러 격으로 사용되어 체언에 뜻을 더하는 조사. 도, 은, 만, 까지, 마저, 조차 등이 있다.

⒠ ① 나만 경수를 좋아하는 것이 아니다.

영희도 경수를 좋아한다.

경희마저 경수를 좋아한다.

그런데 너까지 경수를 좋아하니?

⇒ 위의 보조사들은 모두 체언이 의미상 주어가 되게 하는 주격 조사의 역할을
한다.

예 ② 나만 경수를 좋아하는 것이 아니다.

⇒ 보조사 '만'이 주격 조사 '는'이 있어야 할 자리에 사용되어 주격 조사의 역
할을 한다. 그러면서 '나 말고도 경수를 좋아하는 사람이 더 있다.'는 뜻을
더하고 있다.

예 ③ 나는 경수만 좋아하는 것이 아니다.

⇒ 보조사 '만'은 목적격 조사 '를'이 들어갈 자리에 대신 들어가서 목적격의
역할을 한다. 그러면서 내가 경수 말고도 좋아하는 대상이 더 있다는 뜻을
더하고 있다.

2) 의존명사의 종류와 활용

① 보편성 의존 명사: 여러 성분으로 사용된다.
(예 : 분, 이, 것, 데, 바, 따위 등)

② 주어성 의존 명사: 문장에서 주어로만 사용된다.
(예 : 지, 수, 리, 나위 등)

③ 서술성 의존 명사: 문장의 서술어로만 사용된다.
(예 : 따름, 뿐, 터, 때문 등)

④ 부사성 의존 명사: 문장에서 부사어로만 사용된다.
(예 : 대로, 양, 듯, 체, 등, 만큼, 뻔, 채, 만, 줄 등)

⑤ 단위성 의존 명사: 수량, 단위를 나타낸다.
(예 : 개, 채, 마리, 명, 축, 가마, 묶음, 바리 등)

3) 보조 용언의 종류와 활용

보조 용언은 본용언 뒤에 쓰여 본용언의 의미를 보조하거나 더하기 위해 사용하는 용언
이다. 보조 용언의 종류는 다음과 같다.

〈보조 동사〉

    ① 부정; (지) 아니하다. 말다, 못하다…… 등
    ② 사동; (게) 하다. 만들다……등
    ③ 피동; (어) 지다, 되다 등
    ④ 진행; (어) 가다, (고) 있다 등
    ⑤ 종결; (어) 나다. 내다, 버리다 등
    ⑥ 봉사; (어) 주다, 드리다 등
    ⑦ 시행; (어) 보다 등
    ⑧ 강세; (어) 대다, 쌓다 등
    ⑨ 보유; (어) 두다, 놓다 등

〈보조 형용사〉

    ① 희망; (고) 싶다 등
    ② 부정; (지) 아니하다, 못하다 등
    ③ 추측; (는가, 나) 보다 등
    ④ 상태; (어) 있다.

▶ 보조 용언 사용의 예

불이 <u>꺼져 간다</u>. / 꺼져간다.
내 힘으로 <u>막아 낸다</u>. / 막아낸다.
어머니를 <u>도와 드린다</u>. / 도와드린다.
그릇을 <u>깨뜨려 버렸다</u>. / 깨뜨려버렸다.
감상을 <u>적어 두다</u>. / 적어두다.
책을 서가에 <u>꽂아 두었다</u>. / 꽂아두었다.
갑순이는 어제 <u>떠나 버렸다</u>. / 떠나버렸다.
그 일은 잘 <u>되어 간다</u>. / 되어간다.

정말 갑순이는 <u>가나 보다.</u> / 가나보다.
밥이 다 <u>돼 가니</u> 조금만 기다려라. / 돼가니

▶ 반드시 띄어 써야 하는 보조 용언
① 본용언 뒤에 조사가 연결된 경우
② 본용언이 합성동사인 경우
③ 보조 용언 가운데 조사가 들어간 경우
> 예 잘도 <u>놀아만</u> 나는구나. / 놀아 나는구나. / 놀아나는구나.
> 네가 <u>덤벼들어</u> 보아라. / 덤벼 보아라. / 덤벼보아라.
> 책을 <u>읽어도</u> 보고 / 읽어 보고 / 읽어보고

▶ 항상 붙여 써야 하는 보조 용언 : 널리 사용되어 하나의 단어로 인정된 경우에는 붙여
쓴다.
> 예 그는 개를 몹시 <u>무서워한다.</u>
> 할아버지는 강아지를 무척 <u>예뻐하신다.</u>
> 청소를 하니 집이 <u>깨끗해졌다.</u>
> 매일 아침의 산책으로 몸이 <u>건강해졌다.</u>
> 집안일을 <u>도와주다.</u>
> 모르는 것을 <u>물어보다.</u>
> 깜빡 <u>잊어버리다.</u>
> 지갑을 <u>잃어버리다.</u>
> 남은 세간살이를 <u>팔아먹었다.</u>

4) 단위 명사의 종류와 활용

◆ 단위를 나타내는 명사는 띄어 쓴다.

한 개	연필 한 자루
열 살	쌀 한 말
차 한 대	버선 한 축

소 한 마리   집 한 책
옷 한 벌   신발 두 켤레

▶ 예외 : ① 횟수의 의미로 사용할 때는 띄어 쓰고 어떤 일을 시험 삼아 시도하거나
　　　　　　 횟수의 의미가 없을 때는 붙여 쓴다.
　　　　　　 ㉠ 한 눈이 시력을 잃어 간다.
　　　　　　　 한눈에 반했다.
　　　　　 ② 단위를 나타내는 명사라도 아라비아 숫자와 어울려 쓸 때는 붙여 쓸 수 있다.
　　　　　　 ㉠ 16동 21호. 제1과, 80원(팔십 원), 7미터(칠 미터) 등
　　　　　 ③ 순서를 나타내는 경우에는 붙여 쓸 수 있다.
　　　　　　 ㉠ 육층, 두시 삼십분 오초, 삼학년 등

◆ **단위를 나타내는 명사**

그루: 식물 특히 나무를 세는 단위

꾸러미 : 달걀 10개를 꾸리어 싼 것. 꾸리어 싼 것을 세는 단위.

단 : 푸성귀, 짚, 땔나무 따위의 한 묶음

되: 곡식이나 액체 따위의 분량을 헤아리는 단위

두름 : 조기, 청어 따위의 생선을 10마리씩 두 줄로 묶은 20마리 또는 산나물을 10모숨쯤
　　　 묶은 것.

땀 : 바느질에서 바늘로 한 번 뜬 눈.

마디 : 매듭과 매듭 사이를 나타내는 단위

마장 : 주로 5리나 10리가 못 되는 몇 리의 거리를 일컫는 단위.

마지기 : 논밭의 넓이의 단위. 벼나 보리의 씨를 한 말 뿌릴 만한 넓이를 한 마지기라
　　　　 한다. 논은 200평 ～ 300평. 밭은 100평에 해당한다.

말: 곡식이나 액체 따위의 용량의 단위

모: 두부와 묵 따위의 덩이를 세는 단위

모숨 : 모나 푸성귀처럼 길고 가는 것의 한 줌쯤 되는 분량. 춤.

바리 : 마소에 잔뜩 실은 짐을 세는 단위.

벌 : 옷, 그릇 따위의 짝을 이룬 한 덩이를 세는 말.

볼 : 발, 구두 따위의 나비.

사리 : 국수, 새끼 같은 것을 사리여 놓은 것을 세는 단위

섬 : 한 말의 열 배.

손 : 고기 두 마리를 이르는 말로 흔히 쓰임. 고등어 한 손

송이: 꽃이나 눈, 열매 따위가 따로 된 한 덩이

쌈 : 바늘 24개, 금 100냥쭝을 나타내는 말.

알: 둥근 물건을 세는 단위

우리 : 기와를 세는 단위. 한 우리는 2000장.

자루: 기름한 물건을 세는 단위

접 : 과일, 무, 배추, 마늘 따위의 100개를 이르는 말.

제 : 탕약 스무 첩, 또는 그만한 분량으로 지은 환약이나 고약의 양.

죽 : 옷, 신, 그릇 따위의 열 개(또는 벌)를 이르는 말.

줌 : 주먹으로 쥘 만한 분량.

채 : 인삼 한 근(대개 750그람)을 일컫는 말. 또는 집, 이부자리를 세는 단위

첩 : 한약을 지어 약봉지에 싼 뭉치를 세는 단위.

촉 : 난초를 세는 단위

축 : 오징어 20마리

켤레 : 신, 버선, 방망이 따위의 둘을 한 벌로 세는 단위.

쾌 : 북어 20마리, 엽전 10꾸러미, 곧 10냥을 한 단위로 세는 말.

타래 : 실·고삐 같은 것을 감아 틀어 놓은 분량의 단위.

톳 : 김 100장씩을 한 묶음으로 세는 단위.

한소끔 : 끓는 물 따위의 한 번 끓는 것을 일컫는 말.

5) 주의할 띄어쓰기

◆ 수를 적을 때는 만 단위로 띄어 쓴다.

  ㉾ 십일억 삼천사백오십육만 칠천팔백구십팔 원

  　11억 3456만 7898원

◈ 두 말을 이어 주거나 열거할 때 쓰는 말은 띄어 쓴다.

　겸, 내지, 대, 등, 및, 등등, 등속, 등

　　예 국장 겸 과장　　　　　열 내지 스물

　　　청군 대 백군　　　　　회장 및 부회장들

　　　사과, 배 등이 있다.　　사과 배 등등이 있다.

　　　사과 배 등속이 있다　　부산, 대전 등지에서 왔다.

◈ 단음절로 된 단어가 연이어 나타날 때는 붙여 쓸 수 있다.

　　예 그때 그곳, 좀더 큰것, 이말 절말, 한잎 두잎 등

◈ 쓰이는 경우에 따라 품사가 달라지고 띄어쓰기의 사용이 달라지는 단어들

　① 같이 : (조사) 바람같이 사라졌다.

　　　　　　(부사) 동생과 같이 집안일을 도왔다.

　　　　　　(동사) 동생과 일을 같이했다.

　② 대로 : (조사) 그림이든 피아노든 마음대로 배워라.

　　　　　　(의존 명사) 그는 자신이 말한 대로 행동한다.

　③ 데 : (어미) 비가 오는데 갈 거니?

　　　　　(의존 명사) 시험 공부하는 데 이 참고서가 필요해요.

　④ 듯 : (어미) 밥을 먹듯 약도 먹어라.

　　　　　　땀이 비 오듯 한다.

　　　　　(의존 명사) 여대생인 듯 차리고 다닌다.

　　　　　　하늘을 보니 바가 올 듯하다.

　⑤ 만 : (의존 명사) 떠난 지 닷새 만에 소식이 왔다.

　　　　　(조사) 아무려면 내가 너만 못하겠니?

　　　　　　너무 피곤하여 한 시간만 공부했다.

⑥ 만큼 : (조사) 나도 너만큼 키가 크다.

　　　　(의존 명사)일한 만큼 성과를 올리다.

⑦ 말고 : (어미) 그럼, 먹고말고.

　　　　(동사) 너 말고 네 동생을 찾더라.

⑧ 망정 : (어미) 가난할망정 마음만은 부자다.

　　　　(의존 명사) 일찍 나왔기에 망정이지 늦을 뻔했다.

⑨ 바 : (어미) 금강산에 가본바 과연 절경이더군!

　　　(의존 명사) 너와 나의 생각하는 바가 같다.

⑩ 밖 : (조사) 용돈이 천 원밖에 남지 않았다.

　　　(어미) 아버지가 시키시는데 할밖에.

　　　(어미) 친구들이 모두 떠나니 나도 떠날밖에.

　　　(명사) 대문 밖까지 따라 나오다.

　　　(명사) 합격자는 너 밖에도 여러 명이 있다.

　　　(명사) 상상 밖으로 일이 커졌다.

⑪ 뿐 : (조사) 연필뿐이다.

　　　(의존 명사) 먹을 뿐이다.

⑫ 지 : (어미) 이 사람이 누구인지 아니?

　　　(의존 명사) 그들은 사귄 지 삼 년 만에 결혼했다.

6) 띄어쓰기 연습문제 ①

아래의 문장들을 바르게 띄어 쓰시오.

① 영수만큼착한사람도없다.

⮕

② 할만큼했으니결과를기다려보자.

⮕

③ 너에게만큼은진실을말하겠다.

⮕

④ 지침서대로하면초보자도할수있다.

⮕

⑤ 네가하는대로나도하겠다.

⮕

⑥ 반찬이라고는김치뿐이다.

⮕

⑦ 나는시키는대로할뿐입니다.

⮕

⑧ 내동생은인형만가지고논다.

⮕

⑨ 철수가영희를좋아할만도하다.

⮕

⑩ 모두안녕들하셨어요?

⮕

⑪ 과일가게에배,사과,감들이있다.

⮕

7) 띄어쓰기 연습문제 ②

아래의 문장들을 바르게 띄어 쓰시오.

1. 매사에그럴듯하게잘난척하는녀석을도저히어쩔수없어내가떠난지도오래되었다.

   ➠

2. 나는세살때부터웃음을잃었어.

   ➠

3. 내가어릴적,그러니까1987년경으로기억나.

   ➠

4. 수많은생각이떠올랐다.

   ➠

5. 나는집으로돌아와서사용설명서를읽어보고MP3를사용해보았다.

   ➠

6. 몰인정한사람들은모든일을부도덕하게뭇사람들의시선도무시하고처리한다.

   ➠

7. 이렇게네가족이었습니다.

   ➠

8. 십년걸려쌓은탑이개미한마리가판굴로무너진다.

   ➠

9. 웃어른의말에갓스물의그는군말없이덧저고리를걸치고문밖으로나왔다.

   ➠

10. 휴일오후한사내가부슬부슬내리는비를맞으며가만가만히언덕길을왔다갔다했다.

   ➠

제Ⅲ장

직업윤리와 취업의 길잡이

1. 현대사회의 직업윤리

1) 직업윤리의 이론적 연원

루터(M. Luther) 이전의 사회는 계급사회로서의 성격을 지니고 있었고, 이 사회에서의 윤리의 형식은 명령 형태를 지니고 있었다. 도덕적 명법의 명령권자는 신(神)이라는 초월적 절대자였다. 그렇기 때문에 '그렇게 하지 않으면 안 된다'는 필연성과 당위성을 내포하고 있었던 것이다. 따라서 이해의 대립, 전체와 개체, 자아와 타아의 분열, 계급대립 등을 중화시키기 위해서 절대적 명법의 도덕률이 필요했던 것이다. 이러한 명법의 도덕률이 직업윤리를 구성하고 있었다.

그러나 루터에게 있어서 신학의 근거는 그리스도를 통하여 신(神)에게 철저히 봉사하는 신앙의 응답에서 자유로운 봉사와 세계와의 관계가 생겨나는 것으로 보고 여기에는 모든 직업을 신의 소명에 의한 봉사관계로 설명한 것이 루터의 특별한 직업관의 기초를 형성하게 되었다. 루터는 종교개혁사상에서 중요한 주제 중의 하나인 소명(the calling)은 그의 기초신학과도 밀접한 관계를 맺고 있는 것으로, 모든 인간은 그가 존재하고 있는 사회 내에서 특정한 요구를 신(神)으로부터 부여받고 있는데, 그것이 곧 그리스도의 사역(使役), 자유, 죄(罪) 등의 맥락에서 소명론(vocation)이 도출되고 있다. 이 소명의 개념은 후에 독일어의 직업소명(Beruf)으로 발전되면서 분명하게 드러나게 되었다. 물론 루터가 소명이라는 말을 처음 사용하기 시작한 것은 1521년에 발표한 〈수도원(修道院)의 맹서(盟誓)에 관하여〉

라는 글 속에서 처음으로 직업문제를 제기하면서 인간은 누구나 하느님의 자녀들이라고 부름을 받게 되는데, 이 말은 각자의 농부로서, 장인으로서, 또 직업인으로서 행하는 말로 사용하였다. 루터가 소명론에 대해서 언급할 때는 항상 〈고린도전서〉 7장 20절에 근거하여 그 성서적 정신을 함축하고 있다.

루터의 직업소명론을 십계명과 관련지어 연구한 모건(K. Morgan)은 모든 사람은 자기의 위치와 직책에 의해서 크리스찬의 지상적인 과업 또는 노동을 하게 되는데, 이는 신(神)의 명령과 사랑의 뜻에 합치되어야 한다. 만약 그렇지 못할 때 '수도원의 맹서'는 악의 맹세요, 허위의 맹세일 뿐이라고 하였다. 따라서 십계명은 직업에 임하는 인간의 자세, 경제윤리, 노동윤리 그리고 생활원리까지도 제시하였다고 하였다.

특히, 기독교의 〈신약성서〉에서 예수의 직업을 목공으로 밝히고 있는 것은 일의 개념을 매우 포괄적으로 시사하고 있다. 이를테면, 어부로서의 베드로, 삯꾼으로서의 요한, 천막공으로서의 바울이 대표적인 예이다. 루터에 의하면, 하느님을 위해서 일하는 것은 곧 자기 자신을 위하여 일하는 것이며, 이는 인간이 인간으로서의 삶 가운데 추구하는 것을 지속시키고 옹호하고 실현시키려고 하는 보편적이며 영속적인 인간의 활동이라고 하였다.

루터는 히브리 사람들의 직업적 소명관에 대해서 매우 상세히 쓰고 있다. 그에 의하면, 히브리 사람들은 손으로 하는 노동을 매우 수고하는 것으로 높이 평가하면서 게으른 사람은 개미에게 가서 배우라고 질책하고 있다. 또한 하느님은 정직한 일꾼에게 상을 주며, 주인이든 노예이든 자유인이든 가리지 않고 정당한 보수를 받는 것이 당연하다고 해석하였다. 이러한 기독교의 직업관은 〈신약성서〉에도 그대로 이어져 오고 있다. 즉, 믿음, 일, 사랑, 땀흘리는 일은 모두 같은 것이며, 사람은 누구나 일을 통하여 하느님께 영광을 돌리게 된다는 것이다. 여기에서 사람은 하느님의 부(富)의 청직리(聽職吏)라는 개념이 싹트기 시작한다.

그러므로 루터에게 있어서의 직업은 지상적인 이웃관계와 천상적인 노동개념을 함께 가지고 있었다. 루터의 정신에서 일관되게 이어지고 있는 일에 대한 소명관은 자기 자신을 위하여 봉사하기보다는 타인을 위하여 자기 능력의 최선을 다하지 않는다면 결국 소명은 무의미하게 되고 만다. 루터는 인간의 나태를 막기 위하여 질서의 개념도 함께 세워서 다른 사람에게 봉사를 가능하게 하였다. 그는 질서의 성직, 결혼, 정부 안에서 구체적으로 나타난다고 하였다. 따라서 루터의 소명론은 이웃을 위한 협동과 상린적 행위(相隣的 行爲)를 주님의 부름으로 승화시켜서 하느님의 소명에 충실히 일을 하는 것은 이미 믿음을 가진 자인 동시에 참사랑의 직분을 수행하는 자이다.

 루터의 소명론이 세속적 질서개념으로 구체화되었던 데 비해, 칼빈에게 있어서는 자본주의적 청교도의 노동윤리로 더욱 발전하게 된다. 맥클리랜드(D. C. McClelland)에 의하면, 성취동기와 경제발전과의 관계에서 종교의 신념체계가 중요한 비중을 차지하고 있다고 말한다. 이러한 예를 칼빈(J. Calvin)과 베버(M. Weber)의 프로테스탄트 종교관에서 찾아볼 수 있다. 즉, 칼빈주의는 그의 독특한 예정론에 입각해서, 신에게 영광을 돌리기 위해서 현세적으로 금욕주의와 소명주의가 완전히 결합되어 깊은 종교적인 의미로 승화될 때에만 직업주의가 확립된다고 하였다. 중세 수도적인 신의 경배에서 벗어나 세속적인 직업을 통한 신의 경배에 보다 깊은 종교적 의미를 부여하였다. 여기에서 칼빈의 세속적 생활과 금욕적 직업이 결합되어 귀중한 종교적인 의미를 갖게 되는 커다란 전환점이 형성되었다.

 칼빈에 의하면, 인간에게 있어서 노동의 개념은 저주의 대상이거나 회피의 대상이 되거나 기껏해야 수도원 생활과 비교도 안 되는 저급한 생활의 일상적인 '일'이었던 것이, 이제는 이 일을 통하여 신에게 영광을 돌리도록 예정되어 있다는 확신을 줄 수 있는 근거가 대두됨으로써 일과 노동의 개념에 전혀 새로운 국면을 맞이하게 된다. 즉, 어떠한 종류의 직업이든 그 직업을 통한 노동이 수도원 밖이든, 수도원 안이든 또는 종교적인 성직이든, 세속적인 노동이든지 간에 모든 사람에게 부과된 일은 신으로부터 고유한 사명이 있다. 이와 같이 신의 사명이 부여된 노동은 모두 신성시하였으므로 카톨릭교의 종교적 일과 일반사람의 일과의 구별을 반대하였으며, 모든 인간의 직업은 신성할 뿐만 아니라, 평신자도 직업을 갖고 있는 사람 못지 않게 그리스도 안에서 소명의식을 가지며 신의 은총의 대상이 된다.

 이상에서 칼빈의 금욕적 직업윤리사상은 다음과 같이 정리할 수 있다.

 첫째, 칼빈의 직업에 대한 금욕적 입장은 중세 신학자들이나 선조들이 노동이나 직업을 기독교 교리나 신앙생활과는 무관한 것으로 생각한 것에 대해서, 노동의 의무야말로 신과 인간에게 함께 영광을 돌릴 수 있는 자연의 윤리인 동시에 사회질서의 핵심이라고 하였다.

둘째, 노동이나 직업을 갖기를 기피하던 중세 스콜라주의자들의 풍조에 대해서 노동과 직업이 인간의 삶과 진실에 엄밀히 연관되어 있다는 것을 일깨워 주었다.

셋째, 절제와 금욕적 직업정신을 고취함으로써 노동을 남용하거나 노동을 착취하는 것을 죄악의 대상으로 규정하였다.

넷째, 인간은 직업을 통해서 하느님께 영광을 돌릴 수 있으므로 일의 나태와 기피 그리고 일의 반대는 실업을 유발하는 요인이므로 사회악으로 철저히 배격하였다.

이러한 칼빈의 직업관은 청교도의 노동윤리를 잉태시켜 자본주의정신을 창시하게 되었으며, 이는 다시 베버의 사회, 경제, 문화, 직업적 정신의 이론적 근거를 제공하는 계기가 되었다.

베버의 천직개념(天職槪念)은 기본적으로 루터의 종교적 직업소명론과 칼빈의 세속적 직업금욕론을 결합하여 그의 독특한 자본주의적 발전의 윤리적 기저가 되고 있는 천직론을 제시하였다. 물론 천직이나 루터나 칼빈에서도 부분적으로 언급은 되었으나, 베버에 의해서 천직론(Beruf)의 종래의 신으로부터 인간에게 부여된 '하늘에 속한 일'이 아니라 인간이 인간에게 부여한 '세상에 속하는 일'이라는 인식으로 전환하게 되었다. 그러므로 '일'이란 이 세상에 소속된 인간과 인간, 이웃과 이웃과의 공동체에 대한 봉사의 개념이 강하게 대두되면서 이 봉사는 반드시 직업이 있어서, 직업을 통해서 가능하므로 이를 천직이라고 하였다.

베버의 자본주의적 천직론은 합리적 생활태도로 하여금 세속적 금욕적 직업윤리에서 자본주의정신을 발휘하여 시민적 직업윤리의 기초를 형성하였다. 이러한 자본주의적 발전과정에 부가 증가됨에 따라 점차 종교적 금욕정신은 변질을 가져와 종교의 형성은 남아 있으나 그 내용인 정신은 사라져감에 따라 새로운 시민적 직업윤리가 요청되게 되었다.

베버가 정의한 시민적 자본주의 윤리에 의하면 기업인은 도덕적 생활에 결함이 없이 정확한 절제와 한계를 지키며 부를 퇴폐적으로 낭비하지 않으며 신에게서 충분한 은총을 받으면서 생활해야 한다. 이와 동시에 노동자에게는 냉정, 성실, 우수한 노동력을 신이 요구하는 생활목적으로 사용되어질 것이 권장된다.

이와 같은 근대 자본주의적 시민윤리는 근면, 검소, 정직에 따라서 직업 의무를 생활원리로 삼는 것을 의미하게 되었다.

2) 직업윤리의 현대적 의의

인간은 누구나 일하지 않으면 살아갈 수 없다는 뜻에서 Homo Laborans라고 한다. 일이야말로 인간의 역사와 함께 시작되었다. 그런데 일이나 노동의 초기개념수준은 단순히 생계유지의 수단이거나 본능적인 종족보존의 작업에 불과하였던 것이다.

그러나 19세기 산업사회에 접어들면서 일이나 노동의 개념은 직업윤리(vocational ethos)라는 새로운 개념으로 변화를 맞이하게 되었다.

이제 직업윤리는, 넓은 의미에서 경제생활의 순환과정에서 발생하는 기업윤리, 노동윤리, 노사관계윤리, 소비생활윤리, 유통과정윤리 등 모든 경제윤리를 포괄하는 가장 바람직한 규범행위이며, 좁은 의미에서의 직업윤리는 생계와 유지와 활동을 돕는 일 그리고 노동에 대한 바람직한 태도이다. 이와 같이 직업이 단순히 의·식·주의 해결을 위한 자구생존만을 의미한다면 그것은 직업이라기보다는 생업이라고 표현해야 적절하다. 그러므로 직업은 생계수단 이상의 뜻으로, 인간에게 여러 가지 정신적 보상을 주고 있음과 동시에 사회적 지위를 부여하고 있다. 따라서 직업은 개인 본위의 보상획득행위가 아니고 사회적 역할 및 수행의 의미를 지니게 되며, 이를 통하여 사회 전체에 기여를 전제함과 동시에, 다른 한편으로 그 기여를 통하여 인간다운 공동생활을 형성하고 유지하여 질적인 삶을 향상시키는 요인이 된다.

근대 자유주의의 발달과정에서 '직업선택의 자유'는 매우 중요한 의미로 헌법에 의해서 보장되었다. 자유직업사상은 인간의 기본적인 생활유지의 수단과 사회적으로 자아실현의 역할이라는 두 가지 측면에서 누구도 박탈할 수 없는 신성한 것으로 보호되었다.

3) 사회변화와 직업윤리

직업의 성격은 사회변화에 따라 다양한 의미로 구분되고 있다. 즉, 봉사성(service), 공유성(occupation), 천직성(vacation), 전문성(professipn), 일상성(job), 소명성(calling), 가업성(craftship), 사업성(business) 등이다. 이렇게 독립된 직업의 성격에 따른 명칭이 '윤리'라는 말과 합성어가 되어 하나의 학문적인 용어로 개념화되기는 18세기 산업혁명 이후부터이다.

직업윤리라는 말은 행동을 규율하는 내적인 의식의 측면과 외적인 사회규범의 측면을 함께 포함하고 있다. 이를 좀 더 구체적으로 살펴본다면, 내적인 의식의 측면은 자기 발전적 바탕을 이루는 것으로서, ① 자기의 기술과 지식에 대한 확신 ② 자기가 담당한 업무에 대하여 최선을 다하고 자부심을 가지며, ③ 자기업적에 대한 대등한 보수를 요구하며, ④ 자신을 보다 귀중한 존재로 생각하고, 모든 부정과 불공평을 물리칠 수 있는 결연한 자제, ⑤ 자기 확신을 가지고 직업에 전념하는 태도, ⑥ 직업을 합리적, 발전적, 합목적적, 미래 지향적으로 유도하며, ⑦ 자기를 규율하고 규제하는 금기와 기준을 스스로 확립하는 것 등이다.

한편 외적인 사회규범의 측면을 이루는 것으로는 ①직업인으로서 책임을 다함은 사회와 국가발전에 공헌하는 길임을 깊이 명심하고 최선을 다할 때 국민된 책무를 완수하는 일이며, ② 일찍이 소크라테스가 "나는 작은 국가이고 국가는 큰 나이다"라고 하였듯이 나의 발전은 국가·사회 발전의 근본임을 자각하는 이이며, ③ 자신이 소속되어 있는 집단의 존속과 전체사회의 안녕질서를 위해서 직업에 대해 몰아헌신(沒我獻身)을 해야 하며,④ 베버의 직업분류방식인 유기적 직업윤리와 금욕적 직업윤리는 창의적인 자기실현을 달성하는 데 직접·간접적으로 어떠한 의미를 내포하고 있는지 음미하여야 한다.

현대사회의 직업의 특징은 세분화, 전문화, 계열화, 정보화의 성격을 지닌다. 따라서 직업의 세분하는 곧 직업의 전문화를 뜻하므로 선진공업국일수록 직종은 더욱 그 종류가 많은 편이다. 이를테면, 미국은 현재 직업의 종류가 약 2만 5천 종이며, 일본은 1만 8천 종에 이르고 있다. 특히, 정보화 사회에서의 직종의 개발은 점차적으로 실외에서의 일로부터 실내에서의 일로 옮겨지고, 고정적인 일로부터 유동적인 일로 변화를 보이며, 컨설팅, 업무대행, 서비스 관련업종이 대폭적인 증가추세를 보이고 있다. 즉, 직업의 정보화에 따라 직업윤리의 성격도 보다 신뢰를 바탕으로 한 인간화, 생명화, 존재화에 두지 않으면 안 되게 되었다. 왜냐하면 인간의 생활욕구는 자제성에 기초하면서도 사회성을 가지고 영위됨으로써 집단적 구조관계를 이루어가지 않으면 그 구조 자체가 존재 할 수 없기 때문이다.

따라서 현대인은 직업의 기능적인 역할분담을 효율적인 안배를 통하여 모든 사람에게 직업을 공유하게 하여야 한다. 그러므로 직업은 어떤 특정인의 전유물이 되어서는 안 되며 모든 사람의 사회생활의 필요조건으로서 그 기초를 이루어야 한다.

사회라는 집단구성체는 전체와 개체, 즉, 사회와 개인이라는 양극의 상호관계가 결집해서 이루어지는 것이고, 이 두 개의 축(軸)을 연결 짓는 것이 바로 직업윤리의 새로운 성격으로 해석된다. 전체는 부분의 기능, 다시 말해서 개인의 직업을 통해서 결속되며, 개체는 전체의 순기능(順機能), 즉 직업을 통하여 전체에 귀속된다. 즉, 개인과 전체를 결합시키는 매개기능을 가진 직업은 그 결합기능을 지속시키는 것이 직업윤리관의 확립과 밀접한 관계가 있다.

▶ 바람직한 직업윤리의 방향
 1. 자기 직업에 대하여 책임을 지기 위하여 자긍심을 가지고 정성을 다한다(자부심과 충성심). 자기 직업을 천직으로 알고 심혈을 기울이며, 헌신적으로 일하는 사람이 가장 행복한 사람이며 아름다운 사람이다.
 2. 직업을 취득한 직장에 대하여 감사하는 마음으로 일하며, 직장을 가정처럼 아껴야 한다.
 3. 각자가 맡은 일을 통하여 자아실현이라는 한 가지 목표에 도달할 수 있음을 인식한다.
 4. 정의로운 직업윤리를 실현하기 위하여 이해관계의 조정을 할 때는 약한 자의 편에 서도록 노력한다.
 5. 직책상 주어진 권한은 절대로 남용, 오용, 도용, 과용하지 말며, 이를 절제하고 의롭게 행사한다.
 6. 직장에서 상사와 동료 간에 갈등이 생기면 마음을 열고 진실된 언어로 대화하여 푼다.
 7. 직장에서 나보다 직급, 학력, 보수가 못한 동료들에 대하여 특별히 관심을 가지고 그들의 자존심을 존중한다.

8. 직장에서 학연, 지연, 혈연, 종연(宗緣)이 같거나 다르다고 부당한 분파를 만들면 선의의 사람들에게 피해를 줄 수 있다는 것을 명심한다.

9. 직업의 가치는 그 직업을 통하여 내가 얼마나 몰아헌신(沒我獻身)할 수 있느냐의 '보람지수'에 의하여 결정된다.

10. 일은 원인에서의 공정, 과정에서의 공평, 결과에서의 공개라는 업무수행 세 가지의 원칙을 준수하도록 한다.

11. 직업은 단순한 생계유지의 보상적인 수단으로부터 사회발전의 공헌이라는 봉사적 성격 변화에 대하여 깊이 이해한다. 단순히 먹고 살기 위해 일하는 것이 아니라, 인간으로서 구실과 사회적 역할을 다하기 위해 일을 한다. 직업에 대한 본분의식(직분)과 책임의식(직책)을 가진다.

12. 직장에서 일을 시작하고 마칠 때 몸에 쌓인 피로와 수고를 감사하는 마음으로 편히 쉬며 풀어야 한다.

13. 일은 하기 싫어하면서 직업은 있어야 한다는 논리적 모순에서 자기의 정체성을 확실히 정립해야 한다.

14. 일의 대가인 보수는 시장의 원리, 분배의 원리, 업무수행능력의 원리에 따라 균형 있게 책정되어야 한다.

15. 올바른 직업의식을 가짐은 개인과 가정의 행복을 보장할 뿐만 아니라 사회와 국가번영의 밑거름이 된다.

4) 현대사회가 원하는 직업인

각 기업은 실제로 어떤 사람을 원하는가?

삼성(박○○ 상무) : 첫째, 인간미와 도덕성을 지닌 사람, 즉 더불어 사는 삶을 실천할 수 있는 용기있고 따뜻한 사람, **이기주의를 버리고 서로 격려**하며 이끌어 주는 진정한 동료애를 발휘할 줄 아는 '열린 마음'을 지닌 사람을 원한다. 둘째, 창의와 협력을 바탕으로 미래를 개척하는 창조형의 사람. 진취적인 정신을 지니고 **자기 계발에 부단히 노력하며 변화를 주도**할 수 있는 사람.

LG(김○○ 상무) : 첫째 **기본에 충실한 사람**. 모든 발전과 혁신은 기본에서 출발한다. 신입사원선발 때도 기본에 충실하며 그 속에서 사물의 본질과 진리를 발견하고자 하는 순수한 젊은이를 중시한다. 둘째, 올바른 가치관을 지닌 사람. 뚜렷한 **주관을 갖되 남과 더불어 발전**할 수 있는 사람. 협조와 양보의 미덕을 가진 사람

롯데(김○○ 상무) : **현재의 모습보다 미래의 가능성을 높이 평가**한다. 첫째 실패를 두려워하지 않는 젊은이를 원한다. **한두 번의 실패에 좌절하지 않고, 결정적인 성공을 위해 다시 도전하는 패기와 투지**를 가진 젊은이. 둘째, **실력을 키우기 위해 끊임없이 노력하는 젊은이**를 원한다. 착실하게 **기초를 다지는 한편 긴 승부를 기다리는 인내와 노력의 가치를 아는 젊은이**. 셋째, 진정한 실력자는 동료 · 선후배와 협력하고 양보할 줄 아는 미덕을 가지고 있다.

■ **경영자가 요구하는 인재상**
① 긍정적이고 적극적인 성격의 소유자: 문제에 맞서 나가는 의욕을 가진 사람
② 강한 의지력의 소유자: 장애를 극복하는 능력을 키운다.
③ 강한 끈기의 소유자: 집념과 집중력을 키운다.
④ 원숙미의 소유자: 균형 감각을 가지고 자제력을 발휘할 수 있는 사람
⑤ 조직 화합력의 소유자: 적응력, 친화력, 대화력을 키운다

이력서 쓰기

1) 이력서란 무엇인가

이력서는 인사서식 제1호이다. 이력서란 구직자와 직장간의 첫 상견례이자 취업을 향한 첫걸음이다. 만남에는 첫인상이 중요하고 길을 떠남에는 첫걸음이 중요하다. 생면부지의 사람에게 호감을 얻어 승낙을 받아내야 하는 취업에 있어서 이력서는 '나'라는 사람을 최초로 소개한 것임을 명심해야 한다.

2) 이력서의 구성

① 사진 및 인적 사항

깔끔한 모습의 사진으로 좋은 인상을 주도록 하고, 지정된 위치에 규격에 맞는 것으로 붙이도록 한다. 이력서를 받았을 경우, 가장 먼저 시선이 가는 곳이 사진이라는 것을 명심하기 바란다. 주소는 통, 반까지 자세히 기재한다. '호주와의 관계'란 호주 쪽에서 본 관계를 말하는 것으로 착오 없도록 주의해야 한다.

예 : 장남, 차녀, 본인 등

② 학력 및 경력 사항

이력서의 내용 중 가장 중요한 부분이다. 날짜가 잘 기억나지 않는다면 관계 서류를 찾아 정확히 기입하고, 학력은 중졸 혹은 고졸부터 적는 것이 무난하다. 남자의 경우, 병역 관계도 필히 언급해야 한다. 유의할 것은 학교명, 학과명, 단체명 등을 줄여서 기재해서는 안 된다는 점이다.

③ 자격사항/ 특기사항/ 수상내용

'자격사항' '특기사항' '수상내용' 난은 본인이 직접 칸을 만들어야 한다.

자격사항(資格事項)에는 각종 자격증이나 면허증을 취득한 시간 순서대로 적는다. 전공과 관련이 없다고 생각되는 자격증이라도 모두 적는다. 운전면허증, 운동 단증까지도 적는다. 자격증을 적고는 필히 발령처를 적는다.

특기사항(特記事項)은 증명할 수는 없지만 나의 장점을 표현하고 싶을 때 활용하는 난이다. 이 특기사항 난은 주관적으로 적을 수 있기 때문에 적극 활용할 필요가 있다. 반드시 적어야 할 내용은 컴퓨터 활용 능력이다. 예를 들면 Excel, Power Point, 능통' 또는 'MS-OFFICE 활용 가능', 'AUTO-CAD 가능'

특기사항에 외국어 능력 정도와 봉사활동 내용도 필히 적어야 한다. 예를 들면 '영어 회화 가능', '봉사활동 25시간(제천사회복지관)', '청암학교 봉사활동 3주', '살레시오 마을(특수장애인 학교) 봉사활동 5일' 등. 봉사활동을 한 경우는 증빙서류를 함께 제출하는 것이 좋다. 현대사회에서는 똑똑한 사람만큼 성실하고 희생정신이 강한 사람을 선호한다.

기타 특기사항에는 산업체 현장 실습 경험, 동아리 활동 및 학회 활동, 교외 활동 등도 적는다. 또 지원회사의 특성에 맞는 아르바이트 경험, 학원 수강 등도 빼놓지 말고 적는다. 동아리 총무나 과대표, 혹은 과 총무 경력 등도 적도록 한다.

수상내용(受賞內容)에 적는 것은 개근상, 장학금 수혜, 공모전 입상 등을 적는다. 장학금은 성적우수장학금뿐만 아니라 근로장학금도 적는다. 예를 들면 '대학 내 장학금 2회 수혜', '중·고등학교 6년 개근', '초·중·고등학교 12년 개근' 등.

3) 이력서는 어떻게 쓰는가?

① 첫인상은 순간적인 느낌일 수도 있으므로 깔끔하고 깨끗하게 적는다. 수정액을 사용하는 것도 안 되며, 중간에 틀렸으면 새로 쓴다. 정성스럽게 쓴다.

② 상세하면서도 간단명료하게 작성한다. 초등학교 때 우등상 탄 것까지 쓸 필요는 없다.

③ 문체는 국한문혼용체로 쓰는데, 한자어는 한자로 쓰면 좋다.

④ 기재 사항은 첫머리가 가지런해야 하며 들쭉날쭉해서는 안 된다.

⑤ 우측 상단에 전화번호나 휴대폰 번호 등 긴급연락처를 기재한다.

⑥ 내용을 다 기록한 다음 '위의 사실은 틀림이 없음'이라는 확인을 한 뒤, 작성 연월일과 함께 본인 성명을 쓰고 날인을 한다.

⑦ '자필 이력서'라는 단서가 없는 경우, 컴퓨터를 이용해 이력서를 작성한다. 컴퓨터로 출력된 이력서가 깔끔하고 반듯할 수 있다.

[보기] 이력서 작성법

이력서 작성법

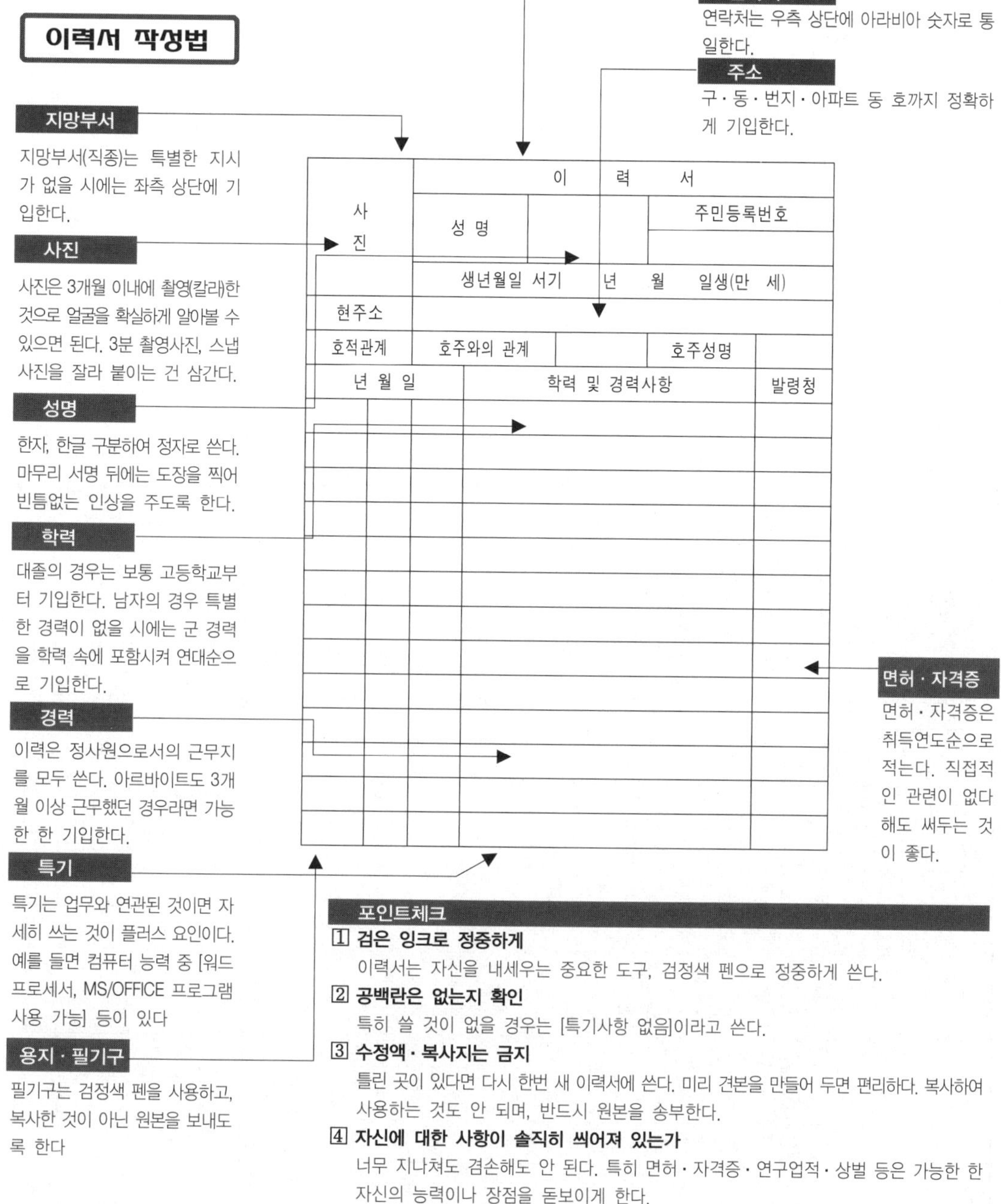

지망부서

지망부서(직종)는 특별한 지시가 없을 시에는 좌측 상단에 기입한다.

사진

사진은 3개월 이내에 촬영(칼라)한 것으로 얼굴을 확실하게 알아볼 수 있으면 된다. 3분 촬영사진, 스냅사진을 잘라 붙이는 건 삼간다.

성명

한자, 한글 구분하여 정자로 쓴다. 마무리 서명 뒤에는 도장을 찍어 빈틈없는 인상을 주도록 한다.

학력

대졸의 경우는 보통 고등학교부터 기입한다. 남자의 경우 특별한 경력이 없을 시에는 군 경력을 학력 속에 포함시켜 연대순으로 기입한다.

경력

이력은 정사원으로서의 근무지를 모두 쓴다. 아르바이트도 3개월 이상 근무했던 경우라면 가능한 한 기입한다.

특기

특기는 업무와 연관된 것이면 자세히 쓰는 것이 플러스 요인이다. 예를 들면 컴퓨터 능력 중 [워드프로세서, MS/OFFICE 프로그램 사용 가능] 등이 있다

용지 · 필기구

필기구는 검정색 펜을 사용하고, 복사한 것이 아닌 원본을 보내도록 한다

연락처

연락처는 우측 상단에 아라비아 숫자로 통일한다.

주소

구 · 동 · 번지 · 아파트 동 호까지 정확하게 기입한다.

면허 · 자격증

면허 · 자격증은 취득연도순으로 적는다. 직접적인 관련이 없다 해도 써두는 것이 좋다.

포인트체크

1 검은 잉크로 정중하게

이력서는 자신을 내세우는 중요한 도구, 검정색 펜으로 정중하게 쓴다.

2 공백란은 없는지 확인

특히 쓸 것이 없을 경우는 [특기사항 없음]이라고 쓴다.

3 수정액 · 복사지는 금지

틀린 곳이 있다면 다시 한번 새 이력서에 쓴다. 미리 견본을 만들어 두면 편리하다. 복사하여 사용하는 것도 안 되며, 반드시 원본을 송부한다.

4 자신에 대한 사항이 솔직히 씌어져 있는가

너무 지나쳐도 겸손해도 안 된다. 특히 면허 · 자격증 · 연구업적 · 상벌 등은 가능한 한 자신의 능력이나 장점을 돋보이게 한다.

5 우송 전에 최종 체크

오자 · 탈자가 없는지, 접히거나 너덜너덜하지는 않는지, 더럽혀지지 않았는지 다시 한번 확인 후 우송한다.

〈이력서의 예〉

<table>
<tr><td rowspan="3">사 진</td><td colspan="5">이　　력　　서</td></tr>
<tr><td>성 명</td><td colspan="2">朴　大　元　　㊞</td><td colspan="2">주민등록번호
900301 - 1234567</td></tr>
<tr><td>생년월일</td><td colspan="2">1990년 3월 1일생 (만 22세)</td><td>Tel</td><td>043 - 649 - 3536</td></tr>
<tr><td colspan="2">주 소</td><td colspan="2">忠淸北道 堤川市 新月洞 金星APT 5棟 2號</td><td>H.P</td><td>010 - 649 - 3536</td></tr>
<tr><td colspan="2">호적관계</td><td>호주와의 관계</td><td>長男</td><td>호주성명</td><td>朴　一　東</td></tr>
<tr><td colspan="3">년 월 일</td><td colspan="2">학 력 및 경 력 사 항</td><td>발령청</td></tr>
<tr><td>2009</td><td>2</td><td>17</td><td colspan="2">堤川商業高等學校 卒業</td><td></td></tr>
<tr><td>2009</td><td>3</td><td>5</td><td colspan="2">大元大學 電子情報通信科 入學</td><td></td></tr>
<tr><td>2010</td><td>1</td><td>8</td><td colspan="2">陸軍入隊(1234部隊)</td><td></td></tr>
<tr><td>2012</td><td>3</td><td>8</td><td colspan="2">陸軍滿期除隊</td><td></td></tr>
<tr><td>2012</td><td>2</td><td>24</td><td colspan="2">大元大學 電子情報通信科 2學年 復學</td><td></td></tr>
<tr><td>2013</td><td>2</td><td>18</td><td colspan="2">大元大學 電子情報通信科 卒業 豫定</td><td></td></tr>
<tr><td colspan="3"></td><td colspan="2">資 格 事 項</td><td></td></tr>
<tr><td>2008</td><td>10</td><td>5</td><td colspan="2">워드프로세서 2級 取得</td><td>大韓商工會議所</td></tr>
<tr><td>2009</td><td>12</td><td>5</td><td colspan="2">運轉免許證(1種 普通) 取得</td><td>忠北地方警察廳</td></tr>
<tr><td>2012</td><td>7</td><td>28</td><td colspan="2">情報通信産業技士 取得</td><td>韓國産業人力管理工團</td></tr>
<tr><td>2012</td><td>10</td><td>16</td><td colspan="2">아마추어無線 3級(電信電話級)</td><td>情報通信部</td></tr>
<tr><td colspan="3"></td><td colspan="2">特 記 事 項</td><td></td></tr>
<tr><td colspan="3"></td><td colspan="2">고교 현장실습 6개월(㈜에스엠전자 생산과)</td><td></td></tr>
<tr><td colspan="3"></td><td colspan="2">대학 산업체현장실습 6주(㈜선명전자통신 개발실)</td><td></td></tr>
<tr><td colspan="3"></td><td colspan="2">수도전자통신학원 사회교육원 4주 수강</td><td></td></tr>
<tr><td colspan="3"></td><td colspan="2">MS/OFFICE 능통</td><td></td></tr>
<tr><td colspan="3"></td><td colspan="2">OR - CAD 가능</td><td></td></tr>
<tr><td colspan="3"></td><td colspan="2">봉사활동 12시간(제천사회복지관)</td><td></td></tr>
<tr><td colspan="3"></td><td colspan="2">대원산악부 총무</td><td></td></tr>
</table>

			受 賞 內 容	
2009	8	12	전국 대학생 회로설계 경연대회 동상 수상	㈜현대반도체
			중·고등학교 6년 개근	
			대학 내 장학금 1회 수혜	
			위의 사항은 틀림이 없음	
			2012년 11월 13일	
			박 대 원 ㉑	

▶履歷書 作成에 필요한 漢字 學習

① 자기 가족 이름, 본적 한자로 쓰기

② 本貫; (예 : 金海 金氏   ○○公派   ○○代孫)

③ 주소 한자로 쓰기

1) 道
   ① 京畿道 ② 忠淸南道 ③ 忠淸北道 ④ 慶尙道 ⑤ 全羅道 ⑥ 江原道 ⑦ 濟州道
   ⑧ 平安道 ⑨ 咸鏡道
2) 市/ 郡
   ① 서울特別市 ② 釜山廣域市 ③ 蔚山廣域市 ④ 大邱廣域市 ⑤ 大田廣域市
   ⑥ 光州廣域市 ⑦ 仁川廣域市 ⑧ 淸州市 ⑨ 堤川市 ⑩ 原州市 ⑪ 忠州市
   ⑫ 水原市 ⑬ 城南市 ⑭ 利川市
      安養市, 春川市, 太白市, 安城市, 橫城郡, 寧越郡, 平昌郡,
      旌善郡, 丹陽郡, 鎭川郡, 陰城郡, 槐山郡, 洪川郡
3) 區, 洞, 番地, 號, 統, 班 (邑, 面, 洞)
4) ○○아파트 102동(棟) 1004호(號)
5) 戶主와의 관계; 長男, 長女, 次男, 3男, 孫子(女), 弟, 本人, 姉妹

④ 학력 및 경력 한자로 쓰기

1) 入學, 復學, 卒業, 系列, 專攻, 陸·海·空軍, 入隊, 滿期除隊, 召集解除, 工業(商業)高等學校,
   株式會社, 入社, 退社
2) 大元大學 電氣電子系列 電氣電子專攻, 鐵道電氣制御專攻, 電子情報通信科, 鐵道建設科,
   自動車系列 自動車整備專攻 自動車튜닝專攻, 鐵道車輛整備專攻, 産業디자인科, 컴퓨터
   情報系列 情報技術專攻, 멀티미디어專攻, 建築專攻, 인테리어專攻, 看護科, 物理治療科,
   放射線科, 應急救助科, 齒衛生科, 메이크업코디과, 保健行政科, 食品營養科, 호텔經營科,
   호텔調理專攻, 바리스타專攻, 幼兒敎育科, 國際觀光科, 社會福祉專攻, 福祉相談專攻, 稅
   務經營科, 不動産科, 鐵道經營科, 體育系列 스포츠健康管理專攻, 골프産業專攻
3) 特記事項, 賞罰, 受賞, 奬學金 受惠, 奉仕活動, 技能士, 産業技士 資格證 取得, 2種 普通
   免許證, 忠北地方警察廳, 韓國産業人力管理工團, 商工會議所,

3. 자기 소개서

1) 자기 소개서의 의의

얼마 전까지만 해도, 취직 시험에서 기업이 요구하는 것은 응시자의 '실력'이었다. 그러나 일정한 수준의 교육을 받은 응시자(즉, 고졸, 2년제 대졸, 4년제 대졸 등)면 기본 실력은 이미 쌓여 있는 것으로 간주하게 되었다. 그것은 성적 증명서만 보아도 알 수 있기 때문이다.

사원 및 인재 채용에서는 지(知), 정(情), 의(義)가 조화된 원만한 성격과 적성, 의지, 가치관 및 희망 등 인간됨을 더욱 중요한 선발 기준으로 삼고 있다.

취업 희망자들의 경향도 바뀌고 있다. 과거에는 취업 희망자의 94%가 대기업 취업을 원했었으나, 지금은 약 43%만이 대기업 취업을 원하고 대부분은 착실한 중소기업이나 도전적인 벤처기업으로의 진출을 원하고 있다. 이러한 현상은 직장의 만족도와 안정성, 승진의 기회, 자기의 적성 및 가치관을 먼저 고려한 결과다.

취업의 방법도 추천에 의한 채용, 적성 및 인성검사에 의한 채용, 서류 전형에 의한 채용 등이 주류를 이루고 있다. 각 기업들은 신입사원을 채용하는 경우, 이력서, 성적증명서 및 자기 소개서의 제출을 요구하고 있다. 자기 소개서는 이력서와 더불어 생면부지의 사람을 이해하는 기초자료로 활용된다. 이력서가 개개인의 개괄적인 면모를 파악할 수 있는 기초자료로 쓰인다면, 자기 소개서는 한 걸음 더 나아가 포괄적으로 개인을 이해할 수 있는 구체적인 자료로 활용된다.

자기 소개서는 서류전형을 통해 신입사원을 채용하는 경우, 합격 여부를 결정하는 중요한 자료로 사용된다. 때문에 자기 소개서 작성을 부담스럽게 생각한다든지 어렵게 생각해서는 절대 합격할 수 없다. 그런 소극적인 자세로는 자신을 자신 있게 소개할 수도 없을 뿐더러 사회의 조직과 업무에 적응할 수도 없는 일이다. 자신을 알리고 PR할 수 있는 절호의 기회로 자기 소개서를 적극 활용해야 한다. 자기 소개서를 작성해서 제출한다는 것은 기회를 포착하는 것이라는 적극적인 자세로 임할 필요가 있다. 그때 비로소 나의 인생은 개척될 수 있다.

2) 자기 소개서를 요구하는 이유

자기 소개서는 취업 희망자 개인을 이해하는 데 다시없는 기초 자료로 활용되며, 합격 여부를 결정하는 가장 중요한 자료이다.

기업은 자기 소개서에 나타난 가정환경이나 성장과정을 통해 개인의 성격 또는 가치관을 파악하게 되고, 학교생활이나 동아리 활동 등을 통해 그 사람의 실력, 대인관계나 조직에 대한 적응력, 그리고 성실성, 책임감, 창의성 등을 살펴보게 된다.

다음으로는 그 사람의 장래성을 알아보기 위해 자기 소개서를 요구한다. 어떠한 동기로 이 회사에 지원했는지, 또 입사 후에는 어떠한 자세와 각오로 일할 것인지, 장래의 포부가 무엇인지 등도 자기 소개서를 통해서 파악하려 한다.

나아가 자기 소개서를 통해 개인의 문장력은 물론, 사고의 폭까지도 짐작할 수 있으며, 문체를 통해서는 개인의 성격까지도 가늠해 볼 수 있다.

그러므로 자기 소개서를 쓸 때는 그 동안의 자기 삶을 총정리하고 새로운 도약을 위한 갈림길에 섰다는 각오로 작성해야 한다. 직장은 자기의 새로운 운명을 개척하는 제2의 인생이기 때문이다.

3) 자기 소개서에 꼭 써 넣어야 할 내용

① 성장배경

현재의 자신을 이루는 원형적인 부분에 해당하는 것으로, 솔직하고 생동감 있는 표현으로 자신의 이미지를 부각시켜야 한다. 많은 자기 소개서에서 '저는…', 혹은 '나는…'이라는 어구로 평범하게 시작하여 처음부터 구태의연한 인상을 심어주는 경우가 있다. 그것보다는 자신을 핵심적이고 뚜렷하게 부각시킬 수 있는 유년기의 에피소드나 가족관계에 얽힌 이야기, 혹은 자신이 성장한 고향의 얘기 등을 끌어들여(글의 전개에 무리가 되지 않는 선에서) 말문을 여는 것이 더 참신한 방법이 될 수 있다.

좀 더 깊이 있게 자신을 드러내고자 한다면 유년기에 가졌던 호기심이나 문제의식 등을 전공이나 현재의 관심분야에 연결시켜 언급하는 것도 읽는 사람에게 깊은 인상을 심어줄 수 있다. 어려움이 있었다면 솔직하게 밝히면서 그것이 본인에게 미친 긍정적인 영향이나 어려움을 극복한 과정 등을 정리해 준다면 신뢰를 얻을 수 있을 것이다.

"영동선과 태백선, 그리고 중앙선이 힘차게 달려와 서로 만나는 충청북도 제천에서 태어난 저는 기차의 기적 소리를 들으며 먼 미지의 세계로 나아가 나의 이상을 펼쳐 보고픈 꿈을 키워왔습니다."

"아버지가 돌아가신 것은 어린 저에게 엄청난 충격이었습니다. 아버지는 저에게 세계의 중심이었던 것입니다. 아버지께서 돌아가신 후 우리 식구는 모두 휘청거리고 당황했습니다. 사춘기였던 저도 잠시 방황의 시간을 보냈습니다. 그러나 어려운 가정을 이끌기 위해 식당일을 하시는 어머니의 고단한 일과를 보면서 저도 틈틈이 어머니의 식당일을 거들게 되었습니다. 고등학교 졸업을 앞두고 저는 취업을 할 것인가, 대학 진학을 할 것인가 고민하게 되었습니다. 저는 어머니 식당일을 도와드리면서 전문인의 꿈을 조기에 실현할 수 있는 2년제 대학, 대원대학 호텔조리과에 지원했습니다."

"저희 아버님과 어머님은 태어나서 오늘에 이르시기까지 흙 속에서, 노동으로 한 번도 편하게 생활해 보신 적이 없으시며, 자연만큼이나 순리적이고 성실하신 분들입니다. 저는 그분들을 사랑하면서도 그분들의 삶을 이어받고 싶지는 않았습니다. 끝없는 노동으로 힘겨운 농투성이의 삶에서 벗어나고 싶은 허영으로 사춘기를 보내기도 했지만, 아래로 남동생과 여동생을 두고 있는 장남인 저는 부모님들의 묵묵한 가르침을 따라 살아 왔습니다."

② 성격과 고난 극복의 정신

사회에서는 적극적인 사고방식, 성실 근면한 자세, 조직 내에서 원만한 성품, 미래에 대한 도전의지를 갖춘 패기 있는 성격의 소유자를 필요로 한다. 이러한 적극적인 인간성을 드러내는 데도 요령이 있다.

대부분의 자기 소개서에서 설명하고 있는 자신의 성격은 "적극적이다, 내성적이다, 긍정적이다, 명랑하다" 등 직접적인 제시어로 끝나는 경우가 많다. 그러나 자기 소개서를 읽는 인사담당자는 이러한 천편일률적인 말을 글자 그대로 받아들이지 않으며, 수긍한다 하더라도 별다른 주목을 하지 않는다.

본인의 성격에 대해 언급할 때 단정적으로 어떠하다고 표현하는 것보다는 교우관계나 가족관계, 취미활동, 학교생활 등에서 간접적이고 집약적으로 표현할 수 있는 가벼운 에피소드 등을 소개하는 것이 상투성을 피하는 한 방법이 될 수 있다. 그리고 성격에서 자신 있는 점이 있다면 상대에게 거부감을 일으키지 않을 정도의 어법으로 서술해 주는 것이 좋고, 만일 단점이 있다면 감추려고 하기보다는 개선의 의지와 노력을 드러내 주는 것도 솔직하고 발전적인 인상을 줄 수 있다.

자기의 성격을 서술함에 있어 지원회사의 특성과 전문분야의 특성을 고려하여 합치시키는 것이 중요하다.

"저는 조용하고 차분합니다. 어떤 일을 할 때에는 차근차근 계획성 있게 추진하는 것을 좋아합니다. 다소 사교적이지 못한 면이 있긴 하지만 상대방을 편안하게 대해 주어서 평소 원만한 교우관계를 유지하고 있습니다. 저만의 시간을 가질 때면 책을 읽거나 음악을 듣습니다. 특히 음악 색깔이 뚜렷하고 개성이 강한 가수의 음악을 좋아합니다."

"저는 대학교 진학 과정에서 한 번의 실패를 맛봄으로써 인생이라는 것이 결코 제 뜻대로만 되는 것이 아니라는 것을 깨달았습니다. 저는 충북 제천에 있는 대원대학 관광통역과에 입학하게 되고 부모님과 떨어져서 기숙사 생활을 하게 되었습니다. 처음에는 부모님이 그리워 많이 울기도 하고, 산다는 것이 만만치 않을 것이라는 예감을 하면서 저는 성숙하게 되었던 것 같습니다. 원래의 낙천적인 성격으로 인해 다시 자신감을 찾은 저는 저 자신을 새롭게 정리하고 미래를 구체적으로 계획했습니다. 그리고 아주 작은 것부터 실천하기로 맘을 먹었습니다. 강의시간에 충실하기, 하루에 영어 5문장 씩 외우기, 하루를 반성하는 일기를 꼭 쓰기, 일주일마다 가족들에게 편지쓰기 등을 계획으로 세우고 실천했습니다. 그랬더니 생활에 가닥이 잡히는 것 같았습니다."

③ 학창생활과 특기사항

학창생활에서 주요하게 다뤄야 할 부분은 대학생활이다. 그 이전의 학교생활들은 특징적이고 개괄적인 것을 간단히 소개하는 선에서 마무리하고 본격적인 얘기는 대학생활이나 최종학교의 생활에 맞추어서 한다. 전공이나 활동했던 분야를 지원업종과의 연관성에 초점을 두고 구체적으로 서술해 준다면 기업의 입장에서는 업무 적합 여부를 판단할 수 있는 직접적인 자료가 될 수 있다. 따라서 학교생활에서 전문가가 되기 위해 어떠한 준비를 하고 노력을 기울였는지 구체적으로 서술해 준다. 자기 전공에 흥미와 자부심을 가지게 되었다는 취지에서 서술하면 좋다. 강의를 통해서 습득한 최첨단 기술이 있으면 밝힌다(예 : CAD, 홈페이지 제작, MS Excel, MS Power Point 등). 그리고 방학이나 방과 후 교수님 특별지도를 받았다든지 혹은 스터디 그룹에 참여했거나 학원 수강을 한 예가 있으면 구체적으로 적는다(외국어 학원 수강, 자격증 대비반 등).

그리고 그 노력의 성과들도 서술해 준다. 즉 자격증 취득 사항이나 공모전 입상 내용, 장학금 수혜 내용, 현장실습 과정과 그 보람 등을 밝혀준다.

대학생활의 경우 많은 자유시간이 주어진 때이므로 강의 시간 외의 시간 관리 방식이나 관심 있는 분야에 쏟았던 열정 등을 표현하는 것도 좋다(▶자유시간 관리 능력). 관심 분야나 활동 분야는 졸업 후 직업과 직결되는 경우가 많으므로 구체적이고 심도 있게 다뤄주는 배려가 필요하다.

또한 대학은 평생의 직업을 준비하는 곳이라는 의미 외에도 그 사람의 인생관이나 세계관을 확립하고 건강한 사회진출을 결정짓는 장으로서의 의미도 있다. 취미활동과 동아리 활동, 학생회 활동(과대표, 총무 등), 아르바이트와 봉사활동 등을 요령 있게 서술함으로써 나의 적극적인 성격과 리더십, 희생정신과 조직 적응력, 성실성 등을 간접적으로 드러낼 수 있다. 학창시절에 자유시간을 어떻게 활용했는지는 면접과정에서 꼭 질문되는 사항이기도 하다.

"부모님께서는 제가 안정적인 공무원이 되기를 원하셨지만, 섬세한 감성과 활달한 성격, 그리고 손재주가 좋다고 칭찬을 받아 온 저는 어려서부터 저만의 기술과 전문력을 가지고 인생을 개척하고 싶은 바람이 컸기 때문에 건축설계사가 되고 싶었습니다.

저는 2년 동안 열심히 공부했습니다. 방과 후에도 실습실에 남아 설계를 하고 CAD 실습을 했습니다. 이를 바탕으로 해서 저는 졸업작품전 작품을 CAD로 설계할 수 있었던 것입니다. 방학 동안에는 건설 현장에서 아르바이트를 하며 실무도 익히고 등록금도 조달할 수 있었습니다. 또한 학기 중 틈틈이 전국의 유명한 건축물 답사를 하며 건축에 대한 안목도 넓혔습니다."

"저는 신입생 시절부터 모든 일에 자제를 하려고 노력했습니다. 지나치게 무절제한 생활, 지나치게 자유로운 생활에서도 자제를 하면서 내 지킬 것을 지켜 나간다는 생각으로 학교생활을 한 결과, 1등은 못해봤지만 상위권은 유지할 수 있었습니다.

대학 1학년을 마치고 저는 육군에 입대하여 중부전선의 초병으로 근무하면서 민족의 허리가 두 동강 난 아픔을 직접 몸으로 느끼며 가슴 아팠습니다. 군복무 시절 익힌 저의 컴퓨터 실력과 행정 능력은 분명 저의 사회생활에도 도움이 될 것이라고 생각하면 사람의 인생은 어느 곳 어느 때나 자신이 주인 되기만 작정한다면 버릴 것이라곤 없다고 생각합니다. 군 생활에서 저는 고통을 이겨내는 인내를 체득했으며 이는 저를 더욱 강한 사람으로 만들었다고 확신합니다.

군복무를 마친 저는 2010년 복학해서 갑자기 다가온 기사시험의 중압감에 당황하지 않고 침착하게 공부를 해 나갔습니다. 여름방학 때는 충주에 있는 ○○공장에 현장 실습을 나가 학교에서 배운 이론을 실제로 확인하며 사회 진출에 대한 자신감을 확고히 했습니다. 기사시험 준비도 틈틈이 한 결과, 9월에는 00기사자격증을 취득할 수 있었습니다."

"앞으로는 자격증이 한 인간을 증명하는 시대가 올 것이라는 아빠의 말씀에 따라 저는 대학 생활 동안 최대한 많은 자격증을 취득하기 위해 노력했습니다. 그 자격증들이 제 꿈을 이루는 발판이 될 거라고 믿고 있습니다.

저는 대학 1학년 여름방학 때 강원도 속초 영랑호에서 실시한 윈드써핑 강사 자격시험에서 자격증을 취득했습니다. 바람을 통해 강 위를 달리는 서핑은 정말 재미있습니다. 1학년 겨울방학 때는 성우 리조트 스키장에서 스키 계절 수업을 실시하는데, 거기서 스키강사 자격증도 취득했습니다. 그리고 2학년 여름방학 때는 속초에서 스킨스쿠버 다이빙을 배우고 역시 자격증을 취득했습니다. 뿐만 아니라 수영을 배우던 중 적십자사에서 주관하는 인명구조원 자격증도 취득해 놓았습니다.

저는 속으로 다짐한곤 합니다. "김은영은 스포츠와 살아 있다!"라고. 이제 운동을 하면서 몸뿐만 아니라 마음까지도 건강해진다는 것을 잘 알고 있는 저는 더 많은 사람들에게 과학적으로 운동을 가르치고 싶습니다. 지금 저는 귀사의 레저스포츠 담당 지도원이 되고 싶습니다. 귀사에서 일하고 있는 수백 명의 사원들이 보다 효율적으로 업무를 수행해 나가기 위해서는 운동이 매우 효과적이라고 생각합니다. 그리고 저는 제가 익힌 여러 종목으로 사원들의 취미와 관심을 모두 충족시켜 줄 수 있을 것이라고 생각합니다. 뿐만 아니라 대학에서 스포츠 기획 업무도 배웠던 저는 귀사의 스포츠 센터 프로그램 개발에도 참여할 수 있습니다. 대학 때 교양과목으로 이수한 컴퓨터 실력은 MS/OFFICE를 활용할 수 있습니다.

저는 귀사의 사원들에게 공정하게 자신의 능력을 겨루는 스포츠 정신도 알려주고 싶습니다. 정정당당하고 품위 있는 스포츠맨십을 체득하고 있는 저는 귀사의 발전과 사원들의 복지 증진에 최선을 다하는 것으로 저의 삶의 보람을 삼을 것입니다. 저를 선택해 주십시오."

(특기와 전문기술을 집중적으로 서술한 자기소개서)

④ 입사지원 동기/ 장래의 희망과 포부를 구체적으로

그냥 '열심히' 또는 '성실하게' 등의 막연한 표현보다는, 지원회사의 업종이나 특성(현재의 위상, 발전성, 미래성) 등과 자기의 전공 또는 특기, 희망 등을 연관시켜 지원동기를 구체적으로 서술한다. 자기의 활기찬 비전을 제시하는 것이 중요하다. "나는 어떤 특기나 장점을 가지고 있으므로, 바로 귀사가 나의 능력을 최고로 발휘할 수 있는 곳이다. 입사하게 된다면 신명나게 일하고 싶다"는 형태로 서술하는 것이 효과적인 서술전략인 셈이다. 특히 자신의 목표성취와 자기개발을 지원 회사의 특성과 통일적으로 연결시켜 어떠한 계획과 각오로 근무에 임할 것인지를 구체적으로 언급한다. 진취적이고 적극적인 자세를 나타내어야 한다.

다른 사람들에 비해 돋보이도록 하기 위해서는 평소에 신문이나 지원회사의 사보 또는 기타 자료 등을 통해 지원회사에 대해 어느 정도 연구를 해 두는 것이 필요하다. 뚜렷한 지원동기를 밝혀 입사 후에도 의욕적으로 일에 임하게 될 것이라는 인상을 심어줄 필요가 있다.

"금융기관은 제가 어려서부터 선망의 대상이었고, 또한 가장 안정성이 보장되는 직장이라고 생각하여 지망하였습니다. 어려서부터 적은 돈이라도 은행에 예금하는 버릇이 있었는데, 그때 은행 안에서 근무하는 사람들은 깨끗하면서도 신선해 보였습니다. 나도 커서 저런 데서 일을 해봤으면 하는 막연한 기대를 하였습니다. 우리나라는 자본주의 사회이고, 그렇다면 금융기관은 최후까지 필수적인 존재로서 큰 역할과 자부심을 가져야 된다고 생각합니다."

"성의 구별에 의한 기능 면에서의 차이는 있겠지만 똑같이 주어진 일이라면, 저는 남성들에게 조금도 손색이 없이 주어진 일에 더 세심하고 충실하게 임할 각오입니다. 남녀공학 학교를 다녔고, 가정에서도 아들이 없는 집안에서 자란 탓이겠지만, 이러한 마음은 어려서부터 굳게 다져온 생각입니다. 남성 못지않게 일을 추진하고 수행해 가는 것이 가정과 직장과 나아가 사회에 대하여 도리를 다하는 것이라고 생각합니다."   (사회에 임하는 각오의 예)

4) 자기 소개서의 예

〈 자기 소개서 〉

김 정 원

넓은 들판과 나지막한 산으로 둘러싸인 전형적인 시골, 강원도 영월군 주천(酒泉)에서 저의 인생은 시작되었습니다. 저희 부모님은 이웃 사람들의 일을 자신의 일처럼 도와주시는 인정이 넘치는 분들입니다

아버지는 농협에 다니시다가 2년 전에 퇴직하셨는데, 항상 남들보다 먼저 출근하셔서 주위를 둘러보시고 난 다음 일과를 시작하시곤 하셨습니다. 그래서 주위 분들은 저희 아버지를 부지런하시고 책임감이 강하신 분이라고 말씀하십니다. 어머니는 교회의 대소사를 도맡아 하시면서 큰 보람을 느낀다고 말씀하십니다.

저는 이렇듯 유복한 집의 3녀 중 막내로 태어나서 온 집안 식구들의 귀여움과 관심을 받으며 성장하였지만, 버릇없이 자라지는 않았습니다. 저의 성격과 자세가 형성되는데, 성실하시고 부지런하신 아버지와 인자하신 어머니의 영향이 컸다고 생각합니다. 저는 늘 '책임감을 가지고 매사에 최선을 다하자'는 생각으로 생활하고 있습니다.

초등학교와 중학교는 부모님의 보살핌을 받으며 산으로 들로 뛰어다니며 자랐습니다. 고등학

교는 영월읍내로 통학을 하였습니다. 먼 거리였지만 단 한 번의 결석이나 지각을 해 본 적이 없습니다. 그래서 선생님들로부터 대견하고 착실하다는 칭찬을 많이 들었습니다. 먼 거리를 통학하면서 끈기와 성실함을 체득(體得)하게 되었습니다. 대학 때는 도회지로 나와 자취생활을 하며 자립심을 키우고, 세상을 살아나가는 시야도 넓히고 인간관계도 넓혀 나갔습니다.

제가 대학생활에 보람을 느낀 일은 2학년 여름방학 때 5박 6일 일정으로 단양군 가곡면 보발리로 컴퓨터 농활(農活)을 다녀온 것입니다. 정보화 사회의 소외지역인 오지마을에서 숙식하면서 주민들에게 컴퓨터 활용방법을 교육하고 그들의 삶에 도움을 줄 수 있었다는 것은 큰 보람이었습니다. 그리고 그 마을의 홈페이지도 예쁘게 만들어 드렸습니다. 저는 MS-OFFICE(엑셀, 엑세스, 파워포인트), 웹 프로그래밍, 비쥬얼베이직 프로그래밍 등을 어느 정도 다룰 수 있습니다. 그리고 정보처리산업기사 자격증도 취득해 놓았습니다.

제 성격은 시골에서 자랄 때는 조용하고 차분한 성격이었다가 차츰 활달하고 적극적인 성격으로 바뀌었습니다. 그리고 제가 다른 사람에게 편안한 느낌을 주는지 친구들이나 후배들이 자주 찾아와서 고민을 털어놓고 많은 이야기를 하기도 합니다.

저는 매사를 긍정적으로 받아들이는 편입니다. 불교 용어에 일체유심조(一切唯心造)라는 말이 있듯이 모든 것은 마음먹기에 달렸다고 생각합니다. 그래서 모든 일을 긍정적으로 받아들임으로써 생활이 즐거워지고 자신감도 생긴다고 생각하고 있습니다.

아직 본격적인 사회생활을 하지는 않았지만, 방학 때 틈틈이 아르바이트를 하고 봉사활동을 하면서, 그리고 현장실습을 통해서 사회의 한쪽 귀퉁이는 엿보았습니다. 저는 직장생활을 함에 있어 규칙과 상식의 테두리 안에서 책임감과 협동심을 갖고 내 맡은 바 업무를 충실히 하면서 보람을 찾으면 되겠다는 생각을 합니다. 저는 앞으로도 긍정적으로 사고하고 항상 미소 짓는 모습으로 사람들과 친하고 업무는 치밀하게 추진하는 그런 직장인이 되고 싶습니다.

저에게 입사가 허락된다면 회사와 업무 그리고 사람들에게 애정을 가지고 임하겠습니다. 또 자부심은 갖되 오만하지 않고 항상 배우는 자세로 생활하고 조직에 꼭 필요한 사람, 활력이 되는 사람이 되겠습니다.

끝까지 읽어 주셔서 감사합니다.

2012년 11월 16일

김 정 원 (인)

5) 지정된 양식에 쓰는 자기 소개서의 예

성장과정	제천에서 1남 2녀 중 장남으로 태어났으며, 선대로부터 내려오는 '우애·사랑·믿음'의 家風을 정신적 지주로 삼고 성장했습니다. 엄격하면서도 자상하신 할아버지·할머님, 교육자이신 아버님, 勤儉·節約을 늘 강조하신 어머님의 가르침은 생활의 正道를 걷는 길잡이가 되고 있습니다. 親·外家가 많아 형제들 간의 돈독한 우애는 남다르며, 집안의 哀慶事를 많이 봐왔기 때문에 조상에 대한 공경심 또한 큽니다. 웃어른들과 함께 하는 시간이 많은 덕분에 주위 분들로부터 착실하고 예의바르다는 칭찬을 많이 들었습니다.
성격 및 교우관계	매사에 차분한 반면 밝고 명랑한 성격입니다. 그러나 때로는 能動的으로 돌진하는 저돌성 때문에 가끔 낭패를 보기도 하지만, 남들이 망설이는 일을 먼저 성공하는 성취의 기쁨도 경험하곤 합니다. 交友관계는 어릴 때부터 특별한 문제없이 원만한 편이며, 大學에 와서는 같은 과 학생들에 국한하지 않고 보다 넓은 交友관계를 맺어 왔습니다. 성격 자체가 모가 나지 않은 이유도 있었지만, 교우관계의 폭을 넓히려는 생각에서 비롯된 努力의 결과라 하겠습니다.
교내외 활동 및 경력	초등학교 때부터 육상 선수로 활동해 대회에 참가하기도 했습니다. 고등학교 때는 봉사활동 동아리 로타렉트에서 총무로 일하며 제천 지역의 사회복지단체에서 활발한 봉사활동을 했습니다. 그래서 대학 때 사회복지과에 입학하게 되었습니다. 대학 때는 봉사활동 동아리 그루터기에서 활동하는 한편, 공부도 열심히 해서 奬學金을 두 번이나 받았습니다. 또 교외 장학금인 라이온스 장학금도 받았습니다. 특히 多文化 가정의 문제에 관심을 갖고 연구하시는 교수님을 도와 설문조사를 하면서 공부도 많이 했고 인문학적 시야를 넓혔습니다. 앞으로 작은 기쁨과 즐거움이라도 함께 나눌 수 있도록 봉사활동을 계속할 예정입니다. 나중에 훌륭한 사회복지사가 되기 위해 많은 자격증을 취득했습니다.
인생관 및 직업관	대학 초기에는 뚜렷한 목표 없이 시간표에 따라 공부하고 생활했습니다. 그러나 방학 중 제천노인복지회관에서 현장 실습과 15일간의 봉사활동을 통해 현실과 사회를 깊이 있게 터득할 수 있었습니다. 그때의 경험이 제게는 그 어떤 배움보다도 큰 깨달음이었다고 생각합니다. 현재는 현실을 바탕으로 끊임없이 이상을 추구해 나가겠다는 생활철학을 정립하였습니다. 또한 사회를 보는 시야를 넓히고 어떻게 살아갈 것인지에 대해 탐구해 나가고자 합니다.
지원 동기 및 포부	대학 재학 시에는 연봉을 많이 받는 직장이 최고라고 생각했습니다. 그러나 복지관에서 실습을 하면서 헌신적으로 봉사활동 하시는 자원봉사자들을 보며 보람도 인생의 큰 가치라고 생각하게 되었습니다. 저는 안정성과 보람을 함께 추구할 수 있는 귀 재단, 장애인복지재단에서 일하기로 결심했습니다. 만일 제가 이곳에서 일할 수 있다면 人生觀이 확고한 사회복지사로서 그 동안 쌓고 닦아온 실력과 기술로 헌신과 정열을 가지고 이 직장에 꼭 필요한 인재가 되기 위해 최선을 다할 것입니다.

1. 취업을 한다는 가정 하에, 자기 소개서를 작성해 보시오. A4용지 2-3매 분량으로 PC로 작성하여 디스켓은 자신이 보관하고 출력하여 제출하시오.

2. 스스로 능력 있는 사람이 되기 위해 졸업 때까지 어떻게 공부하고 생활할 것인지, 그리고 졸업 후의 희망이 무엇인지 그 구체적인 계획을 써 보시오.

┃ 과제 ┃

4. 면접의 준비

1) 면접이란

　면접이란 일반적으로 서류 심사와 인·적성 검사 등을 실시한 후, 응시자를 직접 만나 인성과 지식수준, 발전 가능성 등을 파악하는 최종적 시험이다. 보통 수험생의 기초 실력은 자격증이나 서류 전형을 통해 확인할 수 있지만, 그것만으로 수험생의 사람 됨됨을 모두 알 수는 없기 때문에, 직접 수험생과 면접관이 얼굴을 맞대고 질의-응답을 통해 수험생의 잠재적인 능력, 사고력, 성실성, 업무 추진력, 포부와 희망 등을 파악하고자 하는 것이다. 곧 면접시험은 수험생의 능력에 대한 총체적인 평가라고 할 수 있으며, 수험생의 입장에서는 자신을 부각시키며 PR할 수 있는 절호의 기회이기도 한 것이다. 수험생은 면접에 임하여 지나치게 부담감을 갖거나 위축되어서는 안 된다. 면접을 적극 활용하여 자기의 장점과 실력을 충분히 드러내도록 해야 한다. 이러한 적극적인 자세로 면접에 임하기 위해서 수험생은 면접에 대비한 준비를 사전에 철저히 해 두어야 하는 것이다.

2) 면접을 중시하는 이유

얼마 전까지만 하더라도 국내 기업의 경영방침은 주로 설비나 기술, 자금 등에 우선 순위를 두어왔다. 그러나 근래에는 유능하고 성실한 인재를 선발하는 데에 시간과 노력을 아끼지 않고 심혈을 기울이고 있다. 이는 기업을 움직이는 가장 중요한 요인이 결국은 기업의 구성원인 사람이기 때문이다. 기업에서 면접을 중요시하는 그밖의 이유는 무엇일까?

첫째, 요즘 사원 채용의 흐름이 대량 채용에서 소수 정예 채용으로 바뀌고 있다는 데 그 하나의 원인이 있다. 기업이 경쟁력을 제고하기 위해 추진하는 구조 조정의 핵심에는 바로 인사문제가 놓여 있다. 즉 회사에는 '꼭 필요한 사원'만을 남겨 두고 나머지는 퇴출시킨다는 것이다. 나아가 사원을 선발하는 데 있어서도 '꼭 필요한 사원'만을 선발하겠다는 방침이다. 이러한 선발 방침에 따라 종합적인 인물 평가 방법인 면접이 강조될 수밖에 없는 것이다.

둘째, 세계화의 시대에 무한 경쟁을 헤쳐 나가야 하는 기업의 입장에서는 지식수준만 높은 인물에게는 더 이상 매력을 느끼지 못한다. 인성과 전문력, 창의성과 도전정신, 적응력 등 다양한 기준들이 요구되는 것이며, 인물의 총체적인 면을 파악할 수 있는 방법이 바로 면접인 것이다.

셋째, 사원 개인의 개성과 적성이 기업의 전통이나 분위기에 적절하게 조화될 수 있는지를 평가하게 된다. 이러한 점은 능력보다 우선한다. 기본적인 인성과 사람 됨됨이 어떠한가가 능력보다 중요시 되며, 이것을 평가하는 최선의 방법이 면접인 것이다.

이상에서 면접이 중요한 이유를 열거해 보았지만, 역시 가장 큰 이유는 면접이라는 평가 방식이 가지는 변별성에 있다.

즉 서류전형이나 자격증을 통해서 접하기 어려운 참모습을 파악할 수 있는 데는 면접밖에 방법이 없다. 가령 성적이 좋고 자격증이 있다고 할지라도 비뚤어진 가치관이나 뒤틀린 사고방식을 가지고 있는 사람을 면접을 통해 가려내려고 하는 것이다. 또 자기 소개서에 기술한 환경, 성적, 희망 등이 사실과 다르게 나타나는 경우, 모든 외적 조건을 갖추고 있지만 불성실하고 이기적이며 주변이 산만한 사람은 면접 과정에서 제외된다는 사실을 알아야 할 것이다.

3) 최근의 면접 경향

면접이 강화되면서 면접 횟수와 시간이 크게 늘어나고 있다. 이미 두세 차례의 면접을 실시하는 것은 보편화되어 있으며, 면접 방식도 집단토론식 면접, 집단 면접, 개별 면접 등 다양화하고 있다. 집단 면접의 경우 면접 시간이 1시간을 넘기는 예가 많다. 또한 면접의 장소도 회사 실내를 벗어나 야외나 거리, 유흥장으로 확대되고 있다. 즉 평소의 습관을 확인하겠다는 회사의 요구가 반영된 것이다.

이제 추천만 받으면 합격이 보장된다는 믿음은 버려야 한다. 자격증이 있고, 학과 성적이 뛰어나다고 해도, 보다 나은 미래를 위해 면접에 대한 만전의 준비를 갖추도록 해야 한다.

4) 면접의 순서

일반적으로 면접은 대기 → 호명 → 입실 → 면접 → 퇴실의 순서로 진행된다. 실질적인 질의·응답이나 토론은 면접실에서 이루어지지만 대기실에서부터 퇴실까지 행동거지 하나하나가 평가의 대상이 된다는 것을 명심해야 한다. 또한 면접의 순서를 알고 있는 것은 심리적 안정과 자신감을 유지하는 데 필요하다.

① 회사 도착

절대로 지각을 해서는 안 되며, 가급적 20-30분 전에 도착해서 분위기를 파악하고 침착하게 대기실을 찾아가도록 한다.

② 대기실에서

대기실에서부터 면접은 시작된 것이다. 침착하고 여유 있는 자세로 자신의 순서를 기다리며 다시 한 번 자신의 복장을 점검하고 마음의 준비를 한다.

③ 입실

담당 직원이 자신의 이름을 부르면 똑똑히 대답한 다음, 면접실 문을 두세 번 노크하고 들어간다. 면접실에 들어서면 조용히 문을 닫고 가볍게 허리를 숙여 인사한다. 그리고 면접위원이 지시하는 자리로 가서 정식으로 인사한 후, 수험번호와 성명을 또박또박 말하고 자리에 앉는다. 앉을 때는 무릎을 가볍게 붙이고 손을 무릎 위에 편안하게 올려놓는다. 시선은 면접위원의 턱이나 입 주변에 두고 침착하고 진지한 느낌을 줄 수 있도록 한다.

④ 질의 · 응답

질문이 시작되면 주의 깊게 듣는 자세를 취한다. 질문에 답변할 때는 잠깐 여유를 갖고 생각을 정리한 후 또렷하게 대답한다. 결론부터 대답한다. 이때 너무 빨리 말하거나 말끝을 흐리는 등 긴장한 인상이나 자신 없는 듯한 느낌을 주지 않도록 주의한다. 명랑하고 밝은 모습으로 자신 있게 답변하는 것이 중요하며 특히 아래의 사항에 주의해야 한다.

- 솔직하고 당당한 태도로 답변한다.
- '-에', '저-' 등의 불필요한 말이나 '같아요' 등의 불분명한 말은 사용하지 않도록 한다. '입니다' '습니다'로 대답해야 한다.
- 자신 있는 대답이라고 해서 지나치게 큰 목소리, 빠른 말투, 많은 말은 삼가도록 한다. 질문 내용을 잘 모를 경우는 얼버무리지 말고 다시 묻도록 한다.
- 얼른 대답이 나오지 않는 경우에도 너무 오래 끌거나 잠자코 있어서는 안 된다. "잠깐 생각할 여유를 주십시오"라고 양해를 구한 다음 생각을 정리해 분명한 어조로 말하는 것이 좋다.
- 대답을 잘못했더라도 머리를 긁적이거나 혀를 내미는 행동을 해서는 안 된다.
- 당황스런 질문에도 위축되지 말고 자신 있고 소신 있게 대답한다.

한편, 집단토론식 면접의 경우에는 자신을 남보다 돋보이게 하기 위해 너무 많은 말을 하거나 시간을 끄는 행위, 남을 비방하거나 공박하는 행위, 남의 말을 가로채는 행위 등을

해서는 안 된다. 협조성과 함께 남의 의견을 경청하는 태도가 중요하다는 것을 잊지 말아야
한다.

⑤ 퇴실

면접관이 나가도 좋다고 하면 자리에서 일어나 '감사합니다'라고 인사하고, 의자를 바르
게 놓은 후 조용히 문을 닫고 나온다. 이때 면접이 끝났다고 자세를 흐트러뜨려서는 안
된다. 또 실수를 했더라도 자신 없는 표정을 짓거나 한숨을 내쉬어서도 안 된다.

5) 면접 전에 점검해야 할 기본 사항들

- 나의 목표
- 목표 실현을 위한 노력과 계획(학습, 경험 등)
- 학창 시절의 배움과 활동
- 나에 대한 가족이나 친구들의 평가
- 성격의 장점과 단점
- 단점은 어떻게 보완하고 개선해 나갈 것인가?
- 입사 후 업무에 도움이 될 자격, 기능 및 경험
- 입사 5년 후 회사에서의 내 모습
- 지원 회사의 경영 이념, 회사 연혁, 회사 대표자
- 구체적인 지원동기(기업, 업종과 직무)
- 면접 준비 사항
- 나만의 개성, 매력

■ 면접 요인별 점검 문항

면접요인	면 접 내 용	체크포인트
1.이념목표	자신의 인생과 일에 관하여 장기 목표가 설정되어 있는가. 그 목표를 구체적으로 실현하기 위한 달성목표(단·중·장기목표)나 향상 목표(경력개발, 장래발전)를 가지고 있는가를 관찰·파악한다.	• 입사지망 동기 • 장래의 포부 유무와 그 성취 가능성에 대한 의견 • 인생관 유무 • 가치관 • 자신의 생활신조 유무 • 종교의 유무 및 종교관 • 적성에 맞는 직무 및 그에 대한 계획의 유무
2.전문지식	업무지식, 교양지식, 실무경력, 외국어 능력 등을 포함하여 자신의 지식을 정보화하여 일에 적응시키고 이익 발생에 연결시킬 수 있는 지혜를 가지고 있는가를 관찰·파악한다.	• 이수한 학과목의 전체 경향 및 수준 • 자신할 수 있는 분야(학과목) • 자기 소개를 외국어로 표현 • 기업체 발전에 대한 평소 의견 • 특별히 이수한 과목의 유무 • 기타 일반 지식
3.조직적응력	성격은 어떠한가, 일에 대한 흥미나 호기심과 그에 대한 왕성한 의욕과 적극성의 정도, 책임감, 성실성, 협조성 등을 관찰·파악한다.	• 타인이 말하는 자신의 성격 • 동료 간 의견 충돌 시 해결 방법 • 만약 부하가 있다면 그 통솔방법에 대한 의견 • 업무를 대하는 자세 • 성적의 정도와 굴곡 여부 및 공부를 더 하려는 의지 • 40대에 이루고 싶은 인생의 목표 • 입사할 경우 승진 목표 유무 • 난이도가 큰 업무와 작은 업무중 희망하는 업무 • 업무의 난관 봉착 시 타개 자세 • 약속 시간 준수 여부 • 설정한 목표가 달성하기 어렵게 되었을 때의 대책 • 필요한 사항의 메모습관
4.표현력 (발표력)	면접자의 각 질문에 대한 응답과정 중 피면접자가 구술하는 내용이 얼마나 자연스럽고 분명하게 표현되며 적절한 용어를 구사하여 자신의 의견이나 뜻을 전달하고 있는가를 분석하여 파악한다.	

5.기본자질	맡은바 최선을 다할 수 있는 기본적인 육체적 건강 상태 및 조직의 구성원으로서의 품위를 유지할 수 있는 지의 여부, 직장인으로서의 기본적인 교양, 태도 및 용모를 갖추고 있는 지를 관찰·파악한다.	• 과거의 질병 유무 및 현재의 건강상태 • 철야 근무할 경우 육체적 무리 정도 • 혈색이 좋은 지의 여부 • 느껴지는 호감 및 인상 • 음주 최대량 및 그 여파 • 음식을 가리는지의 여부 • 직장인으로서의 자격조건에 관한 소견 • 극도로 불쾌한 감정의 해소 방법 • 복장의 청결 여부 • 태도의 침착성 여부 • 일반지식, 시사상식의 습득 정도 • 독서량 정도
6.가정환경 (성장과정)	개인의 성장과정 및 가족관계를 파악하고, 개인의 가정환경, 가족의 직업, 교내·외 활동, 경력사항 등을 관찰·파악한다.	• 형제, 자매, 친척의 직업 • 배우자 직업 유무 • 회사에 친척·지인 근무 여부 • 일반 가족관계 • 성장과정의 특이한 경험 유무 • 운동경력 및 그 정도 • 공휴일의 소일방법 • 학교생활 및 학업관계 • 서클활동 • 취미·특기·기호의 다양성 여부 • 생활경제의 여건
7.기 타	위에서 언급한 6가지 면접요인 이외에 각사에서 중시하는 면접요인을 추가하여 활용할 수 있는 여백임.	

■ 기업체 면접시험 실제 질문 내용

기　업	면　접　내　용
경 남 기 업	- 기사 시험을 본 적이 있습니까? - 기사 자격증을 취득하지 못한 이유는 무엇입니까? - 경남기업을 선택하게 된 동기는 무엇입니까? - 앞으로의 포부를 말씀해 보십시오.
고려산업개발	- 가족관계를 말해 보십시오. - 학교 성적에 대해 말해 보십시오. - 당신의 취미는 무엇입니까? - 광인이나 책임 무능력자 등을 시켜 범죄를 저지른 사람을 일컫는 말은 무엇입니까? - 지로제에 대해 말해 보십시오.
고려투자금융	- 고려투자금융을 지원한 동기는 무엇입니까? - 자신의 생활 신조에 대해 말해 보십시오. - 학창시절 서클 활동을 해 본 경험이 있습니까? - 입사 후 자신이 싫어하는 업무를 맡았을 때 어떻게 하겠습니까? - 학생 운동을 어떻게 생각합니까?
국 제 상 사	- 자신의 인생관에 대해 이야기해 보십시오. - 자신이 읽은 책 중 가장 감명 깊었던 책은 무엇입니까? - 구조조정에 대해 어떻게 생각하십니까? - 로열티에 대해 말해 보십시오. - 금년도 노벨평화상 수상자는 누구입니까? - 국제상사에 대해 자신이 아는 바를 이야기하십시오.
극 동 건 설	- 졸업 논문의 주제는 무엇이었습니까? - 극동건설에 대해 아는 대로 말씀해 보십시오. - 영어로 자기소개를 해보십시오. - 현 우리나라 경제를 어떻게 보십니까? - 생활 신조는 무엇입니까?
금 호 건 설	- 건폐율이란 무엇입니까? - 종합건설업이란 무엇입니까? - 운전을 할 수 있습니까? - 가족관계에 대해 말씀해 보십시오. - 해외근무나 현장근무가 가능합니까? - 부모님의 직업은 무엇입니까?

제IV장

사회생활과 실용문

1. 리포트

대학의 강좌는 한 학기를 단위로 매듭이 지어진다. 각 강좌에서는 그 학기에 반드시 다루어야 할 중요한 문제들이 포함되어 있다. 이러한 중요한 문제의 대부분은 강의시간 중에 논의되는 것이 보통이지만, 그 중 몇 가지는 학생 스스로 해결하도록 함으로써 학생들의 문제해결 능력을 향상시키고, 그 강좌에 대한 흥미를 갖도록 하는 방식이 있다.

이처럼 학생 스스로 정보를 수집하여 문제를 해결하고, 그 결과를 보고하는 양식을 리포트라고 한다. 이러한 리포트 작성을 통해 기대할 수 있는 효과는 다음과 같은 여러 가지가 있다.

① 학생들로 하여금 해당 과목과 관련된 자료나 참고서, 논문을 읽게 함으로써 학생들의 관심을 확장시키고 연구심을 기르게 하는 효과를 가진다.

② 시간이 부족해 강의실에서 미처 다루지 못한 문제를 학생들이 직접 접촉할 수 있게 해줌으로써 강의를 보충하는 효과를 가진다.

③ 교수가 지적하거나 학생이 스스로 선택한 문제에 관해 여러 가지 문헌과 자료를 읽고 글을 쓰게 함으로써 학생들의 독서력과 글쓰기 능력을 기르는 효과를 가진다.

④ 자기 주장이나 견해를 체계적이고 논리적으로 전개할 수 있는 능력을 키울 기회를 제공한다. 글쓰기 훈련이 부족한 우리의 상황에서 리포트는 자기표현 능력을 키울 수 있는 좋은 기회이다.

⑤ 리포트는 자료를 읽고 그것을 자기 나름대로 정리해 자기 주장을 논리적이고 체계적인 방식으로 제시하는 훈련의 기회를 제공함으로써 사회에 나가서 마주치게 될 다양한 문서 작성에 대처하는 능력을 키운다.

이와 같이 대학의 리포트 작성은 독자적인 사고 능력을 기르는 지적 훈련 과정의 일환이라고 할 수 있다.

■ 리포트 작성에 필요한 기본 지식

'그리스·로마 신화'에 대한 리포트를 제출하라고 했을 경우, 여러 수준의 리포트가 예상된다. 먼저, 그리스·로마 신화를 요약해 제출한 리포트가 있을 수 있다. 이 경우에는 요약을 비교적 충실하게 잘한 리포트가 있을 수 있고, 요약조차도 제대로 하지 못한 리포트도 있을 것이다.

그런가하면, 그리스·로마 신화를 동양의 신화와 비교한 리포트나, 그리스·로마 신화 중 여성에 관련된 신화와 동양의 신화 중 여성에 관련된 신화를 비교한 리포트도 있을 것이다.

이 경우, 요약에만 그친 리포트보다 그것을 다른 신화와 비교·검토한 리포트가 더 높은 평가를 받는 것은 당연한 일이다. 동일한 주제로 시작했지만, 그 주제를 어떻게 발전시켰는지, 그 주제를 얼마만큼 독창적으로 다루었는지에 따라 리포트의 수준이 확연히 달라지는 것이다.

① 가능한 한 '서론—본론—결론'의 형식을 갖추어야 한다.
② 표지와 목차를 만들어야 한다.
③ 과제 부여자의 의도를 정확히 파악한다.
④ 주제의 범위를 한정해 구체적인 주제를 잡는 것이 꼭 필요하다.
⑤ 시간 계획을 짠다. 시간 계획은 자료를 수집하고 정리하는 기간과 집필하는 기간으로 나누어 짠다.
⑥ 주제와 관련된 문헌을 찾아보고, 참고문헌 목록을 만든다.
⑦ 아우트라인을 작성한다.
⑧ 초고를 작성한다.
⑨ 퇴고하여 정서한다.
⑩ 표지, 목차, 참고문헌 목록을 만들어 첨부한다.

■ 리포트 작성의 순서

  1. 목적·제목을 결정한다.

  2. 제목에 관한 정보를 수집한다.

  3. 주제나 조사 방법을 결정한다. 집필 조건을 확인한다.

  4. 조사·실험을 행한다.

  5. 자료를 정리한다.

  6. 아우트라인(얼개)을 짠다.

  7. 쓴다.

1) 제목의 결정

제목은 과제로 부가될 경우와 스스로 알아서 결정할 경우가 있겠다. 과제로 주어진 경우라도 꼼꼼히 따져보고 자료를 살피면서 자기화해야만 제목을 정할 수 있다. 과제에 대한 이해가 어느 정도 이루어지면 자신이 감당할 수 있는 범위를 정하고 구체적인 제목을 정하는 것이다.

2) 제목에 관한 정보 수집

제목이 정해지면 어떤 내용을 다룰 것인가를 결정해야 한다. 이때 생각나는 내용을 모두 나열해 본다. 그리고 자신의 시간과 여건을 고려하여 감당할 수 있는 문제와 그렇지 않은 문제를 가려, 살릴 것은 살리고 버릴 것은 버린다. 주제를 구체적이고 한정적으로 정하는 것이 좋은 리포트를 쓰는 요령이다.

3) 주제의 설정

무엇을 주제로 하여 리포트를 구성할 것인가를 결정하고 시간 계획표를 작성한다. 리포트는 어차피 정해진 시간 내에 작성해야 하기 때문에 철저한 시간 계획이 필요하다. 시간 계획은 크게 자료를 수집하고 정리하는 기간과 집필하는 기간으로 나누어 짤 수 있다.

4) 자료 조사 및 실험

주제나 문제와 관련된 논문·잡지·신문·사전 혹은 인터넷 등에서 정보를 얻는다. 또는 자신이 쓰고자 하는 주제에 전문적 능력이 있는 사람에게 조언을 얻는 것도 좋은 방법이다. 어떤 주제는 통계 조사(앙케이트 조사)나 현지 답사, 실험 등을 통해 해결하는 것이 효과적인 경우도 있다.

5) 자료의 정리

여러 경로를 통해 얻은 정보나 자료를 이해하는 과정에 카드 정리를 하는 것이 효과적이다. 카드 정리한 것이나 통계 처리된 것들을 분류·배열함으로써 집필을 쉽게 할 수 있다. 이 과정에 리포트의 윤곽이 나타나게 된다.

6) 아우트라인 설정

아우트라인은 리포트를 예정된 분량에 맞추기 위해서도, 기일 내에 완성하기 위해서도 필수적이다. 또한 자신이 얻은 많은 정보와 자료를 체계적이고 효과적으로 활용할 수 있는 방법이기도 하다.

① 중요한 사항이나 주장을 앞에 내놓는 구성법을 택한다.
② 본문을 몇 개로 세분하여, 큰 제목, 작은 제목을 효과적으로 붙인다.
③ 목차를 붙인다.

7) 집필

아우트라인을 참고하면서 문장화한다. 집필 중이나 집필 후에 다음의 사항을 점검한다.

① 제목과 소제목을 활용하고 있는가?
② 그림이나 표로써 나타내어 좋은 곳은 없는가?
③ 객관적으로 말할 부분과, 필자의 주관적 판단이나 추측을 말한 부분이 뚜렷이 분간되어 있는가?
④ 남의 학설과 자기 학설이 분명히 구별되어 있는가? 즉 다른 사람의 논문이나 주장을 자기의 주장인 것처럼 표절하고 있는 것은 아닌가?
⑤ 설명이 부족하여 논리적 비약이 일어나고 있는 곳은 없는가? 문맥 연결이 부자연스러운 곳은 없는가?
⑥ 맞춤법, 띄어쓰기는 정확한가?

<리포트 표지의 예>

과　　　목 : 자기표현과 생활한문
담당교수 : ○ ○ ○ 교수님

한문 제3차 과제

범위 : 225쪽-238쪽까지 3번 쓰기
　　　　가족·주소·출신학교 5번 쓰기

제출자 : ○○○과 ○학년
　　　　○○○○○○번
홍 길 동
제출년월일 : ××××년 ×월 ×일

보고 및 보고서

1) 보고란

보고란, 인간 집단의 일정한 조직을 원활하게 움직이게 하기 위하여 사용하는 의사 전달의 한 방법이며 커뮤니케이션으로서 조직 안에서 업무의 계획, 일의 경과나 상태, 일의 결과 등을 알리는 것을 말한다.

일반적으로 조직의 책임자는 지시나 명령을 내린다. 중간 관리자는 그 지시나 명령을 이행하고, 직원들에게 지시나 명령을 하달한다. 직원들은 지시와 명령에 따라 업무를 수행한다. 이때 조직 라인에서 업무의 계획과 진행 상황, 그리고 그 결과에 대해 보고하는 것이 중요하다. 그러므로 조직 구성원은 업무의 추진뿐 아니라 보고에도 충실해야 한다. 업무와 함께 '계획 보고', '업무의 추진 상황 중간 보고', '결과 보고'를 충실하게 다했을 때라야 비로소 일을 제대로 처리한 것이 된다.

아무리 '업무' 처리 능력이 탁월하다 할지라도 '보고'를 정확하게 하지 못하는 사람은 유능한 직장인이 될 수 없다. 직장인은 자기에게 주어진 업무와 보고하는 일, 이 두 가지 일에 충실할 때 유능한 사람으로 평가받을 수 있는 것이다. 그것은 결코 어려운 일이 아니다.

2) 보고의 중요성

한 조직 내에서 보고가 잘 이루어진다는 것은, 정보 전달의 통로가 넓어서 위로는 최고 책임자로부터 아래로 하급 직원에 이르기까지, 또한 각 부서 상호간에 상하좌우로 정보가 신속·정확하게 전달되어 항상 전 직원이 정보를 공유하고 있음을 뜻한다. 보고가 중요한 까닭은 보고에 의한 정보가 조직의 흥망성쇠를 좌우하기 때문이다.

① 모든 업무는 보고에 의해 계획되고 추진된다. 보고에 의해 업무는 추진되고 점검되며 만일의 사태에 대처할 수 있는 것이다. 또한 보고에 의해 공유된 정보가 있어야 각 조직원은 공동으로 총력을 다해 업무를 추진할 수 있는 것이다. 보고는 우리 몸의 동맥과 같은 것이다. 체내에 피가 흐르지 않으면 동맥경화를 불러 일으켜 생명체가 사망하듯이, 조직에서 보고가 원활하게 이루어지지 않으면 조직은 파산하고 만다.

② 보고가 신속하게 이루어져야 업무가 원활하게 진행·추진될 수 있다. 신속하고 정확한 보고에 의해 정확한 판단을 내릴 수 있으며 막대한 손실과 피해를 사전에 막을 수 있다.

③ 정확한 보고가 이루어져야만 책임자는 적절한 계획을 세워 정확한 판단을 하고 결단을 내릴 수 있는 것이다. 만약 안이하게 작성된 보고나 허위 보고는 판단과 추진을 그릇되게 하고 일은 실패로 끝나게 된다.

3) 보고의 방법

유능한 직장인은 보고의 능력이 뛰어나고 그에 따라 업무를 능동적으로 추진하는 사람이다. 업무를 지시하는 상사는 말은 하지 않지만, 늘 직원의 업무 진행을 관찰하고 있게 마련이다. 적극적으로 보고하는 직원은 신뢰감을 갖지만, 그렇지 않은 직원에 대해서는 불신감을 갖게 된다. 보고는 원활한 의사 소통이며, 이는 원만한 관계를 형성하는 방법이다.

보고의 요령에 대해 알아보도록 한다.

가. 보고의 타이밍

① 계획 보고는 시의적절해야 한다. 보고의 시기를 놓치거나 너무 빠르면 가치를 상실한다.

② 중간 보고를 반드시 해야 한다. 팀장은 업무를 총괄해서 파악하여 업무를 장악해야
하기 때문에 항상 업무의 진행 상황을 잘 알고 있어야 한다. 중간 보고는 계획과 일치
하지 않는 상황을 점검하고 적절하게 대처할 수 있는 효과가 있으며, 조직 내의 팀플
레이를 원활하게 한다.

③ 긴급 사태는 즉시 보고해야 한다.

④ 보고는 요구하기 전에 해야 하며, 언제 요구받더라고 즉시 보고할 수 있는 만반의
준비를 갖추고 있어야 한다. 보고 요구를 받고 나서 허둥대거나 서류 뭉치를 뒤적이
는 직장인은 이미 실격이다.

⑤ 업무가 완료되면 즉시 그 결과를 보고해야 한다. 결과 보고는 결과만 달랑 보고하는
것이 아니고 업무의 계획에서부터 종결까지의 진행 상황과 더불어 나름대로의 과학
적인 평가를 곁들인 보고여야 한다.

나. 보고의 10가지 기본 수칙

① 신속해야 한다.

② 정확해야 한다.

③ 사소한 정보라도 누락시켜서는 안 된다. 사정이 나쁜 일일수록 자세한 정보가 필요하다.

④ 왜곡시켜서는 안 된다.

⑤ 허위 보고는 절대로 안 된다.

⑥ 허가 없이 처리한 일은 신속하게 보고해야 한다.

⑦ 다른 곳으로부터 선물이나 향응을 받았을 때도 바로 보고해야 한다.

⑧ 실수나 실책이 있는 경우, 은폐하려 하지 말고 솔직하게 보고한다. 상사도 과거에
실수를 범한 경험이 있기 때문에 그 실수를 만회할 수 있는 방법을 가지고 있다. 질책
이 두려워 실수를 늦게 보고하거나 은폐시키면 더 큰 문제가 발생할 수 있다.

⑨ 문제 없이 일이 잘 진행된다 할지라도 '문제 없다'는 중간 보고를 해야 한다. 업무

진행 상황을 파악하고 있어야 하는 상사는 이런 보고를 기다린다.

⑩ 상사 부재 중에 일어난 일을 빠짐없이 보고해야 한다. 멋대로 판단하고 보고하지 않는 경우, 상사가 예기치 않은 곤경에 빠지거나 일을 그르칠 수 있다.

다. 구두 보고의 진술 요령 6가지

① 결과나 결론을 먼저 말하고 경과, 원인, 이유, 동기, 배경 등을 나중에 말한다. 이유나 배경 등을 길게 말하면, 듣는 사람이 답답해 하거나 혹은 변명처럼 들릴 수 있다.

② 내용을 차례차례 분류해서 말한다. 예를 든다면 "과장님 부재 중에 일어난 일들에 대해 말씀드리겠습니다. 첫째……, 둘째……, 셋째……" 식으로 보고한다.

③ 부정확한 말로 얼버무리는 말을 써서는 안 된다. 그런 보고는 고생해서 행한 보고를 망치는 꼴이 되며 신뢰를 잃게 된다. 예를 들어 "대충 거의 찬성하는 것 같습니다"라든가 "아버지, 대엿새 동안 여기저기 돌아다니다 오겠습니다"라는 식의 보고는 참으로 답답한 노릇이다. 여러분에게 이런 말버릇이 있다면, 이번 기회에 꼭 고치도록 하기 바란다. 구체적으로 보고해야 한다.

④ 보고의 근거 자료, 데이터를 첨부시키는 것이 좋다. 근거 자료를 첨부시키면 객관성을 얻을 수 있고 성실성을 인정받을 수 있다.

⑤ 단정적으로 보고하는 것은 위험하다. "틀림없습니다" "100% 확실합니다" "절대적입니다"라는 보고를 하려면, 반드시 근거를 제시해야 한다.

⑥ 혹시 자신의 주관적 의견을 말할 때는, 그것을 분명히 해야 한다. 예를 들어 "제 개인적인 소견으로는……"이라는 전제하에 의견을 말해야 한다.

4) 보고의 종류

말로 하는 구두 보고와 글로 쓴 서면 보고가 있다. 구두 보고에는 면담, 전화, 전화 녹음 등이 있으며, 서면 보고로는 E-Mail, 팩스, 보고서, 메모 등이 있다.

5) 보고서 작성 방법

① 과제를 올바로 파악한다.

과제를 올바로 이해하지 못했다면 지시자에게 다시 문의해서 명확하게 파악해야 한다.

② 타이밍에 유의해야 한다.

보고의 타이밍을 제대로 맞추는 것이 보고서의 기본이다. 언제 무엇을 보고할 것인가를 알기 위해서는 일의 중요 정도와 일의 흐름을 간파하고 있어야 한다. 시간을 다투는 예리하고 급박한 문제는 직관을 발동해야 한다.

③ 보고서를 읽는 사람이 누구인가를 반드시 알아야 한다.

보고서의 원본은 직속 상사에게 제출되지만 복사본은 다른 간부들이 돌려 읽을 수도 있고 외부 전문가에게 검증을 받을 수도 있다.

보고는 중용을 취하는 것이 현명하며, 많은 정보와 자료를 제공하여 상사가 판단을 용이하게 한다. 또 하나, 항상 정보의 일부를 남겨 두었다가 상사가 더 이상의 자료를 요구할 경우에 제시할 수 있도록 한다. 그러기 위해서는 충분한 자료 조사와 입수를 하고 있어야 한다. 즉 '준비된 보고서'여야 한다.

④ 보고서에는 풍부한 자료, 정보와 함께 보고자의 아이디어와 제안이 있어야 한다.

보고서는 실제 정황이나 사실, 그리고 아이디어를 제시해서 일의 결정권자가 올바른 판단을 하도록 하는 데 의의가 있다. 보고서를 작성하는 사람은 누구나 자신의 보고서가 채택되기를 원한다. 그렇다고 허풍을 떨거나 과장을 해서는 안 된다.

보고서 작성시에는 그 문제와 행동, 대상, 자료에 대한 작성자의 감정을 배제해야 하기 때문에 객관적으로 사고하는 훈련이 필요하다. 보고서에는 막연한 추론이나 추측을 배제하고 자료와 상황 분석에 따른 엄정한 데이터를 제시해야 한다.

㉠ "우리나라 사람들은 집을 고를 때 어떤 기준을 가장 앞세울까 하는 문제 등에 관해, 토지개발공사가 지난 달 전국 6개 택지개발지구 거주자 3백2명을 대상으로 실시한 조사에 따르면 '소음과 대기오염이 없고 녹지가 갖춰진 쾌적한 환경'이 72.6%의 응답률로 단연 1위를 차지한 것으로 나타났다. 또 이사 희망 지역이 어디냐는 질문에도 근교 전원 지역 25.0%와 시 외곽 지역 21.9%를 합칠 경우 46.9%로 도심 35.6%보다 훨씬 높은 수치를 보였다. 이 조사 결과로 본다면, 우리나라 사람들은 주거 선택의 기준이 과거 투자가치 중심에서 삶의 질 쪽으로 빠르게 이동하고 있다는 것을 알 수 있다. 최근 몇 년 동안 강하게 불고 있는 탈서울 전원주택 바람도 이러한 의식변화의 결과로 보인다."

⑤ 보고서는 스스로 작성해야 한다.

과제를 명확히 이해하지 못했을 때만 상사에게 문의한다. 보고서를 어떻게 작성해야 하는지 그런 것은 아예 문의할 필요도 없다. 본인이 스스로 작성하면 된다. 보고서를 작성하는 일은 고된 일이며 많은 노력을 필요로 한다. 이런 고통과 노력이 따르는 만큼 자기 발전과 성공은 보장된다.

⑥ 보고와 제안은 많이 할수록 좋다.

자신의 보고나 의견이 반영되지 않는다 할지라도 끊임없이 제안하고 보고한다. 자신의 보고가 받아들여지지 않는다고 가만히 있으면, 정말로 무능력자가 되고 만다.

6) 보고서의 구성

첫째 장; 표지 : 제목, 분량, 작성자의 인적 사항, 제출 연월일, 회사명
둘째 장; 제목, 목차
셋째 장; 머리말
넷째 장; 개요
다섯째 장부터; 본문
부록; 도표, 사진, 통계 자료, 설문조사, 현지답사 현황, 지도, 참고문헌 등

7) 보고서 작성의 일반 요령

① 상급자에게서 하달받은 주제를 정확하게 이해한다.

보고서 작성에 앞서 아우트라인을 구상하여 메모를 해 두면, 논지가 분명해지고 논점이 옆길로 새어나가지 않게 된다.

② 자료 수집 및 자료 분석

자료와 정보의 수집은 더디고 힘든 작업이다. 믿을 만한 사실(fact), 통계 자료(data), 아이디어(idea)를 수집하여 꼼꼼히 읽으면서 분석한다.

③ 체계화

자료와 분석한 결과, 그리고 자신의 의견을 크고 작은 부분으로 나누어 분류하고 체계화한다. 카드에 기록해 놓은 자료나 아이디어들을 질서 있게 구성한다. 마음속으로 보고서의 전체 형태를 염두에 두고 완전한 모습을 갖추도록 노력한다. 본격적인 보고서 작성 작업을 위해 아우트라인을 작성하거나, 처음에 만들어 놓은 아우트라인을 수정 보완한다.

④ 작성

아우트라인에 의거하여 가능한 빠른 속도로 초안을 작성한다. 이때 용어, 표기법, 문맥, 문체 따위에는 신경을 쓰지 않는다. 전체 보고서를 자기가 알아볼 정도로 작성하기만 하면 된다.

⑤ 수정 보완

초안을 냉정하게 비판적인 입장에서 삭제 혹은 보충한다. 불필요한 말은 과감하게 잘라낸다. 뒤엉킨 문장은 바로잡고, 가급적 쉽고 간결한 문장으로 바꾸어 놓아야 한다. 마지막으로 맞춤법, 적절한 어휘 선택 등에도 관심을 기울이고, 오자 탈자에 유의한다.

▌과제▐

1. 수업 과제를 위의 보고서 작성 방법에 의거하여 작성해 보자.

3. 메모

1) 메모란

현대는 정보의 시대다. 그 정보는 '시간'이란 급류를 타고 쉼 없이 흘러간다. 자고 나면 새 정보가 나오고, 묵은 정보는 퇴색한다. '시간'이란 X축과 '필요'라는 Y축의 교차점에서 '순간'을 기록하기엔 힘겹다. 거기에 등장한 것이 메모의 방법이다. 메모는 흘러 가버리는 정보를 붙잡아 두는 것이며, 새 아이디어를 이끌어낼 발상지가 된다.

한 장의 메모는 새로운 아이디어의 원천이 되기도 하고, 풍부한 내용의 문장을 창조하는 보증수표일 수도 있는 것이다. 메모는 번개처럼 스쳐가는 영감을 새겨두는 비명(碑銘)이기도 하고, 순간과 영원을 이어주는 징검다리이기도 한 것이다.

메모하는 것은 습관이기 때문에 메모하는 습관을 몸에 익히도록 하는 것이 중요하다.

2) 메모의 목적

① 잊지 않고 기억하기 위하여

복잡한 현대사회에서 수많은 정보를 머리에 기억한다는 것은 불가능하다. 바쁜 일상생활에서 순간의 정보를 붙들어 매는 역할을 하는 것이 메모다.

② 통보를 위하여

긴 편지로 장황하게 정보를 전달하는 것이 기동성과 효율성을 떨어뜨리는 경우가 될 수도 있다. 명함 뒷면을 이용해서 벗에게 안부를 전하는 것도 좋고, 집을 비우면서 문틈에 쪽지를 적어놓는 것도 메모하는 습관으로부터 나오는 것이다.

③ 행동의 차질을 막기 위하여

빈틈없이 일을 처리하기 위하여 계획한 것을 메모로 적어 놓고 확인하는 것이 중요하다. 예를 들면 시장 보기 메모, 도서구입 메모, 상담하기 위한 메모 등 많은 경우가 이에 해당한다. '오늘 할 일'같이 하루의 일과를 적어 두는 '일과 메모'도 중요하다.

④ 독서 노트를 위하여

독서를 할 경우, 다 읽고 팽개치기 일쑤다. 소설에서 주인공, 줄거리, 감상 따위나 멋진 묘사를 적어 두면 훗날 그것만 보아도 내용을 짐작할 수 있다. 그냥 넘겨버릴 수 없는 감동적 내용이나 시구 따위는 오래오래 마음에 지녀 가슴을 맑게 해 주는 때가 많다.

⑤ 문장 수련을 위하여

글을 잘 쓰는 문필가는 모두 메모광이었다. 어정거리는 들길에서 무지개를 붙잡아 오래 가슴에 새겨둘 수 있는 사람은 메모를 하는 사람뿐이다. 감각의 안테나는 메모지 위에서 벼리어지고, 언어의 묘기는 '문장 메모'에서 전개된다.

3) 메모의 문장

가능하면 '6하의 원칙'(언제, 어디서, 누가, 무엇을, 어떻게, 왜)에 의해 메모를 하는 것이 좋다. 또 모호한 표현을 쓰지 말고 분명하게 기록하는 것이 필요하다. 전달이나 기록의 과정에서 왜곡되거나 변질될 소지를 막아야 한다.

4) 정보 수집 차원에서 보존할 메모

　정보수집 메모라 함은, 책을 읽고 현재 혹은 장래의 문제 해결에 도움이 될 정보를 보존한다든지, 남의 얘기를 듣고 그것을 적어 둔다든지, 실험 · 조사의 결과를 기록해 둔다든지, 머리에 떠오르는 아이디어를 적어 둔다든지 하는 메모다.
　보존용 메모는 다음과 같은 사항을 고려하여 만들고 작성한다.

　① 보관에 편리할 것
어느 정도의 두께, 일정한 크기로 해야 보관과 분류 및 처리에 편리하다.

　② 검색에 쉬울 것
언제든지 쉽게 찾아볼 수 있도록 보관하여야 한다.

　③ 분류와 처리가 쉽도록 할 것
　메모들을 나름대로의 기준에 따라 분류해 놓아야 한다. 그러기 위해서는 한 장의 메모지에는 한 가지의 내용만을 써야 한다.

　④ 정보의 출처를 정확히 할 것
　책에서 정보를 얻었다면, 그 책의 저자, 출판사, 출판연도, 쪽수 등을 빠짐없이 써 둔다. 신문에서 정보를 얻었다면 무슨 신문 몇 월 며칠 자인지 기록해 둔다. 언제든지 내용을 확인해 볼 수 있도록 해야 한다.

▌과제 ▌

　1. 자신만의 메모 양식을 만들어 보자.

4. 편지문

요즘 휴대폰이나 컴퓨터의 발달로 손수 편지를 쓰는 경우는 낯설고 드문 일이 되어 버렸다. 그러나 직접 손으로 쓴 편지에는 사랑과 정이 함께 전달되어 그 진실함이 묻어난다. 우리도 편지를 써 보자. 스승의 날을 맞이하여 고등학교 때 선생님께 편지를 써 보자.

편지글에는 기본적인 형식이 있다. 오래 전부터 전해져 오는 편지글의 구성 형식은 다음과 같다.

1) 편지의 일반적인 형식

① 호칭

○○○ 선생님께

선생님 안녕하세요. 저 작년에 졸업한 3학년 2반 32번 ○○○입니다. 저 기억하시겠지요. 맨 날 뒤에 앉아 장난만 치고 선생님 애먹인 말썽쟁이 ○○요. 그렇지만 마음속으론 선생님을 좋아하고 존경했습니다. 철이 덜 들어서 선생님 속상하게 해드렸습니다. 또 좋아하는 선생님께 인정받고 주목받고 싶었는데 용기도 없고 해서 그랬던 것 같습니다.

② 계절인사 : 요즘 날씨와 관련된 이야기

"오늘 캠퍼스에 피어 있는 꽃을 보고, 고등학교 담장에 피어나던 개나리와 선생님을 생각했습니다. 벌써 저도 대학에 들어온 지 2달이 지나고 있습니다."

③ 안부 인사 : 먼저 상대방의 안부를 묻고, 자기의 안부를 말한다.

"선생님 여전히 저희 후배들 가르치시느라 힘이 많이 드시죠. 저는 언제나 선생님께서 따뜻하고 자상하게 저희를 지도해 주시던 모습이 생각납니다.

④ 나의 생활과 계획

기숙사 생활, 자취, 하숙 생활, 학과 공부, 우리 학교의 모습, 요즘 우리 학교의 행사, 거기서 내 역할, 앞으로 어떻게 공부해서 어떤 직종에 취업을 하고 어떤 계획과 포부를 가지고 있는지 등을 쓴다.

⑤ 선생님에 대한 그리움을 표현 :

"훌륭하게 성장해서 보답하겠습니다."

⑥ 맺는 인사 :

"그럼 선생님 안녕히 계십시오."

⑦ ○○○○년 ○○월 ○○일

제자 ○○○ 올림

2) 고교 선생님께 드리는 편지의 예

○○○ 선생님,

안녕하셨습니까.

저는 ○○○○년도에 졸업한 ○○○입니다.

맨 날 선생님 말씀을 제대로 듣지도 않고, 선생님의 시선으로부터 벗어나려고만 했던 ○
○○입니다. 저는 선생님께 주목받고 싶었지만 용기가 없었습니다. 저는 마음속으로 항상
선생님을 좋아했고 선생님으로부터 사랑받고 싶었습니다.

저희가 잘 크도록, 저희가 훌륭한 사람이 되도록 항상 기원하시며 열정적으로 저희를 지
도해 주신 선생님께 진심으로 감사드립니다. 아직도 철이 덜 들어서 선생님 은혜의 십분의
일도 이해하지 못하지만, 나이가 들어갈수록 선생님의 마음이 더욱 실감될 것 같습니다. 그
리고 저도 선생님의 제자로서 부끄럽지 않은 사람이 되기 위해 노력하겠습니다.

선생님을 생각하면, ○○○(기억에 남는 사건이나 에피소드)일이 생각납니다.

저는 지금 대원과학대학 ○○과에 들어와서 열심히 공부하고 있습니다. 아직도 신입생
티를 벗지 못하고 있지만, 이제 조금씩 저의 미래를 위해 어떻게 공부하고 준비해야 하는지
알 것도 같습니다. 저희 대학은 공부를 많이 시킵니다. 리포트도 많구요. 고등학교 때 생각
했던 것과는 차이가 있습니다. 고등학교 때는 대학 가면 미팅하고 엠티가고 친구들하고 놀
러 다니고 하는 곳이라고 생각했는데, 고등학교 때보다 더 많이 공부해야 합니다. 다른 친구
들이 열심히 공부하니까 저도 뒤지지 않기 위해 덩달아 열심히 할 수밖에 없습니다. 그리고
○○○ 분야에서 전문가가 되기 위해서는 많은 것을 공부해야 할 것 같습니다. 고등학교
때 선생님 말씀 잘 듣고 더 열심히 공부할 걸 하는 후회도 들고, 그때마다 선생님께서 하신
말씀이 생각납니다.

저희 대학은 교수님들께서 참 자상하십니다. 일일이 면담도 해주시고, 대학 생활뿐만 아
니라 개인 생활에 대한 고민도 들어주시고 지도해 주십니다. 저희 대학 캠퍼스는 자연 속에
있는 아름다운 곳입니다. 오랜 가뭄 속에서 오늘 새벽엔 단비가 촉촉히 내려서 나무와 풀들
이 생기가 넘칩니다. 연두색이 이렇게 예쁜 것인 줄을 이곳에 와서 느꼈습니다. 복숭아꽃과
사과꽃은 화사하게 피었다가 지고 영산홍 꽃이 만발합니다. 그리고 이 속에서 저희는 체육
대회 예선 경기가 한참입니다. 저희과는 작년에 종합우승을 했습니다. 올해도 저는 ○○
선수로 선발되어 뛸 것입니다.

저는 졸업을 하면서 자격증도 따고 ○○ 분야에서 일을 하고 싶습니다. 그리고 나중에는
4년제 대학에 편입도 해서 제 꿈을 더욱 펼치고 싶습니다. 저는 현재 제 생활에 만족하고

있습니다. 이 모든 것이 선생님께서 지도해주시고 염려해 주신 덕분이라고 생각합니다. 제가 열심히 공부하고 생활해서 이 사회에 조금이나마 도움이 되는 사람이 되는 것이 선생님 은혜에 보답하는 것이라고 생각하고 열심히 살아가겠습니다. 선생님께서도 지켜보아주시고 격려해주십시오. 나중에 제가 자리를 잡게 되면 꼭 선생님 찾아뵙겠습니다.

선생님께서는 그때까지도 교단에서 후배들을 가르치시고 계시겠지요. 후배들이 말 안 듣고 말썽부려서 선생님 힘드시게 하더라고 선생님 용기 잃지 마시고 항상 그 모습으로 계십시오. 언젠가는 선생님의 진심을 이해하고 선생님을 그리워할 것입니다.

나의 그리운 ○○○선생님, 항상 건강하시구요, 행복하시구요, 안녕히 계십시오.

○○○○년 ○○월 ○○일

제자 ○○○ 올림

3) 엄마께

안녕? 엄마!

저 엄마 큰 딸 다슬이에요. 놀라셨지요.

지금까지 키워주셔서 감사하다는 말밖에 못 드리겠네요.

요즘 저희들 때문에 많이 힘드시지요. 오빠는 아직도 취직 준비 중에 있고, 다정이랑 의관이는 늘 티격태격 하고, 저는 성실한 생활 모습을 보이지 않구. 앞으로 제가 엄마 속 썩이지 않고 집안일도 거들고 할게요. 저는 때때로 엄마가 정말 감사하다는 생각이 들긴 했지만 "엄마 감사해요"란 말이 입 밖으로 나오지가 않더라구요.

어렸을 때부터 엄마는 "다슬아 사랑한다"는 말을 많이 하셨잖아요. 그때 저는 엄마께서 얼마나 저를 사랑하는지를 잘 몰랐어요. 그러나 차츰 엄마에 대해서도 많이 알고 저도 철이 든 것 같아요. 아직 다는 안 들었지만요. 요즘 엄마 주무시는 모습이 정말 힘들어 보여서 가슴이 아파요.

저도 나중에 엄마 같은 엄마가 되고 싶어요. 저는 엄마한테서 물려받고 싶은 건 엄마의 보석같이 빛나는 아주 착한 마음이에요. 우리 훌륭한 사람 되라고 매를 들기도 하시지만, 항상 밝은 웃음으로 우리를 반겨주시잖아요. 그래서 번개치고 비가 오는 날씨나 어두운 밤 길에서도 엄마 목소리를 들으면 금방 밝아지나 봐요. 그리고 춥더라도 엄마 품에 들어가 있으면 세상의 비싼 담요들보다도 더 따뜻해요.

지금 막 이 편지를 쓰니까 엄마의 말씀이 제 귀에서 맴맴 돌고 있네요. 예전에 엄마가 저를 크게 혼내고 할 때는 반항심도 생기고 했지만, 이제는 엄마를 이해해요. 모두 저희들을 위해 그러신다는 것을 다 알아요.

그런데 이제 차츰 엄마 이마에 주름살이 생기고 엄마 머리카락이 흰 종이처럼 돼가고, 엄마 얼굴에 점박이가 하나씩 하나씩 늘어가잖아요. 그에 따라 저는 점점 어른이 되어가겠지요. 철도 더 들고 지식도 많이 쌓아가고 취직도 해서 돈도 많이 벌어야 할텐데.

엄마는 저보고 신경질을 너무 낸다고 하셨지요. 죄송해요. 엄마. 엄마를 닮지 못해서…… 저도 제가 왜 이러는지 모르겠어요. 앞으로는 일찍 집에 들어가서 동생들도 보살피고 집 정리 하고 공부도 열심히 할게요. 그러니까 엄마 걱정하지 마세요. 이제 제 앞가림을 제가 알아서 할게요.

그리고 엄마! 제가 엄마한테 이렇게 한 번 말할래요. 자신있게. "엄마 감사해요. 그리고 사랑해요." 나중에 나중에 내가 더 크면 엄마를 부르며 울지도 모르겠어요.

2010년 5월 8일
엄마의 첫째 딸 다슬이 올림

4) 친구에게

친구야. 어디론가 떠나고 싶은 화사한 봄날이다. 꽃잎이 지는 게 우리 젊음이 가는 것 같아 보여 쓸쓸하다. 벌써 새 학기가 시작한지도 두 달이 지났다. 후회와 아쉬움이 많이 남는다. 내년 이 맘 때는 직장인이 되어 있을텐데. 이 소중한 학창시절이 마지막으로 접어들고 있다니 가슴이 철렁 내려앉는다.

오늘은 가치에 대해 얘기해보려고 해. 가치라는 건 내가 소중하게 생각해서 닮아가려고 노력하는 것이라고 난 알고 있어. 일종의 목표라고 말하면 더 쉬울까? 사람마다 추구하는 가치가 다르지. 어떤 사람은 사랑을, 어떤 사람은 건강을, 또는 돈을, 정직 등을 가치로 여기기도 하지. 하지만 난 이런 가치에 대해 얘기하는 것보다, 나 자신의 가치에 대해서 말해보려고 해. 예전에 생활 문제 때문에 과 선배에게 상담을 요청한 적이 있었어. 그 선배는 내 처지를 잘 이해하지 못해서 엇나간 부분이 있었지만, "너의 가치는 너가 부여하는 것"이라는 말은 잊을 수가 없어. 그 말을 듣는 순간 머리가 화끈하더라구. 내가 고민한 문제를 선배를 잘 상담해주지는 못했지만, 나의 가치는 내가 부여한다는 말은 그때도 지금도 나에

게 좋은 충고가 되었다.

어쩌면 너는 이 말을 이해하기가 힘들지도 모르겠다. 나의 가치는 내가 부여한다는 것, 당연한 거 아니냐고 되물을 수도 있겠지. 하지만 우리는 무의식 중에 다른 사람에게서 더 많은 가치를 얻고 있다는 사실을 알고 있니? 다른 사람이 자신에 대해서 내리는 평가를 믿는 사람이 많지. 다른 사람이 착하다, 나쁘다, 바르다, 싸가지다고 하면 그것에 좌우되기 쉽거든. 다른 사람이 무슨 말을 하면 진짜 나는 그런 사람인가 보다 여기게 되거든.

이걸 무시할 순 없어. 너는 무엇에 문제가 있다고 하면 그 말을 잘 들어서 나의 단점을 고칠 수 있으니까. 그러나 다른 사람이 너에게 말하는 단점을 너무 믿게 되면 넌 너무 초라해질 수 있어. 세상 사람들은 왠지 장점보다는 단점을 더 말하기를 좋아하니까.

난 너에게 다른 사람의 말에 너무 영향 받지 않았으면 좋겠어. 단점이란 걸 받아들이고 고쳐나가는 노력이 필요하지만, 언제나 그 일이 좋은 건 아닌지도 몰라. 다른 사람들의 말에 너무 얽매여서 사는 것 같이 여겨져 나한테는. 나쁜 소리를 계속 듣다보면 스트레스만 쌓이게 되고 나에 대해 부정적인 생각만 들게 될지도 몰라.

너에겐 너만의 장점이 많아. 착하고 순수하고, 거짓말을 안 하고, 친구를 배려하고. 너만의 가치를 만들어가는 것이 중요해. 그건 너가 만드는 것이니까. 너가 나라는 존재를 소중하게 받아들이고 나를 중심에 세우는 인생을 살았으면 좋겠어.

친구야 우리 우정을 계속 이어가자.

2011년 5월 12일

너를 사랑하고, 너를 믿는, 너의 친구 수정이가

5. 여행과 기행문

1) 여행 계획서 작성하기

① 일시

② 장소

③ 동행

④ 동기 (간략하지만 구체적으로)

⑤ 일정 (시시콜콜하게, 교통편, 이동경로, 볼거리, 먹을거리, 생각할 거리, 숙박 등)

⑥ 준비물 : 기본 준비물 (관광안내서, 컴퓨터에서 검색)

   관광안내서

   문화적, 정서적인 안내서

2) 기행문 작성 요령

① 여행은 매일매일 똑같은 일상으로부터 낭만적 탈출을 하는 것이다. 그러므로 자유와 해방감을 출발의 감흥과 함께 생생하게 표현해야 한다.

② 여행의 노정을 뚜렷하게 서술해야 한다. 시간과 장소, 거리와 차편 그리고 기후 등을

세세하게 서술해야 한다.

③ 지역의 특색을 잘 드러내야 생동감이 있다. 그 지역만이 가지고 있는 자연 환경, 풍토, 생활, 산업, 문화, 역사 등을 관찰하여 서술한다.

④ 개성적인 관찰과 감상을 적도록 한다. 길 위에서 만난 사람들의 사연이나 이야기도 쓰는 것이 좋다.

⑤ 인상적인 것만을 부각시키는 데, 그러기 위해서는 여행자의 관찰력과 감수성을 예각화해야 한다.

⑥ 다양한 내용과 현장감 있는 문체가 요구된다.

⑦ 특히 사진을 찍어 기행문 중간 중간에 첨부한다.

⑧ 여행을 하면서 얻은 자료(입장권 등)를 첨부한다.

3) 기행문의 예, 〈문경 새재, 그 '고개'를 걸어 넘다〉

조선시대에 한 차례 큰 왜란이 일어났다. 임진년에 일어난 왜란, 세칭 임진왜란이 바로 그것이다. 그런데 일찍이 나라에서 방비를 하지 않은 탓에, 또한 일본의 신식무기인 조총 앞에서 연방 조선군은 패전만을 거듭하였다. 하여 모든 군사를 문경새재로 미루고 삼도도순변사(三道都巡邊使)로 신립 장군을 명하여 방어하게 했다. 조선군은 애초 새재에 진을 쳤으나 신립의 판단에 탄금대로 이진(移陣)하여 배수진을 쳤다. 그러나 군사력이 달려 패전하고 신립은 많은 병사를 사지로 내몰았다는 자괴감에 부하장수 김여물과 함께 투신한 일이 있었다.

이와 같은 안타까운 사연이 녹아 있는 새재의 성곽 안에는 옛날의 대외(對倭) 패전의 상흔을 보여주기라도 하듯 고목의 상처들이 드문드문 눈에 띄었다. 그 상처들은 왜군이 조선인으로 하여금 나무의 수액을 채취한 흔적이라고 한다. 그런 나무가 숲을 이루고 있었다. 그것의 상흔도 무시할 수 없는 역사의 상처이다. 그것은 어떤 육체의 고통과 상처보다 더할 것이 아니겠는가.

이같이 새재에는 많은 내력을, 그리고 많은 감정을, 이를테면 락(樂)과 노(怒), 충(忠)과

효(孝), 비극(悲劇)을 담고 있었다.

길의 내력이란 딱히 시간에 귀속되는 것이 아니다. 길이란 것은 선조가 밟았던 흔적이고 내가 밟은 발자국을 담은 그릇이고 미래 사람이 밟을 자리다. 따라서 길이란 참으로 신기한 것이 어떤 공간만을 연결하는 것이 아니라 시간을 연결하는 선이 될 수 있는 것이다. 이런 시간을 담는 그릇에 충실한 길이 진정한 내력을 가진 길이다. 이런 의미에서 볼 때 문경새 재라는 고개는 참으로 훌륭한 내력을 가진 길임에 틀임이 없다.

고개에 대해 겸허하지 못한 것은 자신이 고개를 만들었다는 오만한 생각에서 비롯된 것 이나 이는 지극히 잘못된 오류임이 틀림없다. 왜냐하면 길이란 하늘이 열릴 적 만들어진 것이고, 그러한 이상 그 위를 지나는 우리는 결국 그들의 길손일 수밖에 없는 것이다.

예로부터 새재는 나랏길로 꼽혔다. 나랏길에는 아홉 개가 있었는데 이 길은 모두 한양에 서 시작하여 한양에서 끝나는 길이다. 이 아홉 개의 큰 길은 전국을 거미줄처럼 연결했다. 이 국도(國道)는 옛날의 산경체계에 의해 아주 일목요연했을 것이다. 여기서 길의 크기나 길의 중함을 따지는 다소 부질없는 셈을 해 보자면 문경새재가 으뜸이었다. 물론 다른 길이 쓸모없다는 뜻은 아니나, 이 고갯길을 특히 중시했던 까닭은 아무래도 통행량이 많아서였 을 것이다. 문경새재를 이용하는 나그네가 어디 한둘이었겠는가. 만백성이라 해도 좋을 만 큼의 많은 나그네가 이 길을 거쳐 갔을 것이고 혹은 시원한 시라도 읊으며 지났을 선비가 있었을 것이다. 이 문경새재야말로 나라의 통행의 요충지 역할을 담당했던 것이다.

우리는 제천에서 기차를 타고 충주까지 가서 다시 충주에서 버스를 타고 문경으로 갔다. 문경에서 시내버스를 타고 문경새재 관문에 이르렀다. 여기서 왕건의 촬영장을 구경했다.

문경새재를 걷는 길은 고즈넉한 멋이 있었다. 이 길이 곧 과거 선비들이 청운의 꿈을 안고 상경하던 길이라는 점에서 감회를 달리할 수 있었다. 옆으로는 얕게 흐르는 개울이 있었다. 그 개울물 소리가 마치 '마음을 목욕재계하라'는 소리로 들리는 것은 왜일까. 물레 방아의 호젓한 소리가 마음을 공명시키는 듯하다.

길을 걸으면 걸을수록 길과 동화되는 느낌을 받았다. 평소 느껴보지 못했던 감흥, 냄새, 감촉, 바람까지 상쾌했다. 흙 길이라 그런가. 바닥이 포근하면서도 따뜻했다. 나 혼자 있는 기분, 그러면서도 전혀 외롭지 않은 기분이 내 몸을 휘감았다. 하늘을 보았다. 파란 하늘이 었다. 청자 같았다. 하늘을 보다, 다시 길을 봤다. 길과 하늘은 어딘가 닮은 듯했다.

　1관문에서 2관문 사이에는 유난히 나무가 빽빽한 편이었다. 그것은 마치 애환처럼 여겨졌다. 혹은 길을 감싸 안은 인간처럼 그것은 길 쪽으로 굽은 형상이었다. 그늘이 길을 더욱 젖게 만들고 있었다. 그 젖은 흙 사이로 들어오는 햇빛은 그늘 때문에 더 밝아 보일는지 모를 일이다. 바닥은 언제나 유채색이 아닌 무채색이다. 마치 물을 탄 것 같은 흙색이 흡인력이 있어 보인다. 졸졸 흐르는 개울에 잎 한 송이 띄워 보내니 류시화 시인의 〈세월〉이란 시가 드문드문 생각났다. 마치 퐁당 하고 가라앉았다가 다시 떠올라 떠내려가는 잎처럼.

세월

강물이 우는 소리를

나는 들었네

저물녘 강이 바다와 만나는 곳에 홀로 앉아 있을 때

강물이 소리내어 우는 소리를

나는 들었네

그대를 만나 내 몸을 바치면서

나는 강물보다 더 크게 울었네

강물은 저를 바다에 잃어 보리는 슬픔에 울고

나는 그대를 잃어 버리는 슬픔에 울었네

강물이 바다와 만나는 곳에 먼저 가보았네

저물녘 강이 바다와 만나는 그 서러운 울음을 나는 보았네

배들도 눈물 어린 등불을 켜고

차마 갈대숲을 빠르게 떠나지 못했네

　그러고 보니 '길'은 모든 것과 닮은꼴이었다. 세월과도 닮은꼴이었다. 그리고 강과도, 구름과도, 바람과도 닮아 있었다. 인간은 길이 될 수 없을까?

　새재는 내게 많은 것을 남겼다. 그것은 또 나에게 '길'이란 소모품이 아니라는 걸 가르치기도 했다. 그렇다. 길은 소모품이 아니다. 그리고 소모품이 될 수도 없다. 따라서 옛길을

버릴 수 없다. 오히려 새로 난 길보다 더 많이 담고 있기에 그것 앞에 겸허해야만 하는 것이다. 길이란 곧 종자다. 마음에 대한 감정의 종자다. 차분히 걸으면서 거름에 와서 살며시 떨어지는 형체 없는 씨앗이다.

새재를 고요히 걷노라면 옛 사람의 발소리도 도란도란 들리는 듯하다. 언뜻 보면 재워졌을 것 같은 선조의 발자국은 길을 잘 파헤쳐보면 나오지 않을까. 고요하지만 이렇게 또렷이 발걸음 소리가 들리는 걸 보니.

4) 〈단양의 고구려 유적지를 둘러보고 기행문을 써 보자〉

여행 계획 단계에서 조사한 고구려 관련 기록
  - 『단양의 향기 찾아』(미래문화사, 2000)
  - 기타 홈페이지와 다른 자료를 더욱 참고할 것.
  - 『온달전』을 읽어 볼 것.

① 자료-〈온달산성〉

백제의 성왕은 혼신의 힘을 다해 고구려의 한강 하류 지역을 공략했다. 이에 고구려군은 한강 상류 지역에 주둔하면서 신라와 대치중에 있던 고구려군의 주력 병력을 빼내어 서울 지역의 대백제 전투에 투입시켰다. 서쪽의 평야지대가 중요하고 동쪽의 산악지대가 덜 중요함은 예나 지금이나 마찬가지다. 주력이 빠져나간 죽령과 조령의 국경선은 자연히 경계가 소홀해질 수밖에 없었다. 이 틈을 노려 신라의 진흥왕은 경상도 청년들을 화랑의 정신으로 단단히 무장시켜 한쪽에 칼을 채우고 다른 한쪽에는 활 통을 매게 하고 죽령을 넘어 기습하도록 명령했다. 잘 훈련된 신라의 화랑부대는 험준한 소백의 산들을 단숨에 넘어, 주력이 빠진 무인지경과 같은 고구려의 영토를 파죽지세로 밀고 올라갔다. 홑껍데기 같은 늙은 군사들과 민초들이 길을 막고 항전했지만 중과부적이었다. 기세가 오른 신라군은 진군에 진군을 거듭했다. 하루 오 리를 가면 오 리가 내 땅이요, 하루 십리를 가면 십리가 내 땅이다. 삽시간에 한강 이북의 10개 군에 해당하는 영토가 고구려에서 신라로 넘어가

버렸다. 고구려에서는 땅을 치며 분통해 했으나, 백제와 신라의 연합 공세를 막아내기에는 역부족이었으니 어쩌랴!

　동맹국의 국왕을 전사시키고 한강 하류 지역마저 빼앗은 신라는 대중국 교류를 가지고 점차로 한반도의 강국으로 성장해 나갔다. 철천지원수가 된 백제는 보복을 다짐했으나 좀처럼 기회를 가지지 못했고 나날이 시들어 갔다. 고구려도 사정은 마찬가지였다. 남쪽 공격이 뜸해지자 이번엔 북쪽의 적들이 변방을 소요시켜 잠시도 긴장을 늦출 수 없었다. 사정이 이러하니 빼앗긴 남쪽 땅을 회복해야 한다는 엄두는 아예 낼 수가 없었다.

　그리고 30년의 세월이 흘렀다. 북쪽 고구려 땅에는 담이 크고 용력이 뛰어난 사내가 하나 생겨나서 전국 사냥대회에 일등을 하여 세간의 이목을 집중시키더니, 이어 후주 무제의 요동 침범이 있을 때는 선봉에 나가 크게 싸움을 벌여 적을 물리쳤다. 전쟁이 끝나고 논공 행상을 정할 때 사내는 왕에게 나가 큰소리로 고하였다.

　"신라는 우리 한북의 땅을 갈라 빼앗아 군현으로 만들었으므로 백성들은 원통함에 싸여 아직 부모의 나라를 잊지 못하고 있사오니, 원컨대 대왕께서는 신을 어리석고 불초하다 마시고 군사를 내어 주시면 한번 나가 싸워 우리의 땅을 회복하겠나이다."

　……"내 **계립현(문경)**과 죽령의 서쪽 땅을 우리 땅으로 돌리지 못하면 살아서 돌아오지 않을 것이오"

　고구려군은 한때 저들의 땅이었던 신라의 진영으로 깊숙이 쳐들어갔다. 마음 같아선 철통의 요새를 자랑하는 한강 하류 광장성에 주둔하고 있는 신라 최정예부대를 공격해 한판 승부를 펼치고 싶었으나, 만일 이번이 잘못되어 또다시 조국 고구려에 군사 충원을 요청하는 등의 국폐를 끼칠 수 없었기에 비교적 경계가 소홀한 편인 죽령, 조령을 공격하기로 했다.,

　② 자료-〈적성비〉, 〈적성산성〉

　신라의 진흥왕이 영특하고 야심이 있던 사람이라 국토의 협소함을 심히 못마땅히 여겨

백제와 손을 잡고 강국인 고구려를 공략하여 교역의 중심지인 한강 하류를 획득한다. 고구려와 백제가 공방을 펼치는 사이 죽령을 넘어 고구려의 영토인 10여 개의 군을 획득하는 성과를 올리기도 한다. 왕은 확장된 국경을 친히 순시하며 진흥왕순수비를 세워 이를 기념하는데, 비슷한 무렵에 단양 적성비도 세워졌다. 그러나 진흥왕 순수비와는 성격이 다른 것이다.

당시 고구려 땅의 주민이던 적성사람 야니차가 신라의 변경 개척에 도움을 주어 이를 표창함과 아울러 이후에도 신라에 도움을 주는 이가 있으면 똑같은 표창을 하겠다고 하여 정복 지역의 주민들을 회유하려는 신라 조정의 정복민 정책이 잘 드러나 있다.

어떤 이는 신라가 고구려와의 싸움에서 승리한 것을 기념하는 전승기념비적인 성격이라고 주장을 펼치기도 한다.

근대에 들어 적성비는 국보 제198호로 지정되었다.

적성비와 온달산성은 약 50리 거리에 떨어져 있으나, 모두 남한강변을 내려다보고 있다.

고구려와 신라의 격전지였음을 말해주는 증거가 되기도 하며, 이 격전지에 살던 사람들의 처지를 간접적으로 나타내는 자료이기도 하다.

6. 영화 감상문

1) 영화 감상문이란

영화는 움직이는 영상으로 표현되는 예술의 한 형태다. 좋은 영화는 우리에게 즐거움과 꿈을 주며, 또한 평생 잊을 수 없는 감동을 주기도 한다. 이러한 영화를 보고 난 후에 마음 속으로 느낀 점이나 생각한 점을 정리하여 적은 글이 영화 감상문이다.

영화 감상문은 독서 감상문, 음악 감상문 등과 함께 감상문의 일종이다. 감상문은 주로 글쓴이의 마음의 움직임을 표현한 글로, 쓰는 사람 자신은 물론 읽는 사람에게도 큰 감동과 따뜻한 정을 준다.

그런데 감상문은 느낌만 적는 글은 아니다. 자신의 느낌을 뒷받침해 주는 이야기가 함께 곁들여져야 한다.

2) 영화 감상문을 쓸 때 유의할 점

① 제목은 인상적인 내용을 중심으로 붙이는 것이 좋다. 그러기 위해서는 제목을 붙일 때 영화 제목이 아닌, 다른 제목으로 붙이는 것이 효과적이다.

즉, 영화 〈개미〉를 보고 나서, 제목을 〈개미를 보고〉라고 붙이는 것보다 〈또 다른 인간

이야기-영화 '개미'를 보고〉라고 제목을 붙이는 것이 좋다.

② 영화 작품의 어느 한 부분의 내용을 중심으로 쓰는 것보다는 작품 전체의 내용을 골고루 담아 쓰는 것이 좋다.

또, 영화의 줄거리와 느낌은 따로 쓰지 말고 골고루 섞어서 쓰도록 한다.

③ 영화의 내용이 무조건 옳다고 쓰기보다는, 옳고 그름을 생각하여 쓰거나 자기의 생각을 중심으로 쓴다.

즉, 영화에서 전개되는 상황을 나의 경험이나 생활에 비교해 보거나, 영화에 등장하는 인물들의 행동이 옳은지 그른지 대하여 자기 생각을 쓴다.

④ 글의 앞뒤가 잘 연결되게 하여 감상문만 읽고도 대강의 내용을 짐작할 수 있도록 쓴다.

⑤ 영화는 종합예술이라고 한다. 영상, 음악, 문학, 그래픽, 과학 등이 종합되어 있는 것이다. 그렇기 때문에 영화를 보고 평가할 때 줄거리만 볼 것이 아니라 음악, 영상 등과의 조화 등을 고려해야 한다. 또 배우와 연기력, 감독의 취향과 연출력 등을 함께 관찰한다면 영화를 더욱 깊고 흥미진진하게 볼 수 있을 것이다.

3) 영화 감상문의 필요성

① 읽는 영화의 내용을 되살려 다시 감상하기 위해서 쓴다.
② 감동을 오래 간직하고 영화를 본 보람을 얻기 위해 쓴다.
③ 영화에 대한 지식과 이해를 심화시킬 수 있다.
④ 쓰는 과정을 통해서 생각을 확실하고 깊게 할 수 있다.
⑤ 영화 작품에 대한 비판력과 영화를 고르는 판별력을 기를 수 있다.
⑥ 자기의 생각과 느낌을 조리 있게 요약, 정리하는 작문력을 기를 수 있다.

4-1) 영화 감상문 1

■ 유머와 희망이 죽음을 이기다 : 〈인생은 아름다워〉를 보고

재미있는 시로 시작하는 첫 장면이 이 영화의 희극성을 알려주는 듯 폭소를 자아냈다. 하늘에서 떨어지는 귀도의 공주님 도라, 그 둘의 운명적인 만남이 로맨틱했다.

독일인과 유태인이라는 신분 차이에도 불구하고 귀도는 자신만의 유머로 도라에게 청혼한다. 막다른 골목에서도 새로운 길을 찾는 귀도의 임기응변 솜씨라면 충분히 신분의 벽을 뛰어넘고 공주님의 백마 탄 왕자가 될 수 있을 것이라는 생각이 들었다.

그들의 아름다운 사랑 속에서 태어난 조수아는 어찌나 귀엽고 사랑스럽던지……귀도를 닮은 그 엉뚱함까지.

귀도는 히틀러의 유태인 학살 계획 때문에 아들 조수아와 잡혀가게 된다. 그러한 최악의 상황에서도 아들에게 절망이라는 단어를 내비추지 않기 위해 게임이라고 말하는 귀도의 부성애(父性愛)에 감동했다. 아들과 남편을 따라 험난한 길을 함께 걸어가는 도라의 모습이 세상 그 어느 여성의 모습보다 아름답게 느껴졌다.

또한 아내를 살리기 위해 그리고 사랑하는 아들을 살리기 위해 자신을 희생하는 귀도가 너무나 대단했고 그렇게 할 수밖에 없었던 현실이 너무나 슬퍼서 나도 모르는 사이에 눈물이 흘렀다.

끝내 조수아는 60점을 따내 1000점을 얻어 진짜 탱크에 구원된다. 마지막 장면은 귀도가 자신을 희생할 만큼 사랑하는 두 모자의 포옹으로 끝난다. 끝까지 아들에게 절망이라는 단어보다는 희망이라는 단어를 심어준 귀도, 죽음 앞에서도 자식을 위해 웃음을 심어주는 귀도. 사랑하는 가족을 위해 자신을 희생하는 귀도에게 진정한 아버지의 초상이 드리워져 있다.

이 영화는 귀도의 능청스런 행동, 도라의 가족을 지키려는 아름다운 여성상, 조수아의 순수함이 가득 감긴 주인공들의 연기가 돋보였다.

또 손에서 긴장감을 떨어뜨리지 못하게 만드는 음악 또한 멋졌다. 〈인생은 아름다워〉는 나에게 진정한 인생의 의미를 선물해 준 최고의 영화이다.

4-2) 영화 감상문 2

■ 도박의 도(道), 〈타짜〉를 보고

타짜가 스포츠 조선에 연재했을 때가 언제인지 기억조차 가물가물 하지만, 연재하는 동안 오후 2시가 조금 넘어가면 항상 스포츠 조선 홈페이지에 머물곤 했었다. 업데이트 되기를 기다리며 새로 고침을 얼마나 클릭했던지 마치 곤이가 화투짝을 조는 것처럼 업데이트 되는 순간순간을 기다리던 기억이 난다. 그리고 업데이트 되는 순간 한 장면 한 장면을 정말 숨이 막히고 가슴이 콩닥콩닥 두근거릴 정도로 흥미진진하게 본 기억이 난다.

사실 원작이 있는 것을 영화화 한다는 것은 감독이나 제작자의 입장에서는 쉽지만은 않을 것이다. 글이나 만화로 되어 있는 것은 2시간 내외의 영상으로 보여주기에는 너무 벅차기 때문이다.

그래서 원작의 재해석이 필요한데, 〈범죄의 재구성〉을 통해 영화를 재미있게 만드는 데 일견을 보여줬던 최동훈 감독이 메가폰을 잡았다는 것은 〈타짜〉를 아끼던 팬의 입장으로서는 무척 다행이었고 결과도 나름 만족인 것 같다.

감독의 스타일이란 게 있으므로 〈범죄의 재구성〉과 비교하지 않을 수 없는데 조승우와 박신양이 맡은 역은 매우 비슷해 보였다. 조승우가 연기 잘 하는 건 익히 알고 있지만 내 생각에는 박신양이 훨씬 잘 어울리는 것 같았다. 예전부터 느끼던 것인데 조승우는 너무 있는 척을 하는 것 같다.

"내가 연기를 좀 하거든…… 내는 다른 사람과는 쪼매 틀리단다" 하는 폼을 좀 많이 재는 것 같다. 적어도 내 눈에는..

그리고 염정아와 김혜수, 이른바 팜프마탈 역인데 이것도 염정아가 훨씬 어울렸던 것 같다.

몸매 착한 걸로는 김혜수 따라갈 수 없겠지만 관능적인 면에서는 염정아가 훨씬 돋보였던 것 같다.

여러 매체에서 호평하고 있는 아귀 역을 맡은 김윤석은 얼마 전 드라마 〈인생이여 고마워요〉에서 봤던 유호정 남편으로 나왔는데, 그 다정다감한 사람이 아귀 역을 맡은 그 사람이 맞나 싶을 정도로 징그러울 정도로 역을 잘 소화했다고 생각한다.

내 생각엔 미스 캐스팅도 조금 있었다고 생각하지만 이야기를 풀어가는 솜씨 하나만은 정말 최동훈 답다는 생각이 들었고, 마지막 장면은 원작을 통해 볼 때는 정말 가슴이 너무 쿵쾅거려서 손이 떨릴 정도로 스릴 있는 장면이었는데, 영화는 그런 점을 조금은 살리지 못해 아쉬웠고 끝부분이 아쉬운 감이 돌았다.

하지만 이렇게 흥미진진한 도박영화는 어릴 적 보았던 홍콩의 도박영화말고는 처음 인 것 같고, 계속 시리즈로 계속 나왔으면 한다.

5) 영화 감상 보고서 양식

[영화감상보고서]

영화감상 일시	
영화감상 장소	
영화 제목 (영문 원제)	
감독	
주연	
관람 등급	
영화 장르	
상영 시간	
영화 내용	

<table>
<tr><td colspan="2">등장인물 묘사 (이름, 성격, 사건..)</td></tr>
<tr><td>

1.

2.

3.

4.

5.

</td></tr>
<tr><td colspan="2">가장 감명 깊었던 장면 또는 대사</td></tr>
<tr><td>

</td></tr>
<tr><td colspan="2">교훈(긍정적인 견해) 또는 비판(부정적인 견해)</td></tr>
<tr><td>

</td></tr>
</table>

<table><tr><td>기타 정보를 더 수집하여 한 편의 영화 감상문 완성</td></tr></table>

<table><tr><td>영화 관련 참고사항 (티켓, 영화 팜플렛, 사진)</td></tr></table>

7. 독서 감상문

1) 독서 감상문이란

독서 감상문은 책을 쓴 저자의 학식을 소화하여 독자의 견문을 넓히고 판단력과 비판력을 길러주며 인생관과 가치관의 형성에 도움을 줄 수 있는 좋은 글이다. 독서 감상문을 쓰게 될 경우 억지로 쓴다는 태도를 버리고 능동적으로 임하는 것이 자신의 발전을 위해서 좋은 일이다.

2) 책을 많이 읽고 독서 감상문을 쓰게 되면

① 생각을 조리 있게 정리하는 논리력이 생긴다.
② 자기의 생각과 느낌을 잘 나타낼 수 있는 표현력이 생긴다.
③ 깊이 생각하고 관찰하는 사고력과 관찰력이 생긴다.
④ 자기를 반성하고 옳고 그름을 판단하는 통찰력이 생긴다.
⑤ 아름다움을 깨닫고 표현해내려는 문장력이 생긴다.

3) 독서 감상 지도

① 독서 이전의 단계

자신에게 맞는 책을 선택하고 미리 어떤 책인지, 집필된 시기, 내용, 작가에 관해 윤곽을 파악하도록 지도한다.

② 독서 과정의 단계

독서 기록장에 줄거리나 요점을 간략하게 메모하도록 하며 그러한 과정에 주제를 파악할 수 있도록 지도한다.

주요 인물의 성격이나 행동, 인간관계, 시대적 배경 등을 분석하고 그것이 주제의 전개에 어떻게 관련되어지는지 생각해 보도록 한다. 작중인물의 행동이나 스토리의 전개를 자기의 생활 의견, 경험, 생활 환경과 결부시켜 생각해 보도록 한다.

③ 감상문 작성 단계

감상의 표현에 들어가기 전에 선생님과의 대화, 친구들과의 대화, 감상화 같은 것으로 머리에 떠오르는 것을 잘 이끌어내도록 한다.

표현의 형식에 구애됨 없이 생각한 것을 솔직하게 쓰도록 한다.

다양한 표현 방법으로

- 자기 자신 또는 선생님이나 친구와의 편지 형식
- '내가 주인공이라면' 하는 형식
- 독서 일기 형식
- 독후감 형식 등

④ 감상문 작성 후 단계

동일한 작품을 읽고 쓴 몇 개의 감상문을 중심으로 이야기 해보거나 독서 토론을 하는 등의 독서 감상을 해 본다.

4) 독서 감상문 쓰는 방법

① 제목 붙이기

주제를 집약한 제목-〈○○○〉를 읽고
　예 순수한 사랑의 기억-황순원의 〈소나기〉를 읽고

② 처음 부분 쓰기-도입부

　예 이 이야기는 황순원이 쓴 단편소설이다. 이 책에는 어느 순박한 시골 소년의 가슴에
　　새겨진 순수하고 슬픈 사랑의 이야기가 그려져 있다.
- 책을 읽데 된 동기나 책을 대했을 때의 느낌을 쓴다.
- 자기 체험, 느낌부터 쓴다.
- 감동 받은 대목을 인용해 처음을 시작한다.
- 책의 지은이나 주인공을 소개한다.

③ 가운데 부분

- 자기 생활과 관련하여 쓴다.
- 주인공의 행동과 나의 행동을 비교해 본다.
- 주인공의 행동을 비판적으로 써 본다.
- 자신이 주인공이라면 하고 생각하며 써 본다.

④ 끝부분

- 느낌이나 감동을 정리한다.
- 자신의 결심을 쓴다.

5) 독서 감상문 쓸 때 유의점

독후감을 쓰는 것은 이해와 사고와 표현의 3요소가 통일되어야 한다.

① 작품을 바르게 이해할 것

 - 줄거리, 짜임, 인물 관계를 파악할 것

 - 주요 인물의 성격과 삶의 방법을 파악할 것

 - 주제를 파악할 것

② 작품의 시대적·사회적 배경 등을 정리할 것

③ 작품과 관련된 자신의 생각이나 체험의 공통점을 감상문에 나타낼 것

④ 자신의 경험이나 생각과 다른 점도 나타낸다.

⑤ 글쓰기 형식은 자유지만 대강의 구상(들어가는 말, 중심부분, 끝맺는 말) 등을 세워둘 것

6) 책에 대한 선생님의 질문을 통한 이해력 강화

 - 주인공은 누구인가

 - 주인공에 대한 생각은

 - 어떤 장면이 인상적이었는가

 - 배울 점은 무엇인가

 - 책을 읽고 무슨 생각을 했나

 - 당신이 주인공이라면 어떻게 했을 것인가

 - 당신이 작가라면 뒷이야기를 어떻게 이끌어나갈 것인가

 - 책 속의 인물 중 어떤 인물에 끌렸는가? 왜?

7) 독서 감상문의 예

■ 달콤한 유혹을 이기면 눈부신 성공이 맞이한다 〈마시멜로 이야기〉를 읽고

〈마시멜로 이야기〉, 이 책은 친구의 추천을 받아 예전부터 찾았던 책인데, 이제야 읽게 되었다. 우선 이 책을 추천해주었던 친구에게 너무너무 고마운 마음이 든다.

독후감은 줄거리와 느낀 점을 결합하여 써야 한다는 것은 알지만, 이 마시멜로에는 뺄 수 있는 이야기가 단 하나도 없다. 친구가 나에게 이 책을 추천해 주었던 것처럼 이 이야기를 아직 읽어보지 못한 모든 사람들에게 전달해주고 싶은 마음이 간절하다.

나도 어렸을 때 마시멜로를 먹어 본 적이 있다. 처음 먹어본 마시멜로는 이름만큼이나 달콤하고 부드럽고, 정말 잊을 수 없는 맛이었다. 물론 이 책에서 말하는 마시멜로는 간식으로 먹는 마시멜로는 아니지만, 결과는 내가 먹게 되는 것이고, 순간의 달콤함을 주는 마시멜로이며, 다를 것이 없다고 생각된다.

글의 처음 시작은 개구리 세 마리의 등장과 함께 시작되었다. 그리고 나에게 질문을 던졌다. "햇살 뜨거운 어느 여름날 오후, 세 마리의 개구리가 나뭇잎에 올라탄 채 유유히 강물에 떠내려가고 있었는데, 한 마리의 개구리가 결심했다는 듯 단호하게 '너무 더워, 난 물속으로 뛰어들테야'라고 말했다. 자, 이제 나뭇잎에는 몇 마리의 개구리가 남았을까?"

이 질문을 받은 나는 '당연히 두 마리 아닌가?' 하고 생각했다. 그러나 정답은 두 마리가 아닌 세 마리였다. 이 책에서 말하기를 뛰어들겠다는 '결심'과 정말 뛰어드는 '실천'은 전혀 다른 차원이라는 것이다. 정말 그렇다. 이제껏 수많은 결심을 해왔지만 실천으로 나아간 결심은 극소수였다. 이것이 '결심'과 '실천'은 다른 것이라는 것을 증명해주고 있다. 만약 결심과 실천이 같았다면, 나는 모든 결심을 했을 것이고, 결심과 실천의 수도 같았을 것이기 때문이다.

책 한 장에 담겨 있는 지혜에 감탄하며 새로운 빛을 알려줄 다음 이야기를 기대하며 읽어 내려 가기 시작했다.

첫 번째 이야기의 제목은 -당신의 '오늘'을 특별한 '내일'로 만들어라-였다. 나의 오늘을 특별한 내일로…? 나는 처음에 이 말이 무슨 뜻인가 곰곰이 생각했다. 그러나 왠지 짐작이 가지 않았고, 무슨 이야기가 나올까 궁금해 하며 다시 책으로 시선을 고정시켰다.

모든 이야기는 성공한 사장인 '조나단'과 그의 리무진 운전기사 '찰리'의 대화로써 진행되어 갔는데, 글에서 조나단은 노력이라고는 조금도 하지 않는 찰리의 모습에 실망하며 '마시멜로 이야기'를 하기 시작했다. 그때 찰리는 햄버거를 먹고 있었는데 조나단은 이런 찰리에게 말했다.

“물론 내가 자네에게 점심식사를 함께 하자고 미리 알렸다면, 자네는 아마 햄버거라는 ‘마시멜로’를 먹지 않고 기다렸겠지. 하지만 찰리, 이는 결과론적인 이야기에 불과하다네. 중요한 건 눈 앞에 펼쳐진 작은 만족과 유혹을 참고 견디면 언젠가 그 보상이 반드시 돌아온다는 굳건한 믿음을 갖는 자세일세. 정해진 날짜, 정해진 장소가 아니더라도 언젠가 반드시 ‘성공’의 결실이 돌아온다는 신념을 가진 사람만이 지금 당장의 작은 만족을 큰 성공으로 만들어 갈 줄 안다는 뜻이네.”

이글을 읽고 난 후, 나는 ‘아! 그런 뜻이었구나!’하며 ‘성공의 결실’에 대해 생각해 보았다. 그리고 한참을 생각해 보니 나는 지금 당장의 작은 만족을 더 즐기지는 않았나 하는 생각과 동시에 조나단의 말대로 ‘성공’을 바란다면 지금 당장의 작은 만족보다는 나중의 큰 성공이 더 값진 것이 아닌가 하는 생각이 들었다.

그 다음 차례를 읽어보니 – 눈부신 유혹을 이기면 눈부신 성공을 맞이하리라– 라는 말이 써 있었다. 나는 이미 앞에서 ‘마시멜로의 유혹’에 대해 읽은지라 눈부신 유혹과 눈부신 성공의 관계에 대해 알고 있었다. 그리고 조나단은 정말 대단한 사람이라는 것은 이 차례에서부터 느끼게 되었다.

찰리는 학창시절, 능력이 안 되지만 학업보다는 아르바이트를 열심히 함으로써 멋진 차를 사고, 여자 친구들과 신나게 놀았다. 반면에 조나단은 찰리와 마찬가지로 놀고 싶었지만, 내일의 눈부신 성공을 위해서 시간과 돈을 저축하고 있었다. 그 결과, 학업을 모두 마친 후, 찰리에게는 아무 것도 남아 있는 것이 없었지만, 조나단에게는 여기저기서 좋은 조건을 제시하며 손짓을 하는 회사들이 많았고, 자신이 선택한 회사에서는 자동차도 제공해 주었으며, 더불어 멋지고 세련된 여자들 중에서 사랑하는 사람도 만날 수 있었다고 한다. 그러면서 조나단은 찰리에게 이렇게 말한다.

“인생에서 오직 한번뿐인 청춘을 그 누가 마음껏 즐기고 싶지 않겠는가. 하지만 인생은 생각보다 훨씬 긴 여정일세. 나는 가장 유혹에 굴복하기 쉽고, 강렬한 매혹에 빠져들 수 있는 시절에, 마시멜로를 먹지 않고 꾹 참고 있었네. 당장 눈앞의 욕구보다 더 많은 것을 성취하기 위해 자신의 가장 눈부신 시절을 기꺼이 견딘 사람이 바로 청춘을 가장 성공적으로 보낸 사람이 아니겠는가?”

이 말은 지금 나에게 큰 희망과 꿈을 안겨 주었다. 놀고 싶은 욕구가 생길 때가 수없이 많은데, 그 순간을 견디면 나의 미래는 꽃으로 장식될 생각을 하니 기뻤다. 그리고 또 다른 이야기를 읽어 나가기 시작했다.

이 이야기는 정말 꼭 들려주고 싶은 이야기다. 제목은 〈해가 뜨면 달려라〉이다. 나는 제목에서부터 왠지 모를 감동에 휩싸였다. 그 감동에 감동을 더해 줄 내용은 아래와 같다.

"아프리카에서는 매일 아침 가젤이 잠에서 깬다. 가젤은 가장 빠른 사자보다 더 빨리 달리지 않으면 죽는다는 사실을 알고 있다. 그래서 그는 자신의 온 힘을 다해 달린다. 아프리카에서는 매일 아침 사자가 잠에서 깬다. 사자는 가젤을 앞지르지 못하면 굶어죽는다는 사실을 알고 있다. 그래서 그는 자신의 온 힘을 다해 달린다.

네가 사자이든, 가젤이든 마찬가지다. 해가 떠오르면 달려야 한다."

정말 감동을 주는 이야기가 아닌가. 깨달음을 주는 이야기가 아닌가.

"해가 뜨면 달려라" 그리고 조난단은 덧붙여 이렇게 말한다.

"물론 해가 졌다고 해서 달리기를 멈추라는 뜻을 아닐세."

하고 말한다. 결국은 성공을 위해 쉴새없이 달리라는 말이다. 눈을 뜨면서부터 나의 하루는 시작되는 것이고, 이 하루가 나의 희망찬 미래를 만들어나가는 동력원이 되는 것이다. 그러면서 이야기에 점점 빨려 들어가고 있는 나에게 말한다.

"사람은 누구나 시시때때로 마시멜로를 일찍 먹어치운다는 사실을 알아두었으면 좋겠어. 한번쯤 잘못되더라도 자기 자신을 너무 책망하지 말라는 거야."

라고. 그리고 찰리는 나 대신 대답을 한다.

"더 이상 '만일'이라는 단어에 구애 받지 않아요. 그 대신 '어떻게'에 집중하고 있답니다."

라고.

〈마시멜로 이야기〉라는 짧은 책 속에는 지구를 몇 바퀴 돌고도 남을 것만 같은 매우 큰 감동과 희망과 행복이 들어 있다. 그래서 나는 이 책을 한시도 손에서 놓을 수 없었던 것 같다. 그리고 이를 내 생각과 곁들여 짧게 요약해 놓은 나의 이 글에는 내 감동과 행복과 희망이 들어 있는 것이다. 이 책은 정말 모든 사람이 읽었으면 좋겠다. 아직 읽지 않은 사람이라면, 그리고 내 글을 읽은 사람이라면 〈마시멜로 이야기〉를 꼭 찾아보았으면 좋겠다.

"무작정 참고 기다리는 것은 눈앞의 마시멜로를 먹어 치우는 것과 다르지 않다. 준비를 하느냐에 따라 결정된다."

8) 독서록 양식

날 짜			
책의 제목		지은이	
책의 종류		출판사	
책을 읽게 된 동기 (이유)			
줄거리			

<table>
<tr><td align="center">줄거리 속의 주인공의 성격</td></tr>
<tr><td></td></tr>
<tr><td align="center">주인공에게 배울 점</td></tr>
<tr><td></td></tr>
<tr><td align="center">내가 만약 주인공이라면</td></tr>
<tr><td></td></tr>
</table>

<table>
<tr><td align="center">재미있었던 장면</td></tr>
<tr><td>

</td></tr>
<tr><td align="center">다른 사람에게 권하고 싶은 이유</td></tr>
<tr><td>

</td></tr>
<tr><td align="center">책을 읽고 느낀 점</td></tr>
<tr><td>

</td></tr>
</table>

족보와 친족가계표

1) 족보(族譜)란 무엇인가

본관(本貫, 또는 本鄕)을 단위로 같은 씨족의 혈연 관계를 알기 쉽게 체계적으로 수록한 것으로 한 가문의 역사를 표시하고 가계(家系)의 연속을 나타내는 보책(譜册)을 말한다.

(1) 본관(本貫)

성씨(姓氏)의 시조(始祖)가 출생한 땅을 본관 또는 관향(貫鄕)이라고 한다.

많은 이씨(李氏) 중에는 전주 이씨, 평창 이씨, 여주 이씨, 전의 이씨 등이 있는데, 전주, 평창, 여주, 경주, 전의가 본관이다. 많은 김씨(金氏) 중에는 의성 김씨, 경주 김씨, 강릉 김씨, 청풍 김씨, 김해 김씨, 안동 김씨 등이 있는데, 의성, 경주, 강릉, 청풍, 김해, 안동의 지명이 본관 또는 관향이 된다.

(2) 중시조(中始祖)

시조(始祖) 이후 쇠퇴한 가문을 일으켜 세운 조상 중에서, 모든 종중(宗中)의 공론에 따라 정해 추존(追尊)한 사람이다.

(3) 파(派)

종파란 지파에 대한 종가의 계통을 말하며, 종파로부터 자기가 갈려 나온 계통을 파속(派屬)이라고 한다. 대체로 가문을 중흥시킨 중시조를 중심으로 파를 설정하며, 직함·시호(諡號)·아호·세거지명(世居地名)·봉군지명(封君之名) 등의 뒤에다 공(公)자를 붙여서 아래와 같이 파속을 결정하는 것이 통례이다.

> 예 ① 직함인 경우 : 좌의정공파, 판서공파, 정랑공파
> ② 시호인 경우 : 문정공파, 충정공파, 충무공파
> ③ 아호인 경우 : 청계공파, 휴은공파
> ④ 세거지명인 경우 : 개성공파, 경주공파
> ⑤ 봉군지명인 경우 : 계림군파, 김녕군파, 김해군파

2) 족보의 종류

(1) 대동보(大同譜)

같은 시조 밑의 중시조(中始祖)마다 각각 다른 본관을 가지고 있는 씨족 간에 종합 편찬된 족보이다. 즉 본관은 각각 다르지만 시조가 같은 여러 종족이 함께 통합해서 만든 보책이다.

(2) 족보(族譜)

본관을 단위로 같은 씨족의 세계(世系)를 수록한 보첩으로, 한 가문의 역사를 표시하고 가계(家系)의 연속을 나타내는 보책이다.

(3) 세보(世譜)

한 종파(宗派) 이상이 동보(同譜)·합보(合普)로 편차되었거나, 어느 한 파속(派屬)만이 수록되었을 경우이며, 이를 세지(世誌)라고도 한다.

(5) 가승보(家乘譜)

본인을 중심으로 편찬하되, 시조로부터 시작하여 자기의 직계 존속(尊屬 : 자기의 윗대)과, 비속(卑屬 : 자기의 아랫대)에 이르기까지 이름자와 사적(事蹟)을 기록한 것으로 보첩 편찬의 기본이 되는 문헌이다.

3) 족보 보는 방법

① 족보를 보려면 먼저 내가 어느 파(派)에 속하는지를 알아야 한다. 만일 파를 알지 못하면 조상이 어느 지역에 살았고, 그 지방에 어떤 파가 살았는지를 알아야 한다. 그래도 파를 모를 때는 부득이 씨족 전체가 수록되어 있는 족보를 일일이 뒤적여 확인하는 방법 이외에 도리가 없다.

② 둘째, 시조로부터 몇 세(世)인지를 알아야 한다. 족보는 가로로 단을 갈라서 같은 세대에 속하는 자손을 배열하였기 때문에 자신이 속한 단을 찾아보면 된다. 만일 자신이 몇 세(世)인지를 모르면, 항렬자를 세수로 헤아려 보면 된다.

③ 셋째, 같은 항렬에 속한 대에서 자신의 이름을 찾으면 된다. 간혹 집에서 부르는 이름에 항렬자를 넣지 않더라도 족보에 실을 때는 항렬자를 넣은 이름을 싣는 관례가 있기 때문에 주의해서 볼 필요가 있다.

4) 이름과 항렬

우리나라 사람들은 대체로 이름에 돌림자를 가지고 있다. 형제들은 형제들대로, 아버지의 형제나 할아버지의 형제는 또 그들대로 이름자 속에 돌림자를 가지고 있다. 그래서 어떤 사람의 성명 석자를 보면 그가 그 씨족의 어느 세대에 속하는가를 짐작할 수 있도록 되어 있다.

항렬이란 같은 혈족 사이에 세계(世系)의 위치를 분명히 하기 위한 문중율법(門中律法)이며, 항렬자란 이름자 중에 한 글자를 공통적으로 사용하여 같은 혈족, 같은 세대임을 나타내는 것으로 돌림자라고도 한다.

사람들은 자기 윗대나 아랫대의 항렬자 정도는 상식으로 알고 있어야 한다. 동성동본인 경우, 성명만 들어도 그와 어떤 관계인지를 알 수 있으며, 촌수를 따져 볼 수도 있다.

항렬은 장손(종손) 계통일수록 낮고, 지손 계통일수록 높다. 지금도 집안에 따라서는 항렬을 나이에 우선하는 경우가 있다.

선조(先祖)들은 자손들의 항렬자와 배합법(配合法)을 관례로 미리 정해 놓고, 후손들이 이것을 따르도록 하고 있다. 가문과 파마다 각기 다르지만 항렬자를 정하는 데도 일정한 원칙과 방법이 있다. 예를 들어 보면 다음과 같다.

(1) 십간(十干) 순으로 쓰는 경우

갑(甲) · 을(乙) · 병(丙) · 정(丁) · 무(戊) · 기(己) · 경(庚) · 신(辛) · 임(壬) · 계(癸)를 항렬자에 활용하는 경우이다.

> 예 한양 조씨(漢陽 趙氏)의 경우
> 鐘○ → ○元 → 炳○ → ○衡 → 城○ → ○熙 → 慶○ → ○新

(2) 십이지(十二支)에 의한 항렬자

자(子) · 축(丑) · 인(寅) · 묘(卯) · 진(辰) · 사(巳) · 오(午) · 미(未) · 신(申) · 유(酉) · 술(戌) · 해(亥)를 항렬자에 활용하는 경우

> 예 부평 이씨(富平 李氏)의 경우
> 學○ → ○秉 → 演○ → ○卿 → ○振 → 起○

(3) 숫자에 의한 항렬자

일(一) · 이(二) · 삼(三) · 사(四) · 오(五) · 육(六) · 칠(七) · 팔(八)을 항렬자에 활용하는 경우이다.

> 예 안동 권씨(安東 權氏)의 경우
> 丙○ → 彝○ → 泰○ → 寧○ → 五○ → 赫○ → 純○ → 容○

(4) 오행(五行)에 의한 항렬자

금(金)·수(水)·목(木)·화(火)·토(土)의 변을 사용하여 항렬자를 정한 경우이다.

> 예 진주 강씨(晋州 姜氏)의 경우는 몇 가지가 있다. 그 중에 오행을 이용하는 경우도 있다.
> ○源 → ○東 → 炳○ → 圭○ → ○鈺 → ○淳 → ○根 → ○烘

5) 촌수와 호칭

촌수(寸數)라 함은 자기와 혈족 간의 관계를 수로 나타낸 것이다. 부부지간(夫婦之間)은 무촌(無寸)이고 부자지간(父子之間)은 1촌이며, 형제지간(兄弟之間)은 2촌이다.

친인척간의 호칭을 아는 것은 사회 생활을 하는 데 상식이다. 친족 관계를 도표화하여 소개하기로 한다.

(1) 친족 계보표

① 당내(堂內)란 유복지친(有服之親) 즉, 복을 입을 수 있는 촌수(寸數)인 팔촌(八寸)까지를 말한다.

② 종손(宗孫)은 종손(從孫)과 달리 종가(宗家)의 직계 장손(長孫)을 말한다.

③ 외가붙이의 호칭은 외(外)+○○ → 예 외당숙(外堂叔), 외종조부(外從祖父)

④ 내외종간(內外從間) → 관계가 외종(外從)과 내종(內從) 사이.

⑤ 이종간(姨從間) → 관계가 각각 이종(姨從) 사이.

⑥ 진외가(陳外家) → 아버지의 외가

⑦ 자매(姉妹)의 남편 → 자형(姉兄), 매부(妹夫) 혹은 매제(妹弟)

⑧ 형제(兄弟)의 아내 → 형수(兄嫂), 제수(弟嫂) 혹은 계수(季嫂)

⑨ '伯'은 '맏이 백'자로서 伯父는 큰아버지

(2) 처가계

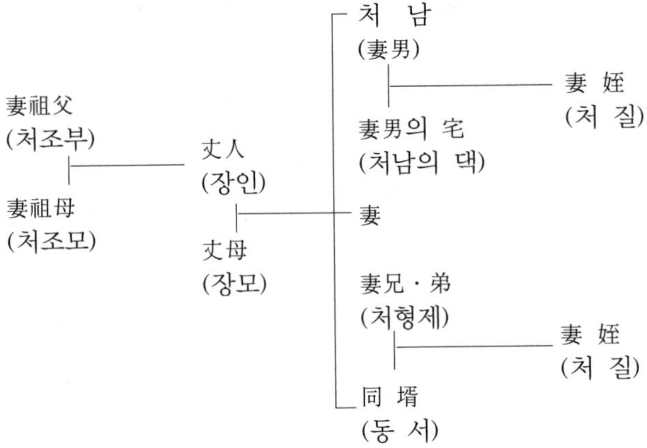

① 처가측의 호칭은 처+○ → 예 : 처조모, 처외종조부
② 혹자는 자기의 장인을 빙장(聘丈)이라 하기도 하는데, 빙장이란 말은 원래 남의 장인
   을 존칭하는 말이다. 그리고 장인, 장모를 직접 아버지, 어머니라 하는 사람도 있으나,
   이것도 원래의 습관에서는 허용되지 않는 말이다.

3) 친정계 … 자기 = 여자

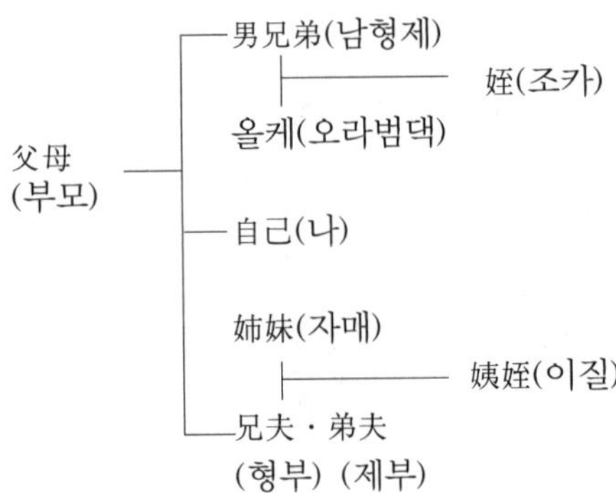

4) 시가계

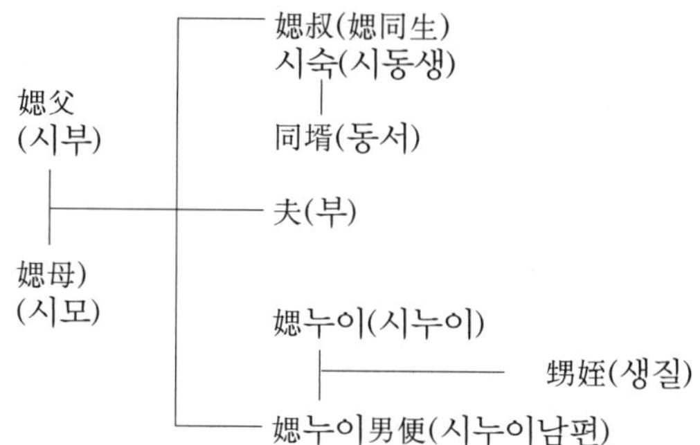

① 시가 계통에는 시(媤)+○ → 예 : 시조모(媤祖母), 시삼촌(媤三寸)
② 남편의 형님을 '아주버님'이라 부르며, 취처(娶妻)한 시동생도 '아주버님', 손위 시누이는 '형님', 손아래 시누이는 '시누이'라고 부른다. 아직 미혼인 시동생은 '도련님'이라고 부른다.

9. 예문(禮文)

1) 단자(單子)와 봉투(封套)

단자란 축하나 위로를 하기 위해 보내는 물품 목록을 적은 종이를 말한다. 그 대표적인 것이 결혼 축하나 회갑연, 問喪(문상) 등이다.

봉투는 우편 봉투가 아닌 백봉투를 준비하는 것이 좋다.

① 결혼식(結婚式)

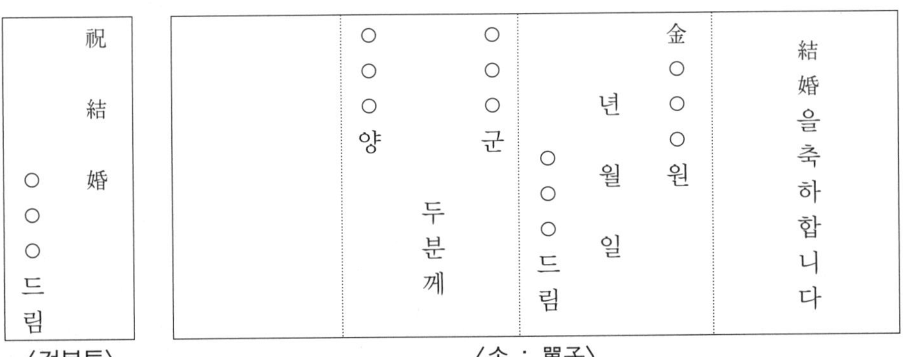

결혼식 봉투의 경우, '祝 結婚(축 결혼)' '祝 華婚(축 화혼)' '祝 華燭(축 화촉)' 등으로 쓰고, 순수한 우리말로 '결혼을 축하드립니다'라고 써도 무방하다.

② 회갑연(回甲宴)

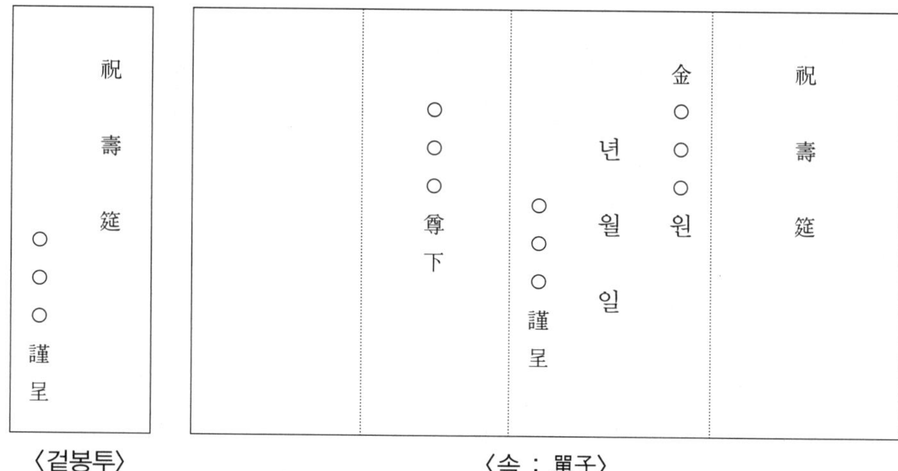

'祝 壽宴(축 수연)' '祝 壽筵(축 수연)' '祝 禧筵(축 희연)' 등의 문구를 쓴다.

③ 문상(問喪)

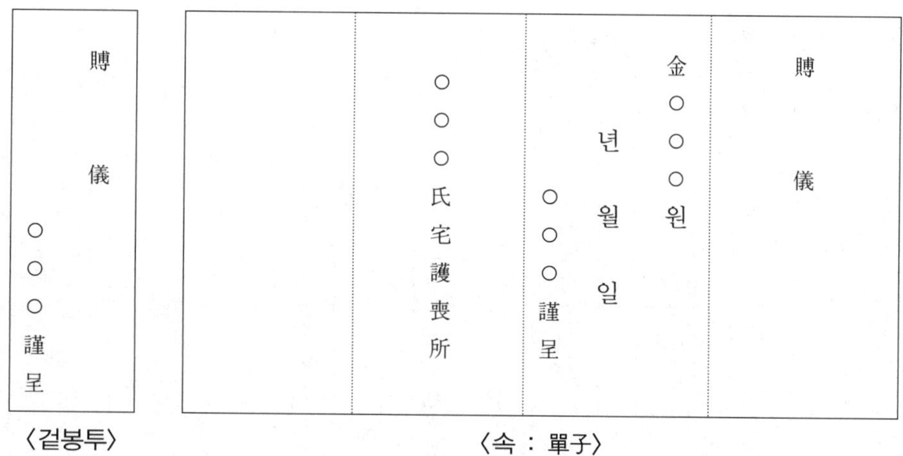

문상의 경우, '賻儀(부의)' '謹弔(근조)' '弔賻(조부)' 등의 문구를 쓴다.

2) 혼례(婚禮)의 사성(四星)과 혼서지(婚書紙)

① 사성(四星)

신랑의 생년월일시(生年月日時)를 적어 보내는 것을 '사성(四星) 보낸다'고 한다. 사성을 보내는 것은 오늘날 약혼의 의식과 같다.

▸ 봉투와 내용

堤川 新月洞 高生員宅下執事　入納	四星記 癸亥年四月初八日寅時生
(봉투의 예)	(사성 내용 : 1983년 생의 예)

② 혼서지(婚書紙)

▸ 봉투와 내용

謹再拜 高生員尊親家　下執事	時惟孟春 尊體百福僕之長子○○年旣長成 未有伉儷　伏蒙 尊慈許以令愛貺室茲有先人之禮 謹行納幣之儀不備伏惟 尊照　謹拜上狀 年　月　日 濟州從人高○○謹再拜
(봉투의 예)	(혼서지 내용)

▶ 혼서지의 대강 내용

> 때는 바야흐로 새봄입니다.
>
> 　존체 온갖 복이 함께 하시옵소서. 저의 맏아들 ○○가 이미 장성하였으나 아직 배필이 없었는데, 큰 인자하심을 베풀어 따님을 제 자식의 아내로 맞이하도록 허락하셨습니다.
>
> 　이에 선인들의 예를 좇아서 삼가 납폐의 의식을 행하옵니다. 바라건대 살펴주옵소서. 삼가 절하며 이 글을 올립니다.
>
> 년　　　월　　　일
>
> 제주 후인　　　고 ○ ○ 삼가 두 번 절하옵니다.

*납폐(納幣) : 혼인 때, 신랑 집에서 신부 집으로 예물을 보내는 일. 그 예물은 흔히, 붉은 비단과 푸른 비단을 보낸다.

3) 제사 때 쓰는 지방(紙榜)·축문(祝文)

지방의 예 (세로쓰기, 오른쪽에서 왼쪽으로):

顯考學生府君神位　　顯妣孺人濟州高氏神位

(지방의 예)

부모님 제사 축문의 예 (세로쓰기, 오른쪽에서 왼쪽으로):

維歲次干支某月干支朔某日干支
孤哀子○○　敢照告于
顯考學生府君
顯妣孺人濟州高氏
歲序遷易諱日復臨
追遠感時昊天罔極謹以
清酌庶羞恭伸奠獻尚
饗

(부모님 제사 축문의 예)

① 지방(紙榜)

신주(神主) 대신에 사용한다. 깨끗한 한지에 쓴다. 사진으로 대신해도 된다. 형식은 지역에 따라 조금씩 다를 수도 있다.

주) 考 : 돌아가신 아버님

　　　예 祖考(조고), 曾祖考(증조고), 高祖考(고조고)

　妣 : 돌아가신 어머님

　　　예 祖妣(조비), 曾祖妣(증조비), 高祖妣(고조비)

　學生 : 공부하는 사람에 대한 통칭. 관직이나 직함이 있으면 그것을 쓴다.

　　　예 처사(處士), 진사(進士), 校長(교장), 長官(장관) 등

　孺人 : 원래 하급 관료의 부인을 일컫는 말이다. 오늘날은 직함을 대신 사용해도 된다.

② 축문(祝文)

초헌(初獻)을 올린 다음 축문을 읽는다.

주) 孤子 : 아버님을 여읜 자식.

　哀子 : 어머님을 여읜 자식.

　孤哀子 : 부모님을 여읜 자식

- 조부모님 이상인 경우 '昊天罔極(호천망극)'을 →'不勝永慕(불승영모)'로 바꾸고 '孤哀子(고애자)'를 →'承胄孫(승주손)'으로 바꾼다.
- 제사 지내는 대상이 여자일 경우 '謹以(근이)'를 →'玆以(자이)'로 바꾼다.

❑ 위에 예로 든 한문으로 된 축문의 대강 뜻

> 某년 某월 某일 부모님을 여읜 홀로 된 자식 ○○가 감히 밝히어 아뢰옵니다.
>
> 아버님은 평생 학문에 뜻을 두신 분이며, 어머님은 제주 고씨이시옵니다.
>
> 세월이 바뀌고 시간이 흘러 어느덧 아버님께서 돌아가신 날이 다시 돌아왔습니다.
>
> 생전에 저희를 사랑하시던 모습을 돌이켜 생각함에 그 은혜가 하늘만큼 넓고 커서 그 끝을 헤아릴 수가 없습니다.
>
> 맑은 술 한 잔과 보잘것없는 음식을 영전에 올리옵나이다.
>
> 부디 음향하시옵소서.

❑ 국문으로 쓴 현대 축문

> 년   월   일
>
> 아들(또는 손자) ○○는
>
> 아버님(또는 할아버지) 신위 전에 삼가 고하나이다.
>
> 아버님(또는 할아버지)께서 별세하시던 날을 다시 당하오니 추모의 정을 금할 수 없습니다.
>
> 이에 간소한 제수를 드리오니 강림하시와 음향하옵소서.

통지문

통지문이란 결혼, 환갑, 각종 모임, 이전 개업 등을 널리 알리는 글이다. 인사나 안부보다는 용건이 중요한 글이므로 용건에 치중해서 쓰는 것이 일반적이다. 그러므로 간단명료하게 써야 올바른 통지문이라 할 수 있다.

〈보기 1〉

인사드립니다

항상 베풀어주신 은혜에 감사드립니다.

지난 5월 11일 子 婚禮時에 자리를 빛내 주시고 祝賀와 厚意를 베풀어주신 데 대하여 진심으로 감사드립니다.

宜當 찾아뵙고 人事드리는 것이 道理이오나 우선 紙面으로 인사드림을 寬容하여 주시옵기 바랍니다.

내내 健康하시고 宅內 平安과 幸運이 충만하시기를 祈願드리며 不備禮하나이다.

2010년 5월 25일

김태식 拜上

<보기 2>

정기 산행 안내

세상은 만물이 소생하는 기운으로 가득합니다. 회원 여러분의 건승을 기원합니다.
금번 춘계 산행 계획이 잡혀 아래와 같이 알려 드립니다.

- 산행장소 : 소백산(1439m)
- 산행코스 : 희방사 → 제2연화봉 → 제1연화봉 → 비로봉 → 다리안폭포
- 집결지 : 제천역 광장
- 때 : 2010년 5월 3일(일요일) 오전 7시 30분
- 준비물 : 도시락 및 간식, 긴 옷, 물통 기타
- 회비 : 10,000원
- 연락처 : 총무 박대원 010-649-1234
*개별적으로 오실 분은 당일 오전 10시까지 풍기 희방사 입구 가람상회로!

이번 산행은 졸업한 선배님들과 함께 하는 산행이오니, 회원 여러분의 많은 참여 부탁
드립니다.

2010년 4월 23일
대원대학 등산동아리 산울림 회 장 김 건 모

<보기 3>

제례하옵고,
저희 (주)대원산업이 다음과 같은 주소로 확장 이전하였기에 알려드립니다.

서울특별시 종로구 삼청동 1번지 충화대 빌딩 3층
전화 : 768-1234~8
팩스 : 768-1243~6
http://www.daewon.co.kr

2010년 8월 15일
(주) 대원산업
대표 권 대 준

통지문은 어떻게 쓰는가?

① 정해진 예문을 적극 활용한다.
② 통지할 사항에 대한 시간과 장소를 정확히 기재한다.
③ 통지자의 연락처를 정확히 기재한다.
④ 공적이거나 상업적인 통지서는 금액, 상품의 수량 등을 정확히 기재한다.
⑤ 통지문의 발송은 시간적 여유를 두고 해야 한다.

┃ 과제 ┃

1. 고등학교 반창회의 개최 알림문을 만들어 보자.

2. 자신의 결혼식을 가정하고 청첩장을 만들어 보자(청첩인에 주의).

3. 학과 과제 작품전 초대장을 만들어 보자.

11. 공용문

1) 공용문의 특성

공용문(公用文)은 공문서와 공식서로 나누어 볼 수 있다. 공문서(公文書)란 국가나 공공단체의 소속원이나 일반 조직체 구성원들이 그 직무상 의사 표시를 한 문서를 말한다. 그리고 공식서(公式書)란 사회 생활에 있어 규범적으로 약속된 일반적으로 통용되는 문서를 의미한다.

2) 공문서의 종류

① 명령서(命令書) : 당직·출장·퇴근 등의 복무에 관한 일일명령이며 각 행정기관과 보존 기관별로 일련번호를 부여하여 작성된다.

② 훈령(訓令) : 상급기관이 하급관청에 대하여 행정 운영상의 목적, 방침 및 계획에 관한 지침을 하기 위해 작성된다.

③ 지시(指示) : 상급기관이 직권 또는 하급기관의 문의에 의하여 하급기관에 개별적·구체적으로 발하는 명령

④ 상서(賞書) : 행정기관의 장 또는 보조기관 상호간에 사용되는 조언 홍보사항을 전달하는 문서

⑤ 협조전(協助傳) : 기관장이 지정하는 사항에 관하여 보조기관 상호간의 의견 교환 및
　　　　　　　　　　협조로 얻는 통신문
⑥ 발령(發令) : 개인 신상에 관한 사항으로서, 임명 · 승진 · 보직 등에 관한 명령
⑦ 고시(告示) : 일정한 사항을 일반인에게 알리는 문서로서, 그 내용의 효력이 단기적이
　　　　　　　거나 일시적인 것
⑧ 회보(回報) : 행정기관의 장이 소속 공무원 또는 하급기관에 업무연락 · 통보 등 일정
　　　　　　　한 사항을 알리기 위한 경우에 사용하는 문서
⑨ 보고서(報告書) : 특정한 사안에 관한 현황 또는 연구 · 검토 결과 등을 보고하거나
　　　　　　　　건의하고자 할 때 작성하는 문서

3) 공문 작성 시 유의사항

① 정확성
- 6하의 원칙에 의하여 작성한다.
- 애매한 표현이나 과장된 표현을 피한다.

② 신속성
- 문장을 짧게 끊어서 쓴다.
- 가급적 먼저 결론을 쓰고, 그 다음에 이유 또는 설명을 쓴다.

③ 용이성(쉬운 글)
- 읽기 쉽고 알기 쉬운 말로 쓴다.
- 한자나 어려운 전문용어는 피한다.
- 받는 사람의 이해력과 독해력을 고려하여 쓴다.
- 다루기 쉽게 1건 1매 주의로 한다.

④ 경제성
- 일상 반복적인 업무는 표준 기안문 제도를 활용한다.

- 용지의 규격 · 지질을 표준화한다.
- 서식을 통일한다.
- 문자를 부호화하여 활용한다.

▸ 기안문

새로 일을 시행함에 있어 그 안(案)을 상급자에게 글로 적어 결재를 얻는 것을 말한다. 군더더기 없이 내용만을 정확히 전달할 수 있도록 작성한다.

〈보기〉

<table>
<tr><td colspan="2" align="center">기 안 지</td></tr>
<tr><td colspan="2">문서번호 : 5-16
보존기한 : 6개월
기안일자 : 2010. 5. 10
기안부서 : 총무부
지시사항 :
기안자 : 박대원
수신 : 품의
제목 : 체육대회에 사용할 앰프 대여금 지불에 관한 건</td></tr>
<tr><td colspan="2">　　총무부에서는 체육대회의 활기찬 응원을 위해 아래와 같이 앰프를 대여하고자 하오니 결재해 주시기 바랍니다.

　　　　　　　　　　- 아　래 -
1. 내　용 : 노래방 기계 및 앰프
2. 거래처 : 또와요 노래방
3. 금　액 : 십오만 원정(150,000원정)</td></tr>
</table>

▌과제▐

1. 수련회를 가기 위한 행정 공문과 경비를 청구하는 기안지를 작성해 보자.

계약서

계약이란 사법상의 일정한 법률 효과의 발생을 목적으로 하는 2인 이상의 당사자의 의사 표시의 합치로써 이루어지는 법률 행위이다. 이런 계약이 성립될 때 그 증거로 남기기 위하여 작성하는 것이 계약서이다. 그러므로 그 작성 시기는 계약을 체결하였을 때이다.

〈보기〉

월 세 계 약 서

부동산의 표시
소재지 : 충북 제천시 신월동 234번지
구　조 : 블럭 및 기와
용　도 : 주택
면　적 : 방 1칸
월세 보증금 : 금 오백만원정(5,000,000)
월세 금액 : 금 이십만원정(200,000)
제1조 위 부동산의 임대인과 임차인 합의 하에 아래와 같이 계약함
제2조 위 부동산의 임대차에 있어 임차인은 보증금을 아래와 같이 지불키로 함. 계약금
　　　오십만원정은 계약시 지불하고 잔금 사백오십만원정은 2010년 4월 25일 중개업자
　　　입회 하에 지불함

제3조 이 부동산의 명도는 2010년 4월 25일로 함

제4조 임대차 기간은 2010년 4월 25일로부터 만 24개월로 함

제5조 월세 금액은 매월 25일에 지불키로 하되 만일 기일에 지불치 못하면 보증금액에서
　　　공제키로 함

제6조 임차인은 임대인의 승인 하에 개축 또는 변조할 수 있으나 계약 대상물 명도시에서
　　　는 임차인이 일체 비용을 부담하여 원상복구하여야 함

제7조 중개 수수료는 부동산 중개업법 제20조 규정에 의한 금액을 계약시 50%, 잔금 지급
　　　시 50%를 임대차 쌍방이 지불키로 함

제8조 본 계약을 임대인이 위약시는 계약금의 배액을 변상하며 임차인이 위약시는 계약
　　　금은 무효로 하고 반환을 청구할 수 없음

　위 계약 조건을 확실히 하고 후일에 증하기 위하여 본 계약서를 작성하고 각 1통씩
보관한다.

　　　　　임대인 주소 : 충북 제천시 신월동 234번지
　　　　　　　　　성명　지 주 업 (인)
　　　　　임차인 주소 : 충북 충주시 교현동 567번지
　　　　　　　　　성명　김 한 수 (인)
　　　　　중개업자 주소 : 충북 제천시 청전동 890번지
　　　　　　　　　성명　나 중 개 (인)

❑ 계약서는 어떻게 쓰는가?

① 계약서의 형식은 자유이다. 일반적으로 시중에 판매되는 계약서나 부동산 중개인들
　이 인쇄한 계약서가 있는데, 용지나 기재 사항의 순서는 문제가 되지 않는다.

② 계약 당사자가 표시되어 있어야 한다. 계약이 성립되려면 쌍방이 드러나야 한다. 혼
　자 하는 계약은 없기 때문이다. 도장 찍기 전에 다시 한 번 계약서의 내용을 꼼꼼히
　검토한다.

③ 대금을 표시해야 한다. 매매 대금, 계약금, 중도금, 잔액과 그 지불 방법과 시기가
　구체적이고 자세하게 드러나야 한다.

④ 계약을 완성하고도 그에 관련된 특별 약속이라든가 예외 조건 사항 등을 명확히 기재
해 야 한다.

▌ 과제 ▌

1. 하숙집 또는 자취방을 얻었다고 가정하고 계약서를 작성해 보자.

13. 합의서

손해 배상의 해결방안은 소송이나 합의의 두 가지 방법이 있다. 이 가운데 합의라는 것은 가해자와 피해자가 말로써 화해하여 해결하는 방법이다. 합의는 시간과 비용이 절감되며 비교적 용이하게 사건을 해결할 수 있으므로 많이 쓰인다. 특히 교통사고의 경우 그러한데 일단 합의가 성립되면 원칙적으로 이에 구속되므로 신중하게 결정할 필요가 있다.

〈보기〉

합　의　서

갑 :
피해자 주소 : 제천시 청전동 주공아파트 25동 1212호
성　명 : 도 소 기

을 :
가해자 주소 : 제천시 신백동 극동아파트 13동 206호
성　명 : 차 난 포

　2010년 3월 28일 오후 11시 40분 경 중앙시장 입구에서 을 소유 충북33 가1234호 차량이 야기한 교통사고로 인하여 갑이 피해를 입은 데 대하여 갑은 을 또는 을의 대리인 태양 자동차 보험(주) 회사로부터 다음 금액을 손해배상금으로 확실히 수령하고 상호 원만히 합의하였으므로

이후 이에 관하여 일체의 권리를 포기하며 여하한 사유가 있어도 민형사상의 소송이나 이의를
제기하지 아니할 것을 확약하고 후일의 증거로서 이 합의서에 서명 날인한다.

수령 금액 : 금 오백만원정(5,000,000)
치료비 : 1,200,000원
휴업 손해 : 2,000,000원
위자료 및 기타 : 1,800,000원

2010년 4월 16일
위 피해자 : 도 소 기 (인)
위 가해자 : 차 난 포 (인)　　(또는 대리인)
입회인 주소 : 제천시 봉양읍 내토리 25번지
성명 : 나 중 개 (인)

❑ 합의서는 어떻게 쓸 것인가?

합의서는 특별하게 정해진 서식이 있는 것은 아니다. 그러나 무엇을 어떻게 결정했는지
확실하게 할 필요가 있다. 예를 들어 배상은 누가 누구에게 얼마를 했는가를 확실하게 써야
하며 당사자의 주소, 성명, 사고 발생 시간과 장소, 사고 내용, 피해 상황, 합의의 내용,
조건, 지불 방법, 합의 성립 연월일 등의 6개 항목과 함께 "이후 이에 관하여 일체 권리를
포기하고 민형사상의 소송이나 이의를 제기하지 아니 한다"를 반드시 넣어야 후에 야기될
지도 모르는 분쟁을 막을 수 있다.

14. 경위서

경위서는 시말서(始末書)라고도 한다. 실수나 잘못으로 인하여 회사나 집단에 손해를 입혔을 때 쓰는 문서이다. 이는 일을 잘못한 사람이 그 일의 전말을 자세히 적은 문서로서 이 역시 따로 정해진 서식은 없고 1장의 백지에 발생한 일의 전말과 반성, 사죄의 뜻을 표하면 된다.

〈보기〉

경 위 서

소속 : 대명산업(주) 자재과
직위 : 대리
성명 : 전 대 호

    금번 본인은 2010년 5월 17일 신월중학교 운동장에서 개최된 불우이웃돕기 협력업체 바자회에서 물건을 판매하던 중 협력업체 중 하나인 피코실업의 사원과 사소한 말다툼 끝에 그에게 약간의 상처를 입혔습니다. 이는 협력업체와의 친선도모와 불우이웃돕기 바자회의 본래 의미를 망각한 행위로 바람직하지 못한 것이었습니다. 이러한 본인의 잘못으로 회사의 명예를 훼손시킨 것은 물론 협력업체와의 유대에도 다소나마 악영향을 미친 것을 깊이 반성하고 추후에는 이런 일이 없을 것을 서약하며 이에 경위서를 제출합니다.

2010년 5월 25일
작 성 자   전 대 호 (인)

❏ 경위서를 어떻게 쓰는가?

경위서는 간결하고 진심으로 사과하는 뜻만 담겨 있으면 되지만, 이 경위서가 사고의 경위를 보고하는 보고서가 될 경우에는 경과 설명을 자세하게 써야 한다.

사내에서 쓰는 경위서의 경우는 상관에게 제출하는데 실책에 대한 징계의 성격을 띠고 있기도 하다. 이는 징계, 면직, 감급 등의 벌칙이기도 하다. 회사 밖으로 가는 경위서도 수신인을 대상 회사의 책임 있는 사람 앞으로 하는 것이 좋다.

❚ 과제 ❚

1. 공을 차다가 학교 유리창을 깼다고 가정하고 그에 대한 책임을 지는 경위서를 써보자.

15

영수증 · 차용증

영수증이란 채권자가 채무자에게 돈을 받았음을 증명하기 위해 써주는 증서이다. 그 형식은 법률로 정해져 있는 것은 아니므로 자유롭게 작성할 수 있다. 아니면 편의상 정해진 몇 가지 서식을 문구점에서 구입해서 쓸 수도 있다.

차용증은 돈을 차용했음을 증명하는 서류로 두 통을 작성하여 돈을 빌려준 사람과 돈을 빌린 사람이 나눠 갖는 것이 좋다. 그렇게 함으로써 변조 가능성을 사전에 막을 수 있다.

〈보기 1〉

영 수 증

一金　　拾貳萬五千원 整(₩ 125,000)
위 金額을 마우스 대금으로 정히 영수함
2010년 5월 29일
삼보 컴퓨터(주) 제천 대리점
강 무 림 (인)

대 원 대 학
최 세 명 선생님 귀하

<보기 2>

차 용 증 서

　　귀하로부터 일금 칠백만 원정(₩7,000,000)을 월 10%의 이자로 차용하고 2011년 2월 25일까지 반환하겠습니다. 단 이자는 매월 25일에 지급하겠습니다.

2010년 4월 25일

차용인 : 충북 충주시 교현동 321번지　　하 나 도 (인)
연대보증인 : 충북 제천시 중앙로 1가 34번지　나 병 식 (인)

이 거 부 귀하

❑ 영수증·차용증 어떻게 쓸 것인가?

　이 영수증·차용증은 법적인 증거가 될 수 있는 것이므로 가능한 한 금액 표시, 영수 또는 차용 내역, 영수·차용인의 주소, 영수·차용인의 날인, 상대방의 표시, 연월일을 명백히 기입하는 것이 좋다. 내역이란 영수증의 경우 영수한 돈이 무슨 돈인가를 밝히는 것으로 원금인지, 이자인지, 물품 대금인지를 명확히 해야 한다.

　차용증의 경우는 차용 금액과 변제 기일, 이자 유무, 이자의 이율 및 지급 시기, 담보 내용 등이 들어 있어야 한다.

　금액 표시는 한글이나 한문으로 기재하는 것이 좋다.

　차용증의 경우, 이자 제한법의 제한 이자를 초과하는 이자를 약정했다 하더라도 소송에 의하여 받을 수 있는 이자는 이자 제한법 제한 범위 내로 감축된다는 사실을 알아둘 필요가 있다.

▌과제▐

1. 전세를 살다가 이사를 가기 위해 집주인에게서 전세비 중 200만원을 미리 받았다고 가정하고 영수증을 써보자.

인수증

인수증은 물건을 주고받았음을 확인하는 문서이다. 인수한 물건의 수량, 물건의 종류, 인수 문구, 인수인, 상대방의 표시, 연월일 등을 만일을 대비해 가급적 세밀하게 기재하는 것이 필요하다.

〈보기〉

인 수 증

삼보 컴퓨터TX-1300 본체 55대
샘트론 칼라 모니터 55대
세진 키보드 70개
휴렛패커드 스캐너 20대
위의 물품을 이상 없이 인수함

2010년 5월 26일
경보실업(주) 대표 김 영 균 (인)
두리시스템(주) 귀중

｜과제｜

1. 사무실 비품 일체를 인수했다고 가정하고 인수증을 써보자.

팩시밀리 문서

1) 팩시밀리 문서란?

팩시밀리는 전화를 통해 서류나 사진 등의 자료를 직접 전해 받을 수 있게 만든 편리한 기계이다. 이를 통한 문서의 전달과 전송이 아주 많아졌다.

팩스문이라고 해서 특별한 양식이 있는 것은 아니다. 단, 이 팩스문도 보관 정리해야 하는 서류라는 것을 감안해서 작성하도록 하자

〈보기〉

한 국 미 디 어 출 판 사
FACSIMILE MESSAGE

PAGE. 1/1

REF NO. :	DATE :
TO : 수신처 참조	
ATTN :	FROM : 한국미디어출판사

SUBJECT : 청소년 문학대상 관련 자료 협조 요청

　문화관광부에서 정부의 비행청소년 예방시책 추진과 관련하여 출판업계의 추진사례 및 청소년 문학대상 실시 계획을 다음과 같이 긴급 제출해 줄 것을 요청하였기에 통보하오니 2010. 6. 23(목) 오전 11:00까지 본 출판사 편집부로 작성, 제출하여 주시기 바랍니다.

- 다 음 -

1. 정부의 비행 청소년 예방시책 추진에 대한 추진 사례(실적)

추 진 실 적	적 용 시 기	비 고

- 청소년 도서 출간 현황
- 기타 예방 시책 위한 추진 사례

2.

추 진 실 적	적용예상시기	비 고

수신처 : 도서출판 조선원(주)　　대표이사　　참조 : 조환일 편집장
　　　　　도서출판 천산서당　　　대표이사　　　　　이봉경 편집차장
　　　　　계절 출판사　　　　　　대표이사　　　　　백무종 편집장
　　　　　백사 출판사　　　　　　사장　　　　　　　유상준 편집장

한국미디어 출판사　　　　　　　　　　　　TEL : 02) 787-1360~1
영등포구 여의도동 53번지 대원빌딩 5층　　FAX : 02) 787-1363
　　　　　　　　　　　　　　　　　　　　E-Mail : www.kormedia.co.kr

▌과제▌

1. 내가 다니는 회사의 창립기념 파티를 알리는 초대장을 약도와 함께 작성해서 팩스로
   보낸다고 가정하고 팩스문을 작성해보자.

제 V 장

생활한자

1. 한자의 형성원리

1) 한자의 전래

한자(漢字)는 약 5,000년 전에 만들어진 중국 문자이다. 한자가 언제 우리나라에 전래되었는지 정확히 알 수는 없으나, 삼국시대 이전인 고조선 때부터 이미 한자를 썼을 것으로 추측된다. 그 뒤 우리나라의 모든 기록은 한자에 의존하게 되었고, 세종대왕이 훈민정음(訓民正音)을 창제한 이후에도 그 사정은 별로 바뀌지 않았다. 그리하여 지금도 우리 생활에는 많은 한자어가 쓰이고 있다. 현재 사용하고 있는 우리말 어휘의 70% 정도가 한자어(漢字語)로 이루어져 있다. 신문과 같은 대중 매체들은 아직도 한자를 혼용하고 있다. 그런 까닭에 한자를 익히는 것은 여느 외국어를 배워 익히는 것과는 다른 의미를 가지고 있다.

이러한 사정은 동아시아 한자 문화권에 속하는 일본·베트남 등도 마찬가지다. 지구상에서 현재 한자가 통용되는 인구는 줄잡아 14억을 넘고 있다. 이는 세계 인구의 $\frac{1}{4}$에 해당하는 인구로, 영어권 인구 15억과 거의 맞먹는다.

우리나라에서 사회 생활을 하는 데 한자의 습득(習得)은 필수적이다. 한자를 모르면 뜻하지 않은 어려움에 봉착하기 때문이다. 그러나 한자는 배우고 익히기가 쉽지 않아서 오늘의 젊은 세대에게 한자(漢字)나 한문(漢文)은 거의 공포의 대상이다. 우리 선조(先祖)들은 한문을 배워 익히는 데 많은 시간을 할애하였다. 그 방법은 많이 읽고 외우는 것이었다.

그러나 한자는 나름대로 만들어진 원칙이 있다. 이 원칙을 이해하고 익혀 나간다면 훨씬 쉽게 한자를 습득할 수 있을 뿐만 아니라 친숙해질 수 있다.

2) 한자의 세 가지 요소

한자는 모양(形 : 형) · 소리(音 : 음) · 뜻(義 : 의)의 세 가지 요소로 되어 있다. 즉 한자는 각 글자마다 고유한 모양이 있으며(예-日: 해 모양), 또 소리 이외에도 뜻을 지니고 있기 때문에 한자를 익힐 때는 그 글자의 음과 뜻을 함께 익혀야 한다.(예-'日'의 뜻은 '해', 소리는 '일'이다).

① 形 [모양]

한자는 그 수가 많고 복잡해 보이지만, 그 모양을 보면 日·月·山·人 등의 단체자(單體字)와, 明·林·森·晴·病·靈·劇 등의 복체자(複體字) 두 종류로 되어 있음을 알 수 있다. 복체자는 단체자가 두개 이상 합쳐서 된 글자이다. 따라서 우선 단체자를 잘 익혀 두어야 하며, 이를 바탕으로 복체자를 익혀 나간다면, 복잡한 한자라도 효과적으로 학습할 수 있다.
예컨대,

'靑:청'은 식물의 싹[生]이나 우물물[井]이 맑은 푸른빛인 데서 '푸름'을 뜻하는 글자인데, 여기에 '日'이 결합된 '晴'은 '(날이) 개다'는 뜻의 글자이고, 'ㆍ(=水)'가 결합된 '淸'은 '(물이) 맑다'는 뜻의 글자, '魚'가 결합된 '鯖'은 '(물고기) 청어'를 뜻하는 글자, 그리고 음은 다르지만 '目'이 결합된 '睛:정'은 '눈동자'라는 뜻의 글자인 경우가 그것이다.

② 音 [소리]

많은 한자의 음을 일일이 기억하기란 쉽지 않다. 그러나 대부분의 한자는 소리를 나타내는 부분[表音符(표음부)]과, 뜻을 나타내는 부분[表意符(표의부)]으로 나뉘어져 구성되어 있어서, 그 음을 추측할 수 있다. 물론 표음부의 소리가 약간 변화하는 경우도 있다.

예컨대,

靑(청: 푸르다), 淸(청: 맑다), 晴(청: 개다), 請(청: 요청하다), 情(정: 마음), 精(정: 자세하다, 찧다)의 경우, '氵(=水)', '日', '言', '忄(=心)', '米' 부분이 뜻을 나타내는 표의부(表意符)이고, '靑'이 소리를 나타내는 표음부(表音符)이다. 이렇게 한자를 분석하여 이해하면, 한자 학습이 쉽고 재미있다.

③ 義 [뜻]

한자는 뜻글자인 점에서 원래 한 뜻에 한 글자가 있는 것이 원칙이다. 그러나 뜻마다 글자를 갖게 한다면, 인지(人智)의 발달과 문화의 발전에 따라 무한히 새로운 글자를 만들어 내지 않으면 안 된다. 이와 같은 문제점을 해결하기 위해, 이미 만들어진 글자를 가지고 그 뜻을 유추하여 다른 뜻으로도 쓰게 되었다. 그 결과 한자는 한 글자가 여러 가지 의미를 지니게 되었거니와[多義性(다의성)], 그 의미들 간에는 대부분 연관이 있다. 말하자면, 본래의 의미[本意(본의)]를 중심으로 여러 의미가 파생(派生)된 것이다. 이 점에 유의하면 한자 학습에 능률을 기할 수 있을 것이다.

예컨대,

　道 ① 길 도 :　　道路(도로)　　人道(인도)　　步道(보도)
　　② 도리 도 :　道士(도사)　　道德(도덕)　　孝道(효도)
　　③ 말할 도 :　報道(보도)
　　④ 행정구역 도 :　忠淸北道(충청북도)　　江原道(강원도)

3) 한자의 형성 원리

한자는 위의 세 가지 요소가 결합하여 만들어지는데, 여섯 가지 원리가 있다.

① 상형(象形)

사물의 모양을 본떠서 만든 글자이다. 한자는 상형에서 출발하였으므로, 이는 한자를 형성하는 기본이라고 할 수 있다. 일반적으로 자연이나 동식물 등 모양이 있어 눈으로 관찰할 수 있는 것이 상형자에 해당한다.

▶ 자연을 본떠서 만든 한자
日 해 일, 月 달 월, 山 뫼 산, 水 물 수, 火 불 화, 木 나무 목

▶ 사람의 몸과 관련된 한자
人 사람 인, 心 마음 심, 身 몸 신, 手 손 수, 足 발 족, 目 눈 목, 口 입 구

▶ 동물과 주변 사물을 보고 만든 한자
魚 물고기 어, 鳥 새 조, 羊 양 양, 禾 벼 화, 米 쌀 미, 刀 칼 도, 門 문 문

② 지사(指事)

생각이나 뜻 등 보이지 않는 추상적인 것을 점이나 선을 사용해서 나타낸 글자이다. 상형자와 마찬가지로 한자의 기초적인 형태이다.

上 위 상, 中 가운데 중, 下 아래 하, 末 끝 말, 未 아직 아닐 미, 本 근본 본

③ 회의(會義): 뜻과 뜻을 합해 만들다

이미 만들어진 둘 이상의 한자를 그 뜻에 따라 합하여 하나의 문자로 만들어 다른 뜻을 나타내는 글자이다. 같은 글자끼리 합쳐지는 것과 다른 글자와 합쳐지는 것이 있다.

明 밝을 명 : 해(日)와 달(月)이 함께 뜨니 엄청 밝다
林 수풀 림 : 나무(木)와 나무(木)가 모여 수풀이 된다
鳴 울 명 : 새(鳥)가 입(口)으로 지저귀며 운다
間 사이 간 : 문(門) 사이로 햇빛(日)이 들어옴
休 쉴 휴 : 사람(人)이 나무(木)에 기대어 쉬고 있다
東 동녘 동 : 동쪽에서 떠오르는 해(日)가 나무(木)에 걸려 있다

加 더할 가 : 서로 힘을 합하다
男 사내 남 : 밭(田)에서 힘(力)써 일하는 남자
豚 돼지 돈 : 멧돼지(豕)를 먹여 살(月=肉)을 찌운 집돼지
劇 연극 극·격심할 극 : 호랑이(虎)와 멧돼지(豕)가
　　　　　　　　　칼(刂=刀)을 들고 심하게 싸운다.

④ 형성(形聲) ; 뜻과 음을 합해서 만들다

이미 만들어진 한자의 뜻 부분과 음 부분이 합쳐져서 만들어진 글자이다. 대부분의 한자가 이 형성 원리에 의해 만들어졌다. 음 부분은 경우에 따라 비슷한 음으로 변용되는 경우도 많다.

▶ 자형(字形)의 유형

• 左形右聲 : 脚　燈　城　材　鐵　晴　湖
• 右形左聲 : 功　期　頭　放　視　仁　政
• 上形下聲 : 景　界　究　霜　字　菜　花
• 下形上聲 : 驚　烈　想　案　製　貨
• 外形內聲 : 固　圓　園
• 內形外聲 : 問　聞

〈보기〉

問(물을 문) = 門(문 문: 음) + 口(입으로 묻다: 뜻)
聞(들을 문) = 門(문 문: 음) + 耳(귀로 듣다: 뜻)
洋(큰 바다 양) = 羊(양 양: 음) + 氵(=水 물: 뜻)
忠(충성 충) = 中(가운데 중→충: 음) + 心(마음 심: 뜻)
江(강 강) = 工(장인 공→강: 음) + 氵(=水 물: 뜻)
和(화합할 화) = 禾(벼 화: 음) + 口(말로써 서로 화답함: 뜻)
漁(고기잡을 어) = 魚(물고기 어: 음) + 氵(=水 물에서: 뜻)
味(맛 미) = 口(입으로: 뜻) + 未(아직 아닐 미: 음)
固(견고할 고) = 囗(에워싸다: 뜻) + 古(옛 고: 음)물다)

⑤ 전주(轉注)

전주(轉注)란 ‘굴리고 끌어대다’는 뜻으로서, 이미 만들어진 글자의 뜻을 이용하여 다른 뜻으로 굴리고[轉] 끌어대어[注] 쓰게 된 글자를 말한다. 그 수는 많지 않지만, 한자의 다의성(多義性)을 이해하는 데 중요하다.

〈보기〉

樂 : 즐거울 락	예 快樂(쾌락), 苦樂(고락), 樂天主義(낙천주의)
풍류 악	예 音樂(음악), 樂曲(악곡), 軍樂隊(군악대)
좋아할 요	예 仁者樂山, 智者樂水(인자요산, 지자요수)
惡 : 악할 악	예 惡鬼(악귀), 惡習(악습), 惡質(악질)
미워할 오	예 憎惡(증오), 惡寒(오한; 몹시 춥고 괴로운 증세)
부끄러워할 오	예 羞惡之心(수오지심)

⑥ 假借(가차)

假借는 ‘빌리다’는 뜻으로, 이미 만들어진 글자를 뜻과는 상관없이 다른 글자의 음을 임시로 빌려다가 쓰는 것이다.

예컨대, 來 : 본래 ‘보리’의 뜻인데, 임시로 빌려다가 ‘오다’의 뜻으로 쓰니 따로 ‘麥’자가 생겼다.

흔히 외래어 표기에 사용된다.

〈보기〉

Asia → 아세아(亞細亞)	Coca Cola → 可口可樂[커코커러]
Coffee → 咖啡[카훼이]	Marlboro → 萬寶路[완바오루]
파리(巴里)　米國(미국)	

※ 참고로 우리가 흔히 쓰는 한자(漢字), 한자어(漢字語), 한문(漢文)이라는 말에 대해 알아 보자. 글자 하나하나를 ‘한자’, 한자로 이루어진 낱말을 ‘한자어’, 한자로 이루어진 문장을 ‘한문’이라고 한다.

2. 부수(部首)

부수(部首)는 중국의 후한(後漢) 때 허신(許愼)이 『설문해자(說文解字)』에서, 한자의 형태를 분석하여 서로 공통되는 부분이 있는 글자들을 모아 놓아 자전(字典)을 찾아보기 쉽게 배열하기 위하여 창안해 낸 것이다.

여기서 형태의 특성이 공통되는 한자 집단을 부(部)라 하고, 그 부의 글자들에서 공통되는 부분을 부수(部首)라고 한다.

부수는 위치에 따라 변, 방, 머리, 발, 밑, 받침, 몸 등으로 나눌 수 있다. 몇 가지 예를 들면 다음과 같다.

1. 변은 글자의 왼쪽 부분을 차지하는 부수 : 亻, 扌, 氵 등.
2. 방은 오른쪽 부분을 차지하는 부수 : 攵, 欠, 頁 등.
3. 머리는 글자의 윗부분에 놓여 있는 부수 : 宀, 艹, 竹 등.
4. 발은 글자의 아래 부분에 놓여 있는 부수 : 灬, 心, 儿 등.
5. 밑은 글자의 왼쪽 윗부분에 놓여 있는 부수 : 厂, 广, 尸 등.
6. 받침은 글자의 왼쪽 밑을 싸는 부수 : 辶, 走, 廴 등.
7. 몸은 글자를 에워싸고 있는 부수 : 匚, 囗, 凵 등.

원래모양	변형된 모양	보기
人	亻(사람인변) 儿(어진사람인)	仙, 休, 兄
刀	刂(칼도방)	劍, 利, 刊
心	忄, 小(심방변)	性, 情, 恭
手	扌(재방변)	指, 投
攴	攵(둥글월문)	攻, 改, 放
水	氵(삼수변)	沐, 江, 海
氷	冫(이수변)	冬, 冷, 凍
火	灬(연화발)	熱, 熟, 照
牛	牜(소우)	牧, 特, 物
犬	犭(개사슴록변)	狗, 犯, 猛
玉	王(구슬옥변)	球, 現, 理
示	礻(보일시)	社, 神, 祝
竹	竹(대죽)	笠, 筆, 管
老	耂(늙을로)	考
肉	月(육달월)	肝, 育, 肥
艸	++(초두)	草, 花, 苦
衣	衤(옷의)	被, 補, 複
足	足(발족)	路, 踐, 蹴
辵	辶(책받침)	近, 進, 追
食	食(먹을식)	飯, 飮, 養

<table><tr><td>**人(亻)**
사람 인</td><td>象形. 사람이 옆으로 두 팔을 뻗고 서 있는 모습을 옆에서 본 모양.</td></tr></table>

仁 어질[인]
‘亻(人)’과 ‘二(이)’가 합쳐진 글자. 사람이 짝을 이루어[二] 서로 가깝고 사랑한다.
仁義(인의), 仁術(인술), 仁者(인자)

仙 신선[선]
‘亻’과 ‘山(산)’이 합쳐진 글자. 산(山)에 올라가서 불로장생(不老長生)하는 사람.
仙女(선녀), 仙藥(선약), 仙境(선경)

信 믿을[신]
‘亻’과 ‘言(언)’이 합쳐진 글자. 사람이 하는 말은 진실해야 믿음을 얻을 수 있다.
信義(신의), 信實(신실), 信念(신념)

休 쉴[휴]
‘亻’과 ‘木(목)’이 합쳐진 글자. 사람이 나무에 기대어 잠시 피로를 푼다.
休息(휴식), 休暇(휴가), 遊休(유휴)

<table><tr><td>**刀(刂)**
칼 도</td><td>象形. 칼날이 구부정하게 굽은 칼의 모양.</td></tr></table>

初 처음[초]
‘衤(의 : 衣)’와 ‘刀’가 합쳐진 글자. 옷을 만들 때는 제일 먼저 칼을 쥐고 옷감을 마름질한다는 데에서.
始初(시초), 初行(초행), 初出(초출)

切 끊을 [절]
‘七(칠)’과 ‘刀’가 합쳐진 글자. 물건이 절단된 흔적을 나타내는 ‘七’이 원래 글자였으나 후에 숫자 ‘七’과 구별하기 위해 ‘刀’를 더하여 칼로 자른다는 뜻을 나타냈음.

則 법칙[칙]
‘貝(패)’와 ‘刂’가 합쳐진 글자. 그림을 새기는 도구인 칼[刀]을 사용하여 화폐로 쓰이는 조개[貝]에 각기 그 등급에 따라 그림을 새겨 그려서 귀천의 차별을 정하여 혼란되지 않게 한다는 데에서.
規則(규칙), 法則(법칙), 原則(원칙)

<table><tr><td>女
계 집 녀</td><td>象形. 여자가 두 손을 모으고 무릎을 굽힌 채 얌전하게 앉아 있는 모양.</td></tr></table>

好 좋을[호]   '女'와 '子(자)'가 합쳐진 글자. 여재[女]가 아기[子]를 안고 있는 모습에서.
好機(호기), 好轉(호전), 好事多魔(호사다마)

妙 묘할[묘]   '女'와 '少(소)'가 합쳐진 글자. 少女(소녀)는 안으로는 지극히 순진하고 밖으로는 매우 수려하다는 데에서, '예쁘다', '젊다', '묘하다'의 뜻임.
妙齡(묘령), 妙技(묘기), 妙味(묘미)

婚 혼인할[혼]   '女'와 '昏(혼)'이 합쳐진 글자. 옛날에 저녁 무렵[昏]에 혼례를 올린 데에서. 원래는 '昏'자로만 쓰였으나 후에 저녁의 '昏'과 구별하여 '女'자를 더하였음.
婚姻(혼인), 婚禮(혼례), 婚需(혼수)

婦 지어미[부]   '女'와 '帚(추)'가 합쳐진 글자. 여자가 빗자루[帚]를 들고 집안을 청소하는 모습.
婦人(부인), 夫婦(부부), 婦德(부덕)

<table><tr><td>水(氵)
물 수</td><td>象形. 강 양 옆의 물가와 가운데의 굴곡을 이루며 흐르는 물의 모양. 화살을 메지 않은 활의 모양.</td></tr></table>

沙 모래[사]   '氵(水)'와 '少(소)'가 합쳐진 글자. 물가의 모래 모양[少]. 또는 물[水]이 적어지면[少] 모래가 드러난다는 데에서.
沙工(사공), 沙漠(사막), 風沙(풍사)

沈 잠길[침]   '氵'와 '尤(음)[←牛(우)]'이 합쳐진 글자. 옛날에 소[尤←牛]를 물에 빠뜨려 제사를 지낸 데에서.
沈潛(침잠), 沈沒(침몰), 沈黙(침묵)

法 법[법]　'氵'와 '去(거)'가 합쳐진 글자. 원래는 '氵'와 '去(거)'와 '廌(치)'가 합쳐진
글자로서, 뿔이 하나 달린 양 모양의 신령스런 동물인 해태[廌]가 죄
있는 자를 뿔로 들이 받아 쫓아 내는데[去], 물[水]과 같이 공평하다는
데에서.
法規(법규), 憲法(헌법), 法令(법령)

<table>
<tr><td>手(扌)
손　수</td><td>象形. 손가락을 벌리고 있는 손의 모양.</td></tr>
</table>

承 받들[승]　'手'와 '卩(절)'과 '廾(공)'이 합쳐진 글자. 두 손[廾]으로 한 사람을 떠받
드는 모습.
承繼(승계), 承敎(승교), 承認(승인)

技 기술[기]　'扌(手)'와 '支(지)'가 합쳐진 글자. 교묘한 재주는 손[手]으로부터 많이
나오고 또 섬세하다[支]는 데에서.
技巧(기교), 技能(기능), 技術(기술)

指 손가락[지]　'扌'와 '旨(지)'가 합쳐진 글자. 음식을 맛볼 때[旨] 손가락을 사용한다는
데에서.
指紋(지문), 指稱(지칭), 指南鐵(지남철)

<table>
<tr><td>示
보일　시</td><td>신(神)에게 제사지낼 때 제물을 올려 놓은 돌로 만든 제단의 모양.</td></tr>
</table>

社 단체[사]　'示'와 '土(토)'가 합쳐진 글자. 토지[土]의 귀신[示]을 뜻함. 나아가 땅귀
신에게 '제사하다'의 뜻. 또, 중국 고대(古代)의 행정 단위에 25가(家)를
'社'라고 한 데에서 '단체'의 뜻이 생겨났음.
社交(사교), 社說(사설), 社稷(사직)

祈 빌[기]	'示'와 '斤(근)'이 합쳐진 글자. 깃발[斤←旂(기)] 아래에서 신에게 복을 빈다[示].
	祈禱(기도), 祈願(기원), 祈求(기구)
祖 조상[조]	'示'와 '且(차)'가 합쳐진 글자. 돌아가신 조상에게 제사를 지내는 위패 (位牌)의 모양을 본뜬 '且'가 원래 글자였는데, 여기에 제사한다는 뜻의 '示'를 더하여 '조상'의 뜻.
	祖上(조상), 祖國(조국), 高祖(고조)
神 귀신[신]	'示'와 '申(신)'이 합쳐진 글자. 번갯불의 형상[申]으로 자신의 위엄을 드러내 보이는 하늘의 신[示]이라는 데에서.
	神秘(신비), 神奇(신기), 精神(정신)
祝 빌[축]	'示'와 '口(구)'와 '儿(인)'이 합쳐진 글자. 사람[儿]이 제단[示] 앞에 꿇어 앉아 위를 향하여 입[口]을 벌리고 빌고 있는 모습[兄]에서.
	祝願(축원), 祝電(축전), 祝賀(축하)

<table>
<tr><td>肉 (月)
고기 육</td><td>고기를 반듯하게 잘라 놓은 모양. 신체의 어느 부분을 나타낼 때.</td></tr>
</table>

肩 어깨[견]	'月(肉)'과 '戶(호)'가 합쳐진 글자. 몸[肉]과 연결된 팔뚝의 모습[戶]을 본뜬 데에서.
	肩骨(견골), 比肩(비견)
胃 위[위]	'月(肉)'과 '田'이 합쳐진 글자. 몸[肉] 안에 있는 위(胃)의 모습에서.
	胃液(위액), 胃腸(위장), 胃癌(위암)
脫 벗을[탈]	'月(肉)'과 '兌(태)'가 합쳐진 글자. 고기[肉] 속에서 뼈를 발라낸다는 데에서.
	脫出(탈출), 脫稿(탈고), 脫落(탈락)
胎 아이밸[태]	'月(肉)'과 '台(태)'가 합쳐진 글자. 부인이 잉태하여 석 달이 지나면 대략 아이의 모습을 갖춘다는 데에서. '台'는 발음을 나타냈으며 또한 '기쁘다[悅]'라는 뜻도 나타냈음.
	胎兒(태아), 胎夢(태몽), 胎動(태동)

<table><tr><td>**衣(衤)**
옷 의</td><td>좌우 소매와 옷깃이 있는 웃옷의 모양.</td></tr></table>

表 겉[표]　‘衣’와 ‘毛(모)’가 합쳐진 글자. 옛날에 털이 겉으로 드러난 가죽옷을 입었던 데에서, ‘웃옷’의 뜻. 여기서 ‘겉’, ‘나타내다’의 뜻이 확장됨.
表衣(표의), 表記(표기), 表明(표명)

被 이불[피]　‘衣’와 ‘皮(피)’가 합쳐진 글자. 잠잘 때 입는 옷. ‘皮’는 발음을 나타내며, 또한 ‘몸을 감싸고 있는 가죽’의 뜻도 나타냈음. 여기서 ‘이불’, ‘덮다’, ‘입다’, ‘당하다’의 뜻이 확장됨.
被選(피선), 被害(피해)

補 기울[보]　‘衤(衣)’와 ‘甫(보)’가 합쳐진 글자. 찢어진 옷을 기워 온전하게 한다는 데에서. ‘甫’는 발음을 나타냈음.
補完(보완), 補充(보충), 補藥(보약)

<table><tr><td>**見**
볼 견</td><td>사람[儿]이 눈[目]을 크게 뜨고 앞을 바라보고 있는 모양.</td></tr></table>

視 볼[시]　‘示(시)’와 ‘見’이 합쳐진 글자. 눈으로 살펴본다는 뜻. ‘示’는 발음을 나타냈음.
視覺(시각), 視點(시점), 視野(시야)

觀 볼[관]　‘雚(관)’과 ‘見’이 합쳐진 글자. 자세히 살펴본다는 뜻. ‘雚’은 발음을 나타내며, 또한 키가 큰 황새[雚:鸛]가 사물을 잘 본다는 뜻도 나타냈음.
觀點(관점), 觀覽(관람), 觀望(관망)

覺 깨달을[각]　‘學(학)’과 ‘見’이 합쳐진 글자. 잠에서 깨어나 눈을 크게 뜨고 사물을 알아 본다는 데에서. ‘學’은 발음을 나타내며, 또한 ‘깨어나다’의 뜻도 나타냈음.
覺醒(각성), 覺悟(각오), 感覺(감각)

<table><tr><td>力
힘 력</td><td>땅을 가는 쟁기의 모양. 후에 '힘'의 뜻으로 가차(假借)되었음.</td></tr></table>

功 공[공]
  '力'과 '工(공)'이 합쳐진 글자. 힘[力]을 다하여 이룩한 바가 정밀하다[工].
  功勞(공로), 功績(공적), 功勳(공훈)

加 더할[가]
  '力'과 '口(구)'가 합쳐진 글자. 일하는 사람[力]을 입으로 칭찬한다[口]는
  데에서. 후에 '더하다'의 뜻으로 가차되었음.
  加減(가감), 加工(가공), 加熱(가열)

勇 날랠[용]
  '力'과 '甬(용)'이 합쳐진 글자. 적을 향하여 힘[力]있게 돌진한다는 데에
  서. '甬'은 소리를 나타냈음.
  勇敢(용감), 勇氣(용기), 勇士(용사)

<table><tr><td>口
입 구</td><td>사람의 입의 모양.</td></tr></table>

吉 길할[길]
  '口'와 '士(사)'가 합쳐진 글자. 좋은 靑銅(청동)을 얻기 위해, 잘 만들어진
  거푸집[士]에 금속의 용액을 넣어서 깊은 구덩이[口]에 넣어둔 모습에서.
  吉兆(길조), 吉夢(길몽), 吉凶(길흉)

名 이름[명]
  '口'와 '夕(석)'이 합쳐진 글자. 저녁[夕]에는 이름을 불러[口]야 자기를
  알리고 남을 알 수 있다는 데에서.
  名稱(명칭), 姓名(성명), 呼名(호명)

味 맛[미]
  '口'와 '未(미)'가 합쳐진 글자. 입[口]으로 맛을 본다는 데에서. '未'는 소
  리 부분.
  味覺(미각), 味食家(미식가), 意味(의미)

品 가지[품]
  '口'자 세 개가 합쳐진 글자. 그릇[口]에 담을 물건의 종류가 많다는 데에서.
  品目(품목), 製品(제품), 品位(품위)

喜 기쁠[희] ‘口’와 ‘壴←鼓(고)’가 합쳐진 글자. 북[壴]을 치면서 입[口]을 벌리고 웃다.
 喜劇(희극), 喜悲(희비), 喜色(희색)

<table>
<tr><td>土
흙 토</td><td>흙더미의 모양.</td></tr>
</table>

在 있을[재] ‘土’와 ‘才’가 합쳐진 글자. 어떤 장소나 자리[土]에 있다. ‘才’는 소리 부분.
 在職(재직), 所在(소재), 存在(존재)

基 터[기] ‘土’와 ‘其(기)’가 합쳐진 글자. 그 위에 건축물을 쌓을 터[土]라는 데에
 서. ‘其’는 소리를 나타냈음.
 基本(기본), 基業(기업), 基礎(기초)

<table>
<tr><td>山
뫼 산</td><td>나란히 솟은 산봉우리의 모양.</td></tr>
</table>

岸 언덕[안] ‘山’과 ‘厂(한)’과 ‘干(간)’이 합쳐진 글자. 낭떠러지[厂]가 있는 강이나 산
 [山]의 언덕. ‘干’은 소리를 나타냈음.
 沿岸(연안), 彼岸(피안), 海岸(해안)

峯 봉우리[봉] ‘山’과 ‘夆(봉)’이 합쳐진 글자. 산[山]의 봉우리. ‘夆’은 소리를 나타냈음.
 峰頭(봉두), 絕峰(절봉), 最高峰(최고봉)

島 섬[도] ‘山’과 ‘鳥’가 합쳐진 글자. 새[鳥]가 날아가다가 바다 가운데 수면에서
 높이 솟은 산[山]에 머물러 쉬는 곳이라는 데에서.
 島嶼(도서), 無人島(무인도), 列島(열도)

巖 바위[암] ‘山’과 ‘嚴(엄)’이 합쳐진 글자. 높고 험한 산[山]이나 바위. ‘嚴’은 소리를
 나타내며 또한 ‘바위’, ‘험하다’의 뜻도 나타냄.
 巖盤(암반), 巖壁(암벽), 巖石(암석)

戈
창 과

자루가 달렸으며 가늘고 긴 날이 있는 창의 모양.

岸 언덕[안]
　‘山’과 ‘厂(한)’과 ‘干(간)’이 합쳐진 글자. 낭떠러지[厂]가 있는 강이나 산[山]의 언덕. ‘干’은 소리를 나타냈음.
　沿岸(연안), 彼岸(피안), 海岸(해안)

戍 지킬[수]
　‘戈’와 ‘人(인)’이 합쳐진 글자. 한 사람이 창을 들고 변경을 지키러 가는 모습.
　戍樓(수루), 戍邊(수변), 戍卒(수졸)

戊 다섯째천간[무]
　반달 모양의 넓은 칼날이 달린 도끼의 모양. 후에 干支(간지)의 ‘다섯째 천간’의 뜻으로 假借(가차)되었음.
　戊午(무오), 戊戌(무술)

成 이룰[성]
　‘戊(무)’와 ‘丁(정)’이 합쳐진 글자. 무기[戊]를 들고 ‘진격하다’, 또는 무기를 놓고 ‘화해하다’의 뜻. ‘丁’은 소리를 나타냈음.
　成功(성공), 成年(성년), 成就(성취)

戒 경계할[계]
　‘戈’와 ‘廾(공)’이 합쳐진 글자. 두 손[廾]으로 무기[戈]를 잡고 경계한다.
　警戒(경계), 鑑戒(감계), 戒律(계율)

戰 싸울[전]
　‘戈’와 ‘單(단)’이 합쳐진 글자. 나무 끝에 돌을 매달아 만든 무기가 여러 개 있는 모습[單]. 후에 ‘單’이 ‘홀로’의 뜻으로 주로 쓰이게 되어 ‘戈’를 더하여 ‘싸우다’의 뜻을 나타냈음.
　戰功(전공), 戰爭(전쟁), 戰鬪(전투)

日
날 일

해의 모양.

明 밝을[명]
　‘日’과 ‘月(월)’이 합쳐진 글자. 해와 달이 비추면 밝다는 데에서.
　明朗(명랑), 明辨(명변), 明月(명월)

旱 가물[한] ‘日’과 ‘干(간)’이 합쳐진 글자. 햇빛[日]이 작열하여 생물을 말라죽게 한
다는 데에서. ‘干’은 소리를 나타냈음.
旱魃(한발), 旱災(한재), 大旱(대한)

時 때[시] ‘日’과 ‘之(지)→寺(시)’가 합쳐진 글자. 해[日]가 가는[之] 것이 ‘때’라는
데에서. 또는, 날[日]이 모인 것이 ‘계절’이라는 데에서.
時間(시간), 時期(시기), 時節(시절)

火
불 화

불이 타오르는 모양.

烈 세찰[렬] ‘火’와 ‘列(렬)’이 합쳐진 글자. 불[火]이 세차게 타오른다는 데에서. ‘列’
은 소리.
猛烈(맹렬), 壯烈(장렬), 忠烈(충렬)

照 비출[조] ‘火’와 ‘昭(소)’가 합쳐진 글자. 타오르는 불[火]이 밝게[昭] 빛을 비춘다
는 데에서. ‘昭’는 소리를 나타내기도 했음.
照準(조준), 照會(조회), 參照(참조)

燒 사를[소] ‘火’와 ‘堯(요)’가 합쳐진 글자. 불[火]로 태운다는 데에서. ‘堯’는 소리 부분.
燒滅(소멸), 燃燒(연소), 全燒(전소)

然 그럴[연] ‘火’와 ‘月←肉(육)’과 ‘犬(견)’이 합쳐진 글자. 불[火]에다 개[犬]의 고기
[肉]를 굽고 있다는 데에서 ‘타다’의 뜻. 후에 ‘然’이 주로 ‘그러하다’의
뜻으로 쓰이게 되면서 ‘타다’의 뜻은 ‘燃’자로 썼음.
蓋然性(개연성), 果然(과연), 自然(자연)

煖 따뜻할[난] ‘火’와 ‘爰(원)’이 합쳐진 글자. 불[火]을 끌어당겨[爰] 따뜻하게 한다는
데에서. ‘爰’은 ‘당기다’의 뜻과 아울러 소리를 나타냈음.
煖爐(난로), 煖房(난방), 煖室(난실)

<table><tr><td>目
눈 목</td><td>눈의 모양.</td></tr></table>

盲 소경[맹]　'目'과 '亡(망)'이 합쳐진 글자. 눈[目]에 눈동자가 없다[亡]는 데에서. '亡'
은 '없다'의 뜻과 아울러 소리를 나타냈음.
盲目(맹목), 盲從(맹종), 盲人(맹인)

眉 눈썹[미]　눈 위에 눈썹이 자라난 모습.
眉間(미간), 眉目秀麗(미목수려), 眉壽(미수)

省 살필[성]　'目'과 '屮(철)'이 합쳐진 글자. 처음 돋아나는 풀[屮]과 같이 작은 물건
을 살펴본다[目]는 데에서.
省察(성찰), 反省(반성), 省略(생략)

<table><tr><td>禾
벼 화</td><td>이삭을 숙이고 있는 곡물의 모양.</td></tr></table>

秀 빼어날[수]　'禾'와 '乃(내)'가 합쳐진 글자. 곡식[禾]의 이삭이 패어서 아래로 드리워
져 있는 모습에서. 秀麗(수려), 秀才(수재), 俊秀(준수)

秋 가을[추]　'禾'와 '火(화)'가 합쳐진 글자.
秋夕(추석), 秋收(추수), 晚秋(만추)

科 조목[과]　'禾'와 '斗(두)'가 합쳐진 글자. 말[斗]로 벼[禾]를 되거나 벼의 품종을 구
분한다.
科目(과목), 科學(과학), 文科(문과)

移 옮길[이]　'禾'와 '多(다)'가 합쳐진 글자. 곡식[禾]을 옮겨 심는다는 데에서. '多'는
소리.
移動(이동), 移徙(이사), 移秧(이앙)

<table><tr><td>糸
실 사</td><td>한 묶음의 실이 묶여져 있는 모양.</td></tr></table>

紀 벼리[기]　　'糸'와 '己(기)'가 합쳐진 글자. 잘 정돈된 새끼줄의 모습[己]에서. 후에 '己'가 '자기'의 뜻으로 假借(가차)되어 주로 쓰이게 되면서 '糸'를 더하여 '紀'자를 만듦.

紀律(기율), 紀綱(기강), 紀念(기념)

約 묶을[약]　　'糸'와 '勺(작)'이 합쳐진 글자. 끈[糸]으로 묶는다는 데에서. '勺'은 소리 부분.

約款(약관), 約束(약속), 約婚(약혼)

結 맺을[결]　　'糸'와 '吉(길)'이 합쳐진 글자. 끈[糸]으로 맺는다는 데에서. '吉'은 소리 부분.

結果(결과), 結盟(결맹), 結合(결합)

絲 실[사]　　'糸'와 '糸'가 합쳐진 글자. 두 묶음의 실의 모습에서.

生絲(생사), 絲雨(사우), 絲竹(사죽)

絶 끊을[절]　　'糸'와 '刀(도)'와 '卩(절)'이 합쳐진 글자. 사람[卩]이 칼[刀]로 실[糸]을 자른다.

斷絶(단절), 絶境(절경), 絶妙(절묘)

<table><tr><td>艸(艹)
풀 초</td><td>두 포기의 풀이 자라는 모양.</td></tr></table>

芝 영지[지]　　'艸'와 '之(지)'가 합쳐진 글자. 복용하면 몸을 가볍게 하고 수명을 늘여 준다는 버섯. '之'는 소리를 나타냈음.

芝草(지초), 靈芝(영지), 芝蘭之交(지란지교)

英 꽃부리[영]　　'艸'와 '央(앙)'이 합쳐진 글자. 아직 열매를 맺지 않은 풀[艸]의 꽃. '央'은 소리.

英傑(영걸), 英雄(영웅), 英材(영재)

苦 쓸[고]	'艸'와 '古(고)'가 합쳐진 글자. 씀바귀. '古'는 음을 나타냈음.	

苦難(고난), 苦生(고생), 苦役(고역)

藥 약[약] '艸'와 '樂(락)'이 합쳐진 글자. 복용하면 몸을 편안하게 하는[樂], 병을 낫게 하는 풀[艸].

藥草(약초), 藥房(약방), 補藥(보약)

貝
조개 패

조개 껍질의 모양.

財 재물[재] '貝'와 '才(재)'가 합쳐진 글자. 화폐[貝]처럼 사람이 소중히 여기는 물건.

財力(재력), 財物(재물), 財政(재정)

貧 가난할[빈] '貝'와 '分(분)'이 합쳐진 글자. 재물[貝]을 나누면[分] 적어진다는 데에서.

貧困(빈곤), 貧窮(빈궁), 貧富(빈부)

貪 탐할[탐] '貝'와 '今(금)'이 합쳐진 글자. 지금 바로[今] 눈앞의 재물[貝]을 자기의 것으로 만들려고 한다는 데에서.

貪慾(탐욕), 貪讀(탐독), 貪利(탐리)

口錢(구전), 金錢(금전), 守錢奴(수전노)

門
문 문

두 쪽으로 된 문의 모양.

閉 닫을[폐] '門'과 '才(재)'가 합쳐진 글자. 두 쪽 문[門]의 중간에 빗장[十→才]을 꽂아 놓은 모습에서.

閉幕(폐막), 開閉(개폐), 密閉(밀폐)

開 열[개] '門'과 '一(일)'과 '廾(공)'이 합쳐진 글자. 문의 빗장[門(산)]을 두 손[廾]으로 열고 있는 모습에서.

開館(개관), 開放(개방), 開花(개화)

<table><tr><td>食
먹을 식</td><td>음식물이 뚜껑이 있는 그릇에 담겨 있는 모양.</td></tr></table>

飮 마실[음] '食'과 '欠(흠)'이 합쳐진 글자. 그릇에 담긴 음료[食]를 사람[欠]이 마시다.
飮料水(음료수), 飮食(음식), 飮酒(음주)

飢 주릴[기] '食'과 '几(궤)'가 합쳐진 글자. 음식을 충분히 먹지[食] 못했다는 데에서. '几'는 소리를 나타냈음.
飢渴(기갈), 饑饉(기근), 飢餓(기아)

飾 꾸밀[식] '食'과 '人(인)'과 '巾(건)'이 합쳐진 글자. 사람[人]이 수건[巾]으로 먼지를 털어 깨끗하게 한다는 데에서. '食'은 소리를 나타냈음.
服飾(복식), 修飾(수식), 裝飾(장식)

3

기초 한자

1) 자연과 관련된 한자

日 해 일	月 달 월	火 불 화	水 물 수
木 나무 목	金 쇠 금	土 흙 토	石 돌 석
玉 구슬 옥	田 밭 전	竹 대나무 죽	山 뫼 산
川 내 천	花 꽃 화	草 풀 초	江 강 강
海 바다 해	洋 큰바다 양	河 물가 하	溪 시내 계
陸 뭍 륙	天 하늘 천	地 땅 지	星 별 성
空 빌 공			

花草	金星	玉石	海洋	陸地	空軍	太平洋
九月	河川	土木	月末	天地	石工	淸溪川
江山	木馬	火田	山川草木			

2) 사람과 관련된 한자

人 사람 인	手 손 수	足 발 족	心 마음 심
身 몸 신	耳 귀 이	目 눈 목	口 입 구
鼻 코 비	自 스스로 자	力 힘 력	毛 털 모
肉 고기 육	頭 머리 두	父 아비 부	母 어미 모
生 날 생	活 살 활	衣 옷 의	食 먹을 식
住 살 주	面 얼굴 면		

人心	父母	耳目	木手	火力	自手成家
自身	羊毛	肉身	石頭	入口	自足生活
白衣	住民	食肉	鼻炎	面上	衣食住

3) 동물과 주변 사물을 나타낸 한자

牛 소 우	馬 말 마	魚 물고기 어	鳥 새 조
羊 양 양	犬 개 견	豕 멧돼지 시	米 쌀 미
禾 벼 화	豆 콩 두	刀 칼 도	工 장인 공
斤 돌도끼 근	門 문 문	戶 집 호	角 뿔 각
車 수레 거/차	貝 조개 패	蟲 벌레 충	象 코끼리 상

牛馬車	羊毛	門戶	精米	한 斤	魚貝類*류
三角	木工	竹刀	角木	食蟲	豆乳*젖 유

4) 생각을 나타낸 한자

上 위 상　　中 가운데 중　　下 아래 하　　本 근본 본
末 끝 말　　未 아직 아닐 미　　出 나갈 출　　入 들 입
左 왼쪽 좌　　右 오른쪽 우　　內 안 내　　外 바깥 외
寸 마디 촌　　元 으뜸 원

上中下　　本末　　未定　　左右　　內外　　四寸　　出入口

5) 숫자와 관련된 한자

一, 壹 한 일　　二, 貳 두 이　　三, 參 석 삼　　四 넉 사 사
五 다섯 오　　六 여섯 육　　七 일곱 칠　　八 여덟 팔
九 아홉 구　　十, 拾 열 십　　百 일백 백　　千 일천 천
萬 일만 만　　億 억 억　　兆 조 조　　年 해 년
歲 나이 세　　數 셈할 수　　字 글자 자　　多 많을 다
少 적을 소　　小 작을 소　　大 큰 대　　分 나눌 분

數字　　四寸　　萬歲　　億兆　　百貨店　　五味子
六甲　　千年　　八道　　大學　　百日紅　　壹貳參
分數　　小心　　青少年　　北斗七星

6) 방향과 관련된 한자

東 동녘 동　　西 서녘 서　　南 남녘 남　　北 북녘 북
前 앞 전　　後 뒤 후　　先 먼저 선　　方 방향 방

向 향할 향　　　位 자리 위

東洋　　四方　　前進(전진)　　後進　　先頭(선두)　　左右
內外　　南韓　　地位　　靑天白日(청천백일)

7) 색깔과 관련된 한자

色 색깔 색　　　　白 흰 백　　　　　靑 푸를 청　　　　黃 누를 황
黑 검을 흑　　　　綠 초록 록　　　　紅 붉을 홍　　　　赤 붉을 적

赤十字　　白軍　　靑色　　草綠　　紅蔘　　黃牛　　黑人

8) 때와 관련된 한자

春 봄 춘　　　　夏 여름 하　　　　秋 가을 추　　　　冬 겨울 동
陰 그늘 음　　　陽 볕 양　　　　　季 철 계　　　　　節 마디 절
時 때 시　　　　朝 아침 조　　　　夕 저녁 석　　　　午 12시 오
晝 낮 주　　　　夜 밤 야　　　　　間 사이 간　　　　永 길 영
久 오랠 구　　　古 옛 고　　　　　今 이제 금

季節　　立冬　　靑春　　秋夕　　陰地　　太陽　　夏季　　思春期
開學　　閉門　　時間　　午前　　午後　　朝刊　　晝間　　夜行性
永生　　長久　　古木　　今年　　永久　　至今

9) 사회와 관련된 한자

學 배울 학	校 학교 교	敎 가르칠 교	韓 한나라 한
國 나라 국	民 백성 민	軍 군사 군	社 단체 사
會 모임 회	王 왕 왕	命 목숨 명	活 살 활
物 물건 물	事 일 사	世 인간 세	所 바 소
市 도시 시	有 있을 유	全 완전 전	村 마을 촌
孝 효도 효	道 길 도	*全 완전 전	村 마을 촌

大元科學大學　　大韓民國　　千軍萬馬　　社會　　王國　　民心

敎會　　活命水　　王命　　文物　　事物　　世上　　所有　　市民

全國　　牧牛村　　孝子　　忠淸道

4. 생활 어휘

1) 하늘

天 하늘 천　　　　天地　雨天(우천)　天下

雨 비 우　　　　　雨期(우기)　雲雨之情(운우지정)

雪 눈 설　　　　　白雪　雪中梅(설중매)

風 바람 풍　　　　風向(풍향)　東風(동풍)　風聞(풍문)

雲 구름 운　　　　風雲兒(풍운아)　靑雲　雲集(운집)

霜 서리 상　　　　風霜　霜露(상로)

　　　　　　　　　相(서로 상) + 雨(비→서리)

露 ①이슬 로　　　甘露(감로)　眞露(진로)

　　　　　　　　　路(길 로) + 雨(비→이슬)

　　②드러낼 로　　露出(노출)　露骨(노골)

電 번개/전기 전　　電氣(전기)　電話(일기)　電子(전자)

氣 기운 기　　　　日氣(일기)　人氣(인기)　氣運(기운)

2) 땅

山河(산하)　　草木(초목)　　山脈(산맥)　　溪谷(계곡)

海洋(해양)　　陸地(육지)　　方位(방위)　　東西南北(동서남북)

地 땅 지	土地　天地　地上
河 물 하	山河　河川　河口, 可(옳을 가→하) + 水(물)
草 풀 초	花草(화초)　草木　草家(초가)
	무(일찍 조→초) + ++(←艸풀 초)
脈 혈맥 맥	血脈(혈맥)　山脈　動脈(동맥)
溪 시내 계	淸溪川(청계천)　溪谷(계곡) *골짜기 곡
海 바다 해	東海(동해)　海洋(해양)　海産物(해산물)
	每(매양 매→해) + 水(물→바다)
陸 뭍 륙	上陸　陸軍(육군)　陸地(육지)
方 모 방, 방향 방	地方　方向(방향)　方位(방위)
位 자리 위	上位　地位　位置(위치)
東 동녘 동	東方(동방)　東亞日報(동아일보)
西 서녘 서	西洋(서양)　西門(서문)
南 남녘 남	南山　南大門(남대문)　江南
北 ①북녘 북	北方　北韓(북한)　北極(북극)
②져 달아날 배	敗北(패배)

3) 사람

男女(남녀)　　老少(노소)　　父子(부자)　　夫婦(부부)

朋友(붕우)　　長幼(장유)　　人心天心(인심천심)

女 ①여자 녀　　　女人　　仙女(선녀)　　男女(남녀)
　　②딸 녀　　　　子女　　長女(장녀)　　次女(차녀)
老 늙을 로　　　　老人　　敬老(경로)　　老少(노소)
少 ①적을 소　　　多少(다소)　　少量(소량)
　　②젊을 소　　　少女　　靑少年(청소년)
父 아비 부　　　　父母(부모)　　祖父(조부)　　父子有親(부자유친)
夫 ①남편 부　　　夫婦(부부)
　　②사내 부　　　人夫　　大丈夫(대장부)
婦 아내 부　　　　婦人　　婦女子　　主婦(주부)
　　　　　　　　　帚(빗자루 추→부) + 女(여자→아내)
朋 벗 붕　　　　　朋友(붕우)　　朋黨(붕당)
友 벗 우　　　　　友人　　友情(우정)　　敎友(교우)
長 ①길 장　　　　長身(장신)　　長短(장단) *짧을 단
　　②어른 장　　　家長(가장)　　社長(사장)
　　③맏 장　　　　長男(장남)　　長子(장자)
幼 어릴 유　　　　幼兒(유아)　　幼稚園(유치원)

4) 숫자

一(일)　二(이)　三(삼)　四(사)　五(오)　六(육)　七(칠)　八(팔)　九(구)　十(십)
百(백)　千(천)　萬(만)　億(억)　兆(조)　壹(일)　貳(이)　參(삼)　拾(십)

數 셈할 수　　　　數學(수학)　　數字〔숫자〕　　多數(다수)
字 글자 자　　　　文字(문자)　　漢字(한자)　　字典(자전)
四 넉 사　　　　　四寸(사촌)　　四方(사방)
五 다섯 오　　　　五味子(오미자)　　五日場(오일장)　　五輪(오륜) *바퀴 륜

六 여섯 **륙**　　　　六甲(육갑)　六角水(육각수)

七 일곱 **칠**　　　　北斗七星(북두칠성)　七旬(칠순)

八 여덟 **팔**　　　　八字(팔자)　八道(팔도)

九 아홉 **구**　　　　九重宮闕(구중궁궐)　九泉(구천)

十 열 **십**　　　　　往十里(왕십리)　十戒(십계)

百 일백 **백**　　　　百日紅(백일홍)　百貨店(백화점)

千 일천 **천**　　　　千一夜話(천일야화; 아라비안나이트)　千字文

萬 일만 **만**　　　　萬物商(만물상)　萬民共同會(만민공동회)

億 억 **억**　　　　　億兆蒼生(억조창생)　億萬長者(억만장자)

兆 ①조 **조**　　　　億兆

　　②조짐 **조**　　　吉兆(길조)　兆朕(조짐)

> ☞ 갖은자
> 갖은자는 뜻이 같은 글자로서 획을 많게 쓰는 한자를 말한다. 고치기 쉬운 한자 숫자 대신
> 에 쓰는 글자로, 금전상의 증서나 생년월일, 문서 등에 사용된다.
>
> 　壹(한 일)　貳(두 이)　參(석 삼)　拾(열 십)

5) 계절

春(춘): 花開(화개)　　　夏(하) : 綠陰(녹음)　　　秋(추) : 天高(천고)　　　冬(동): 白雪(백설)
天高馬肥(천고마비)　　馬耳東風(마이동풍)

季 철 **계**　　　　季節(계절)　四季　冬季(동계)

春 봄 **춘**　　　　春香傳(춘향전)　立春(입춘)　思春期(사춘기)

花 꽃 **화**　　　　花草(화초)　梅花(매화)　花開(화개)

　　　　　　　　　化(될 화) + 艸(풀→꽃)

開 열 개   開發(개발)   開會(개회)   開放(개방)

夏 여름 하   夏節(하절)   夏至(하지)   夏期(하기)

綠 푸를 록   綠色(녹색)   草綠(초록)   綠陰(녹음),

陰 그늘 음   陰地   陰陽(음양)   陰性(음성)

秋 가을 추   秋夕(추석)   秋收(추수)   秋分(추분)

高 높을 고   高等學校(고등학교)   高下   天高馬肥(천고마비)

肥 살찔 비   肥大   肥滿(비만)   肥料(비료)

冬 겨울 동   冬至(동지)   冬服(동복)   冬眠(동면)   入冬

6) 시간

古今(고금)   朝夕(조석)   晝夜(주야)   光陰(광음)

永久(영구)   歲月(세월)   朝三暮四(조삼모사)

時 때 시   時代(시대)   時間   同時(동시)

                 寺(절 사→시) + 日(해→때, 시간)

古 예 고   古木   古物(고물)   古今(고금)

今 이제 금   今日   方今   至今(지금)

朝 ①아침 조   早朝(조조)   朝飯(조반)   朝夕(조석)

   ②왕조 조   王朝(왕조)   李朝(이조)

夕 저녁 석   夕刊(석간)   夕陽(석양)   秋夕(추석)

晝 낮 주   白晝   晝間(주간)   晝夜(주야)

夜 밤 야   夜間   深夜(심야)   夜行(야행)

光 빛 광   日光浴(일광욕)   光明   觀光(관광)

永 길 영   永生   永遠(영원)   永久(영구)

久 오랠 구   長久   持久力(지구력)   耐久性(내구성)

歲 해 세   歲時(세시)   萬歲   歲月
暮 저물 모   暮春(모춘)   歲暮(세모)   朝三暮四

7) 장단

大小(대소)   多少(다소)   曲直(곡직)   輕重(경중)   同異(동이)
高低(고저)   長短(장단)   強弱(강약)   大同小異(대동소이)

大 큰 대   重大(중대)   大多數(대다수)   大元(대원)
小 작을 소   大小   小心   小說(소설)
多 많을 다   多數(다수)   多少   多量(다량)
曲 ①굽을 곡   曲線(곡선)   屈曲(굴곡)   曲直(곡직)
   ②악곡 곡   曲目   作曲(작곡)   行進曲(행진곡)
直 곧을 직   正直   直線(직선)   忠直(충직)
輕 ①가벼울 경   輕微(경미)   輕傷(경상)   輕重(경중)
重 ①무거울 중   重量(중량)   重工業(중공업)   重傷(중상)
   ②거듭 중   二重   重複(중복)
同 같을 동   同志(동지)   同門會(동문회)   同居同樂(동거동락)
異 다를 이   大同小異   異性(이성)   奇異(기이)
低 낮을 저   高低   低音(저음)   低溫(저온)
短 짧을 단   短命(단명)   短刀(단도)   短時日
                  豆(콩 두→단) + 矢(화살 시→짧음)
強 굳셀 강   強力   強大國(강대국)   強風(강풍)
弱 약할 약   弱骨(약골)   弱體(약체)   老弱者(노약자)

8) 가족

家族(가족)　　父母(부모)　　兄弟(형제)　　姉妹(자매)　　子女(자녀)
姓氏(성씨)　　血肉(혈육)　　和睦(화목)　　難兄難弟(난형난제)

家 집 가　　　　　家族(가족)　自手成家(자수성가)　家訓(가훈)
族 겨레 족　　　　同族　民族　親族(친족)
母 어미 모　　　　父母　母性　母乳(모유)
祖 조상 조　　　　先祖(선조)　祖國(조국)　祖上(조상)
孫 손자 손　　　　孫子　子孫　孫婦(손부)
　　　　　　　　자손(子)이 이어진다(系:이을 계)는 뜻.
兄 형 형　　　　　學父兄(학부형)　妻兄(처형)　兄弟(형제)
弟 아우 제　　　　弟子　子弟　師弟(사제)
姉 손윗누이 자　　姉兄(손윗누이의 남편)　姉妹(자매)
妹 손아래누이 매　妹弟(손아래누이의 남편)
姓 성씨 성　　　　姓名(성명)　同姓同本(동성동본)　百姓(백성)
氏 성씨 씨　　　　氏族(씨족)　金氏(김씨)　朴氏(박씨)
血 피 혈　　　　　血管(혈관)　心血　血肉(혈육)
睦 화목할 목　　　親睦(친목)　和睦(화목)
難 어려울 난　　　難民　國難　難兄難弟

9) 학문

學問(학문)　　眞理(진리)　　探究(탐구)　　講義(강의)　　歷史(역사)
文學(문학)　　科學(과학)　　知識(지식)　　意識(의식)　　聞一知十(문일지십)

學 배울 학　　　　　入學　學問(학문)　學校(학교)
眞 참 진　　　　　眞心　眞實(진실)　眞理(진리)
理 이치 리　　　　天理　心理　理性(이성)　理論(이론)
探 찾을 탐　　　　探問(탐문)　探知(탐지)　探究(탐구)
究 연구할 구　　　究明　研究(연구)
　　　　　　　　九(구) + 穴(구멍 혈→끝까지 들어가서 알려고 연구함)
講 익힐 강　　　　講習(강습)　講讀(강독)　講義(강의)
義 ①옳을 의　　　義理　義務(의무)　正義
　　②뜻 의　　　意義(의의)　字意(자의)
歷 지낼 력　　　　歷史(역사)　經歷(경력)　履歷書(이력서)
史 역사 사　　　　史學　正史　野史(야사)
文 글월 문　　　　文字　文學　文化
科 과목 과, 과정과　科目　科學　國文學科(국문학과)
知 알 지　　　　　知能(지능)　知覺(지각)　知識(지식)
識 알 식　　　　　意識(의식)　識見(식견)　有識(유식)
意 뜻 의　　　　　意見(의견)　意外(의외)　意味(의미)

10) 우정

交友(교우)　　信義(신의)　　友情(우정)　　親友(친우)　　同窓(동창)
竹馬故友(죽마고우)　　水魚之交(수어지교)　　金石之交(금석지교)

交 사귈 교　　　　親交(친교)　交通(교통)　異性交際(이성교제)
信 ①믿을 신　　　信用(신용)　信念(신념)
　　②소식 신　　　通信(통신)　電信(전신)　信號(신호)
情 뜻 정　　　　　心情　人情　愛情(애정)　情報(정보)

親 ①친할 친　　　親近(친근)　親睦(친목)　事親以孝(사친이효)
　　②어버이 친　　兩親(양친)　母親　親戚(친척)
窓 창 창　　　　窓門　同窓生(동창생)　學窓時節(학창시절)
故 ①예 고　　　故鄉(고향)　竹馬故友(죽마고우)
　　②죽을 고　　故人(고인)
　　③일부러 고　故意(고의)
之 갈 지, 어조사(~의) **지** 左之右之(좌지우지)　水魚之交(수어지교)

11) 체력

運動(운동)　　練習(연습)　　勝利(승리)　　敗北(패배)　　和合(화합)　　秩序(질서)
體力(체력)　　國力(국력)　　規則(규칙)　　正當(정당)　　持久力(지구력)

運 ①움직일 운　　海運(해운)　運行(운행)　運動(운동)
　　②운 운　　　天運　不運(불운)　幸運(행운)
　　　　　　　　軍(군사 군→운) + 辶←辵(쉬엄쉬엄 갈 착→움직이다)
動 움직일 동　　地動　天動　行動(행동)
　　　　　　　　重(무거울 중→동) + 力(힘들여 움직이다)
練 익힐 련　　　鍊磨(연마)　訓練(훈련)　練習(연습)
習 익힐 습　　　學習　習字　風習(풍습)
勝 이길 승　　　勝敗(승패)　勝負(승부)　勝利(승리)
　　　　　　　　朕(나 짐→승) + 力(힘써 이기다)
利 ①이로울 리　利己(이기)　金利(금리)　利用(이용)
　　②날카로울 리　銳利(예리)
敗 패할 패　　　敗亡　敗北(패배)　失敗(실패)
合 합할 합　　　合意(합의)　合一　合心

秩 차례 **질**　　　秩序(질서)

　　　　　　　　　失(잃을 실→질) + 化(벼가 쌓인 모양→차례)

序 차례 **서**　　　序文　序曲(서곡)　順序(순서)

體 몸 **체**　　　　體重(체중)　一心同體　體育(체육)

國 나라 **국**　　　國家(국가)　國內　國土

規 법 **규**　　　　規定　法規(법규)　規則(규칙)

則 법 **칙**　　　　法則　校則(교칙)

正 바를 **정**　　　正直(정직)　正義　正當(정당)

當 마땅할 **당**　　至當(지당)　適當(적당)　當然(당연)

　　　　　　　　　尚(오히려 상→당) + 田(밭을 정당하게 서로 바꿔 갖는다는 뜻)

持 ①가질 **지**　　持參(지참)　所持(소지)

　　②버틸 **지**　　持久力(지구력)　維持(유지)

　　　　　　　　　寺(절 사→지) + 扌←手(손으로 가지다)

12) 여행

旅行(여행)　案內(안내)　古蹟(고적)　名所(명소)　絶景(절경)　自然(자연)

登山(등산)　見學(견학)　紀行文(기행문)　百聞不如一見(백문불여일견)

旅 나그네 **려**　　　旅館(여관)　旅客(여객)　旅行

行 행할 **행**, 다닐 **행** 行動　行人　直行

案 ①인도할 **안**　　案內(안내)

　　②책상 **안**　　　書案(서안)

　　③생각 **안**　　　文案(문안)　安(편안 안) + 木(나무로 만든 책상→생각하다→인도하다)

蹟 발자취 **적**　　　遺蹟(유적)　古蹟　筆跡(蹟)(필적)

　　　　　　　　　　責(맡을 책→적) + 足(발→자취·행적)

名 이름 명　　　地名　姓名(성명)　名所(명소)

所 ①바 소　　　所行　所信(소신)

　 ②곳 소　　　場所(장소)　住所(주소)　戶(지게문 호→소) + 斤(도끼 근→도끼로 나무를 찍을 때 소리나는 곳을 뜻함)

絶 ①끊을 절　　絶交(절교)　絶斷(절단)

　 ②뛰어날 절　絶景(절경)　絶色(절색)

景 경치　　　　雪景(설경)　風景　景致(경치)

　　　　　　　京(서울 경) + 日(해→경치)

自 스스로 자　　自身(자신)　自由(자유)　自然(자연)

然 그러할 연　　當然(당연)　天然　泰然(태연)

登 ①오를 등　　登山

　 ②나아갈 등　登校(등교)

　 ③올릴 등　　登記(등기)

見 ①볼 견　　　見習(견습)　見聞(견문)

　 ②생각 견　　高見　意見(의견)

　 ③나타날 현　見金(현금(=現金))

紀 ①벼리 기, 법칙 기　紀綱(기강)

　 ②적을 기　　紀行

不 아니 불　　　不正　不利(불리)　不動(부동)

如 같을 여　　　如一　如意(여의)　百聞不如一見

13) 독서

讀書(독서)　言語(언어)　古典(고전)　良書(양서)　多讀(다독)　精讀(정독)

敎養(교양)　思考(사고)　讀後感(독후감)　圖書館(도서관)　燈火可親(등화가친)

讀 읽을 독　　　讀書(독서)　講讀(강독)　朗讀(낭독)

書 글 서　　　書藝(서예)　書名(서명)　古書

言 말씀 언　　　言語(언어)　言行(언행)　名言

語 말씀 어　　　國語　語學　韓國語(한국어),　吾(나 오→어) + 言(말씀)

典 책 전　　　字典　古典　法典(법전)

良 ①어질 량　　　良心　善良(선량)

　　②좋을 량　　　良書(양서)　良好(양호)

精 ①찧을 정　　　精米(정미)　精麥(정맥)

　　②자세할 정　　　精讀(정독)　精密(정밀)

　　③혼 정　　　精神(정신)　精誠(정성)

　　　　　　靑(푸를 청→청) + 米(쌀 미→깨끗하다→세밀하다)

敎 가르칠 교　　　敎養(교양)　敎科(교과)　敎育(교육)

養 기를 양　　　養魚(양어)　養育(양육)　養鷄(양계)

　　　　　　羊(양 양) + 食(먹여 기르다)

思 생각 사　　　意思　思考(사고)　思想(사상)

考 살필 고　　　考案(고안)　參考(참고)　考慮(고려)

後 뒤 후　　　後方　後世(후세)　讀後感(독후감)

感 느낄 감　　　感覺(감각)　同感　感動(감동)

圖 ①그림 도　　　地圖(지도)　圖面(도면)　圖書館(도서관)

　　②꾀할 도　　　圖謀(도모)　試圖(시도)　意圖(의도)

館 집 관　　　公館(공관)　館舍(관사)

燈 등잔 등　　　燈火可親(등화가친)　街路燈(가로등)　石燈

　　　　　　登(오를 등) + 火(불→등잔)

可 ①옳을 가　　　不可　可否(가부)

　　②가히 가　　　可能(가능)　可觀(가관)

14) 수양

修養(수양)　道德(도덕)　性品(성품)　良心(양심)　眞實(진실)　誠意(성의)　克己(극기)

決心(결심)　善行(선행)　實踐(실천)　忍耐(인내)　反省(반성)　務實力行(무실역행)

修　①닦을 수　　　修身(수신)　修養(수양)

　　②고칠 수　　　修理(수리)　修繕(수선)

道　①길 도　　　　道路(도로)　大道

　　②도리 도　　　正道　道理　道德(도덕)

　　③말할 도　　　報道(보도)

德　덕(공정하고 포용성 있는 품성) 덕　德性　德行　恩德(은덕)

性　성품 성　　　　本性　習性(습성)　天性

品　품수(물품의 등급) 품　上品　人品　品位(품위)

實　①열매 실　　　實果(실과)　結實(결실)

　　②참될 실　　　誠實(성실)　眞實(진실)

誠　정성 성　　　　忠誠(충성)　誠意(성의)　誠實

　　　　　　　　　　成(이룰 성) + 言(말을 믿음 있게 한다는 뜻)

克　이길 극　　　　克復(극복)　克己(극기)

己　몸 기　　　　　自己

決　결정할 결　　　決勝(결승)　決意　決心

善　착할 선　　　　善良(선량)　善行(선행)　善惡(선악)

踐　밟을 천　　　　踐行　實踐(실천)

忍　참을 인　　　　忍耐(인내)　忍辱(인욕)

　　　　　　　　　　刃(칼날 인) + 心(마음→마음)

耐　견딜 내　　　　耐久(내구)

反　돌이킬 반　　　反動　反感(반감)　反對(반대)

省　①살필 성　　　省察(성찰)　反省(반성)

②덜 생   省略(생략)

務 힘쓸 무   義務(의무)   事務(사무)   務實力行(무실역행)

15) 희망

希望(희망)   遠大(원대)   意志(의지)   堅固(견고)   努力(노력)   喜悅(희열)
全心全力(전심전력)   苦盡甘來(고진감래)   苦難克服(고난극복)

希 바랄 희   希望   希求(희구)
望 바랄 망   大望   觀望(관망)   德望(덕망)
遠 멀 원   遠大   遠視(원시)   遠近(원근)
志 뜻 지   同志   意志   志願(지원)
堅 굳을 견   堅實(견실)   堅固(견고)   堅持(견지)
固 굳을 고   固體(고체)   固定(고정)   固守(고수)
                 古(예 고) + 囗(에울 위→성벽→굳다)
努 힘쓸 노   努力(노력),   奴(종 노) + 力(힘쓰다)
喜 기쁠 희   歡喜(환희)   喜悲(희비)   喜悅(희열)
悅 기쁠 열   悅樂(열락)
全 온전할 전   全體(전체)   安全   全心全力
苦 ①쓸 고   甘苦(감고)   苦言   苦盡甘來
   ②괴로울 고   苦生   苦學   苦痛(고통)
盡 다할 진   盡力   賣盡(매진)   無盡(무진)
甘 달 감   甘草   甘言   甘味(감미)
來 올 래   來日   本來   往來(왕래)
服 ①옷 복   衣服(의복)   冬服(동복)
   ②복종할 복   不服(불복)   服從(복종)   苦難克服

16) 衣生活(의생활)

衣服(의복)　　韓服(한복)　　洋服(양복)　　簡便(간편)　　節約(절약)　　儉素(검소)

洗濯(세탁)　　淸潔(청결)　　衣裳(의상)　　錦上添花(금상첨화)

簡 ①간단할 간	簡單(간단)	
②편지 간	書簡(서간)	
便 ①편할 편	便利(편리)	便安(편안)
②똥오줌 변	便所(변소)	便器(변기)
儉 검소할 검	勤儉(근검)	儉約(검약)
素 바탕 소	素質(소질)	簡素(간소)
節 ①절제할 절	節約(절약)	節制(절제)
②마디 절	音節(음절)	季節(계절)
潔 깨끗할 결	潔白(결백)	不潔(불결)
洗 씻을 세	洗手(세수)　洗面(세면)	洗禮(세례)
濯 씻을 탁	洗濯(세탁)	
裳 치마 상	衣裳室(의상실)	紅裳(홍상)
錦 비단 금	錦衣還鄕(금의환향)	錦繡江山(금수강산)
添 더할 첨	添加(첨가)	添削(첨삭)

17) 食生活(식생활)

飮食(음식)　　朝飯(조반)　　健康(건강)　　衛生(위생)　　味覺(미각)　　料理(요리)

食 먹을 식	肉食(육식)　食事(식사)　食堂(식당)　食品(식품)
飮 마실 음	飮料水(음료수)　飮酒(음주)　飮福(음복)
飯 밥 반	飯店(반점)　飯酒(반주)

健 튼튼할 **건**　　　健實(건실)　　健全(건전)　　保健(보건)

康 편안할 **강**　　　健康(건강)

衛 지킬 **위**　　　防衛(방위)　　護衛(호위)　　守衛(수위)　　親衛(친위)

味 맛 **미**　　　調味料(조미료)　　興味(흥미)　　意味(의미)

覺 깨달을 **각**　　　自覺(자각)　　先覺者(선각자)　　感覺(감각)

料 재료 **료**　　　材料(재료)　　食料品(식료품)　　料理(요리)　　料金(요금)

18) 住生活(주생활)

住宅(주택)　　居室(거실)　　家庭(가정)　　生活(생활)

實用(실용)　　洋屋(양옥)　　住居(주거)　　環境(환경)

住 살 **주**　　　住民(주민)　　移住(이주)　　安住(안주)

宅 집 **택**　　　宅地(택지)　　自宅(자택)

居 살 **거**　　　同居(동거)　　居住(거주)　　居處(거처)

庭 뜰 **정**　　　庭園(정원)　　法庭(법정)　　家庭(가정)

活 살 **활**　　　活動(활동)　　活命水(활명수)　　活用(활용)

用 쓸 **용**　　　使用(사용)　　用法(용법)　　日用(일용)

屋 집 **옥**　　　屋上(옥상)　　屋外(옥외)　　家屋(가옥)

環 두루 **환**　　　循環(순환)　　環境(환경)

境 경계 **경**　　　國境(국경)　　境界(경계)

19) 住所(주소) 쓰기

道(도)　　特別市(특별시)　　廣域市(광역시)　　都市(도시)　　郡邑(군읍)　　洞里(동리)

區(구)　　面(면)　　番地(번지)　　號(호)　　統(통)　　班(반)　　棟(동)

特　특별할 특　　特異(특이)　　特性(특성)　　特出(특출)

別　①다를 별　　別味(별미)　　性別(성별)

　　②헤어질 별　　離別(이별)　　告別(고별)

市　도시 시　　市場(시장)　　市長(시장)　　市民(시민)　　市街(시가)

廣　넓을 광　　廣場(광장)　　廣告(광고)　　廣範(광범)

都　도읍 도　　首都(수도)　　都心地(도심지)

郡　고을 군　　郡守(군수)　　郡廳(군청)

邑　고을 읍　　邑內(읍내)　　鳳陽邑(봉양읍)　　都邑(도읍)

洞　마을 동　　明洞(명동)　　洞內(동내)　　洞長(동장)

棟　건물 동　　103棟(동)　　本館棟(본관동)　　實習棟(실습동)　　病棟(병동)

區　구역 구　　區域(구역)　　西大門區(서대문구)

　　　　　　永登浦區(영등포구)　　區分(구분)

面　①얼굴 면　　面相(면상)　　面目(면목)　　表面(표면)

　　②행정구역 면　　面長(면장)

番　차례 번　　當番(당번)　　順番(순번)　　番號(번호)

號　①차례 호　　號數(호수)

　　②부를 호　　信號(신호)　　號令(호령)

統　①합할 통　　統一(통일)　　統合(통합)

　　②계통 통　　血統(혈통)　　正統(정통)

班　나눌 반　　班長(반장)

20) 言論(언론) · 藝術(예술)

新聞(신문)　　報道(보도)　　放送(방송)　　通信(통신)　　視聽(시청)　談話(담화)

音樂(음악)　　美術(미술)　　詩畵(시화)　　歌舞(가무)　　作品(작품)　創作(창작)

個性(개성)　　構成(구성)　　調和(조화)　　形式(형식)　　表現(표현)

論 논할 론　　　槪論(개론)　論文(논문)　論理(논리)

新 새 신　　　　新曲(신곡)　革新(혁신)　新入生(신입생)

報 ①갚을 보　　報恩(보은)　報復(보복)

　　②알릴 보　　報告書(보고서)　　通報(통보)

放 내놓을 방　　放學(방학)　開放(개방)　放心(방심)

送 보낼 송　　　送金(송금)　運送(운송)　歡送(환송)

通 통할 통　　　交通(교통)　通信(통신)　開通(개통)　通情(통정)

視 볼 시　　　　視力(시력)　視覺(시각)　視線(시선)　監視(감시)

聽 들을 청　　　聽力(청력)　聽聞會(청문회)　聽取(청취)

談 이야기 담　　面談(면담)　美談(미담)　眞談(진담)

話 이야기 화　　會話(회화)　通話(통화)　童話(동화)

藝 재주 예　　　文藝(문예)　工藝(공예)　藝能(예능)

術 재주 술　　　學術(학술)　術數(술수)　話術(화술)

音 소리 음　　　和音(화음)　音聲(음성)　母音(모음)

樂 ①풍류 악　　樂曲(악곡)　音樂(음악)　樂器(악기)

　　②즐길 락　　行樂(행락)　娛樂(오락)　苦樂(고락)

　　③좋아할 요　樂山樂水(요산요수)

詩 시 시　　　　詩人(시인)　自由詩(자유시)　祝詩(축시)

畵 그림 화　　　畵家(화가)　西洋畵(서양화)　靜物畵(정물화)

歌 노래 가　　　歌手(가수)　詩歌(시가)　歌曲(가곡)　歌謠(가요)

舞 춤출 무　　　舞踊(무용)　舞臺(무대)　舞姬(무희)

作 지을 작   作品(작품)   作家(작가)   作心三日(작심삼일)
創 비롯할 창   創立(창립)   創作(창작)   創造(창조)
個 낱 개   個人(개인)   個體(개체)   個別(개별)
構 얽을 구   構造(구조)   機構(기구)   構想(구상)   構成(구성)
成 이룰 성   成人(성인)   生成(생성)   成功(성공)   作成(작성)
調 고를 조   調節(조절)   曲調(곡조)   同調(동조)
形 모양 형   形體(형체)   地形(지형)   形言(형언)
式 법 식   新式(신식)   正式(정식)   入學式(입학식)   式場(식장)
表 ①겉 표   表面(표면)   表紙(표지)
   ②나타낼 표   表現(표현)   表明(표명)
現 나타날 현   出現(출현)   現在(현재)   現代(현대)

21) 産業(산업)

工業(공업)   農業(농업)   商業(상업)   財貨(재화)   製造(제조)   交易(교역)
賣買(매매)   金錢(금전)   收入(수입)   支出(지출)   勞使(노사)   向上(향상)
農村(농촌)   收穫(수확)   資金(자금)   離農(이농)   貧農(빈농)   改革(개혁)

産 낳을 산   生産(생산)   國産(국산)   水産(수산)
業 일 업   學業(학업)   業務(업무)   林業(임업)   卒業(졸업)
農 농사 농   農民(농민)   農家(농가)   農事(농사)   營農(영농)
商 장사 상   商人(상인)   商品(상품)   商店(상점)
財 재물 재   財力(재력)   財産(재산)   財閥(재벌)
貨 재화 화   外貨(외화)   貨物(화물)   百貨店(백화점)
製 만들 제   製作(제작)   製圖(제도)   製造(제조)
交 사귈 교   交友(교우)   交通(교통)   交信(교신)

易 ①바꿀 역	貿易(무역)	交易(교역)		
②쉬울 이	平易(평이)	難易(난이)		
賣 팔 매	販賣(판매)	賣盡(매진)	賣春(매춘)	賣店(매점)
買 살 매	買入(매입)	買收(매수)	競買(경매)	
錢 돈 전	金錢(금전)	銅錢(동전)	紙錢(지전)	
收 거둘 수	收金(수금)	秋收(추수)	收入(수입)	
支 ①지출 지	收支(수지)	支給(지급)		
②지탱할 지	支柱(지주)	支店(지점)		
勞 수고로울 로	勞動(노동)	功勞(공로)	勞苦(노고)	
使 부릴 사	使用(사용)	使命(사명)	使役(사역)	
向 향할 향	向上(향상)	方向(방향)	向學(향학)	
村 마을 촌	漁村(어촌)	村落(촌락)	山村(산촌)	
穫 거둘 확	收穫(수확)	秋穫(추확)		
資 밑천 자	資本(자본)	資産(자산)	資格證(자격증)	
離 떠날 리	離別(이별)	分離(분리)	離散家族(이산가족)	
貧 가난할 빈	貧民(빈민)	貧困(빈곤)	貧血(빈혈)	
改 고칠 개	改善(개선)	改正(개정)	改良(개량)	
革 ①고칠 혁	革新(혁신)	革命(혁명)	改革(개혁)	
②가죽 혁	皮革(피혁)	革帶(혁대)		

22) 法(법)

法治(법치)   憲法(헌법)   法律(법률)   權利(권리)   刑罰(형벌)

免罪(면죄)   違憲(위헌)   嚴正(엄정)

法 법 법   法規(법규)   方法(방법)   民法(민법)

治 다스릴 **치**　　自治(자치)　　治安(치안)　　治療(치료)

憲 법 **헌**　　憲章(헌장)　　改憲(개헌)

律 ①법 **률**　　規律(규율)　　自律(자율)　　律法(율법)

　　②가락 **률**　　律動(율동)　　調律(조율)

權 권세 **권**　　權力(권력)　　民權(민권)　　市民權(시민권)

利 이로울 **리**　　利用(이용)　　利益(이익)　　便利(편리)

刑 형벌 **형**　　刑法(형법)　　處刑(처형)　　刑事(형사)

罰 벌줄 **벌**　　罰則(벌칙)　　罰金(벌금)　　天罰(천벌)

免 면할 **면**　　免除(면제)　　免稅(면세)　　罷免(파면)

罪 허물 **죄**　　罪人(죄인)　　重罪(중죄)　　罪名(죄명)

違 어길 **위**　　違反(위반)　　違法(위법)　　違背(위배)

嚴 엄할 **엄**　　嚴父(엄부)　　嚴格(엄격)　　嚴重(엄중)

23) 政治(정치)

自由(자유)　　平等(평등)　　政黨(정당)　　選擧(선거)　　參與(참여)　　主權(주권)

民主主義(민주주의)　　地方自治(지방자치)　　人間尊嚴(인간존엄)

政 정사 **정**　　行政(행정)　　善政(선정)　　政權(정권)

由 말미암을 **유**　　自由(자유)　　由來(유래)　　理由(이유)

平 평평할 **평**　　平地(평지)　　水平(수평)　　平行(평행)

等 등급 **등**　　高等(고등)　　等分(등분)　　差等(차등)

黨 무리 **당**　　黨爭(당쟁)　　野黨(야당)　　民主黨(민주당)

選 가릴 **선**　　選出(선출)　　當選(당선)　　選定(선정)

擧 들 **거**　　擧手(거수)　　擧動(거동)　　擧論(거론)

參 ①참여할 **참**　　參加(참가)　　參與(참여)

②석 삼　　　　參十(삼십)
與 ①같이할 여　　關與(관여)　　與黨(여당)
　　②줄 여　　　授與(수여)　　給與(급여)
義 옳을 의　　　義理(의리)　　義兵(의병)　　正義(정의)　　意義(의의)
方 방향 방　　　方法(방법)　　方向(방향)　　方今(방금)　　近方(근방)
尊 높일 존　　　尊重(존중)　　自尊心(자존심)　　至尊無上(지존무상)

24) 經濟(경제)

企業(기업)　　勤勞(근로)　　月給(월급)　　貧富(빈부)　　輸出(수출)　　獨占(독점)
所得(소득)　　分配(분배)　　物價(물가)　　賃金(임금)　　組合(조합)　　貯蓄(저축)

經 ①다스릴 경　　經世濟民(경세제민)　　經營(경영)
　　②지날 경　　　經過(경과)　　經由(경유)
　　③경서 경　　　四書五經(사서오경)　　聖經(성경)　　佛經(불경)
濟 건질 제　　　濟民(제민)　　救濟(구제)　　共濟會(공제회)
勤 부지런할 근　　勤勉(근면)　　勤務(근무)　　皆勤(개근)
給 급여 급　　　給與(급여)　　自給自足(자급자족)
富 부유할 부　　　富者(부자)　　富强(부강)　　豊富(풍부)
輸 실어낼 수　　　運輸(운수)　　輸送(수송)　　輸入(수입)
獨 홀로 독　　　獨立(독립)　　獨善(독선)　　獨唱(독창)
占 ①차지할 점　　占領(점령)　　占有(점유)
　　②점칠 점　　　占(점)장이　　占術(점술)　　占星(점성)
得 얻을 득　　　利得(이득)　　獲得(획득)　　得道(득도)
分 나눌 분　　　分斷(분단)　　分業(분업)　　身分(신분)
配 ①나눌 배　　　配給(배급)　　配當(배당)

②짝 배   配匹(배필)

價 값 가   定價(정가)   價格(가격)   價值(가치)

賃 품삯 임   賃金(임금)   運賃(운임)   勞賃(노임)

組 짤 조   組織(조직)   組合(조합)   3組(조)

貯 저장할 저   貯金(저금)   貯水池(저수지)   貯藏(저장)

蓄 쌓을 축   蓄財(축재)   蓄積(축적)   備蓄(비축)

25) 社會(사회)

福祉(복지)   共同體(공동체)   公衆道德(공중도덕)   生活(생활)   經驗(경험)

鄕約(향약)   相扶相助(상부상조)   團結(단결)

社 단체 사   會社(회사)   社交(사교)   社說(사설)

會 모일 회   國會(국회)   會則(회칙)   會談(회담)

共 함께 공   共通(공통)   公共(공공)   共益(공익)

公 공적일 공   公正(공정)   公明(공명)   公告(공고)

體 몸 체   體育(체육)   身體(신체)   肉體(육체)

衆 무리 중   大衆(대중)   民衆(민중)   衆論(중론)

德 큰 은혜 덕   德行(덕행)   德望(덕망)   恩德(은덕)   福德房(복덕방)

驗 시험 험   試驗(시험)   實驗(실험)   體驗(체험)

鄕 고을·고향 향   故鄕(고향)   鄕友會(향우회)   望鄕(망향)

約 약속 약   約束(약속)   公約(공약)   儉約(검약)

相 서로 상   相互(상호)   相面(상면)   相對(상대)

扶 도울 부   扶養(부양)   扶助(부조)

助 도울 조   助言(조언)   協助(협조)   助力(조력)

團 모일 단   團體(단체)   團合(단합)   財團(재단)

結 맺을 결   結婚(결혼)   結合(결합)   結末(결말)

26) 敎育(교육)

初等學校(초등학교)　　高等(고등)　　啓蒙(계몽)　　自覺(자각)　　目標(목표)
人格完成(인격완성)　　善導(선도)　　獎學(장학)　　百年大計(백년대계)

敎 가르칠 교　　敎育(교육)　敎養(교양)　敎授(교수)　敎室(교실)
校 학교 교　　學校(학교)　登校(등교)　校歌(교가)
育 기를 육　　育成(육성)　體育(체육)　養育(양육)
初 처음 초　　始初(시초)　初步(초보)　初面(초면)
等 등급 등　　高等(고등)　等分(등분)　差等(차등)
高 높을 고　　高手(고수)　高貴(고귀)　高低(고저)
啓 열 계　　啓發(계발)　啓示(계시)
蒙 어리석을 몽　　啓蒙(계몽)　蒙昧(몽매)
覺 깨달을 각　　感覺(감각)　覺醒(각성)　味覺(미각)
標 표본 표　　標本(표본)　標的(표적)　目標(목표)
格 품위 격　　品格(품격)　格調(격조)　資格(자격)　合格(합격)
完 완전할 완　　完全(완전)　完成(완성)　完工(완공)
善 착할 선　　眞善美(진선미)　善行(선행)　善心(선심)
導 이끌 도　　指導(지도)　傳導(전도)　導入(도입)
獎 권할 장　　獎勵(장려)　勸獎(권장)　獎學金(장학금)
年 해 년　　新年(신년)　年歲(연세)　未成年(미성년)
計 계획할 계　　生計(생계)　計劃(계획)　計算(계산)

27) 祖國(조국)

單一民族(단일민족)　弘益人間(홍익인간)　民族精神(민족정신)　自主獨立(자주독립)
義兵抗爭(의병항쟁)　憂國之士(우국지사)　分斷祖國(분단조국)　民族統一(민족통일)
休戰線(휴전선)

祖 조상·할아버지 조　　祖上(조상)　　先祖(선조)　　始祖(시조)
國 나라 국　　　國家(국가)　　國土(국토)　　愛國心(애국심)
單 홑 단　　　　單身(단신)　　名單(명단)　　單行本(단행본)
弘 넓을 홍　　　弘報(홍보)　　弘益人間(홍익인간)
益 이로울 익　　利益(이익)　　公益(공익)　　有益(유익)
族 겨레 족　　　家族(가족)　　貴族(귀족)　　血族(혈족)
精 ①정신 정　　精神(정신)　　精氣(정기)　　精力(정력)
　　②정성스러울 정　精誠(정성)　　精進(정진)　　精讀(정독)
神 귀신 신　　　鬼神(귀신)　　神奇(신기)　　神話(신화)
獨 홀로 독　　　獨身(독신)　　獨自(독자)　　孤獨(고독)
兵 병사 병　　　海兵(해병)　　養兵(양병)　　兵士(병사)
抗 방어할 항　　反抗(반항)　　抗拒(항거)　　對抗(대항)
爭 다툴 쟁　　　爭取(쟁취)　　戰爭(전쟁)　　競爭(경쟁)
憂 근심 우　　　憂患(우환)　　憂愁(우수)　　憂慮(우려)
斷 끊어질 단　　分斷(분단)　　斷絶(단절)　　斷念(단념)　　斷交(단교)
統 ①합칠 통　　統合(통합)　　統計(통계)
　　②거느릴 통　　系統(계통)　　傳統(전통)　　血統(혈통)　　統治(통치)
戰 싸울 전　　　戰爭(전쟁)　　作戰(작전)　　戰鬪(전투)　　實戰(실전)
線 줄 선　　　　曲線(곡선)　　電線(전선)　　線路(선로)　　水平線(수평선)

제VI장

―

한자상표를 활용한 한자학습

建麵世代(건면세대)

建 굳셀 건	▶ 亻(사람 인 : 뜻) + 建(세울 건 : 음) ⇨ 사람이 씩씩하고 힘참을 뜻한다. 〈형성원리〉 健康　健全　健兒　剛健
麵 보리 면	▶ 麥 (보리 맥 : 뜻) + 面 (얼굴 면 : 음) 冷麵　麵類　素麵　湯麵 ☞ 麥
世 인간 세 대 세	⇨ '卋'의 본 글자로 세 개의 十을 이어 삼십 년 을 가리켰으며 한 세대를 대략 30년으로 하 므로 '세대'를 뜻한다. 〈회의원리〉 世界　世紀　世代 世態
代 대신할 대 세대 대	代表　代身　代案　時代　代代孫孫

四川(사천)

四 넉 사	四時長철　四方　四君子 一 二 三 四 五 六 七 八 九 十 百 千 萬 億 壹 貳 參 (갖은자)
川 내 천	河川　堤川　山川草木 ● 河川 → 江 → 海 → 洋 ☞ 巡 (돌 순) → 辶(가다) + 巛(川) 巡禮　巡察　巡視　巡警

北 북녘 **북**		▸ 사람이 등을 대고 있는 모습 　北韓　城北洞　北上　北進 ● 北 (달아날 **배**) : 敗北 (패배) ● 背 (등 **배**) : 背景　背信　背水陣
京 서울 **경**		京城　京釜線　東京　京畿道 ● 景 (日+京=경치 **경**) : 夜景　景致　背景 ● 憬 (그리워할 **경**) : 憧憬
飯 밥 **반**		▸ 食 (먹을 **식** : 뜻) + 反 (돌이킬 **반** : 음) 　飯店　朝飯　飯饌　飯酒 ☞ 飮 (마실 음) : 飮料水　飮食　飮酒　飮福
店 가게 **점**		▸ 广 (원래 土 : 뜻) + 占 (차지할 **점** : 음) 　商店　本店　飮食店　代理店 ● ① 占 (차지할 **점**) : 占有　占領 　② 占 (점칠 **점**) : 占星術　卜占

農 농사 **농**		農民　農事　農業　農場　士農工商
心 마음 **심**		心身　心理　心情　良心　眞心

菜 나물 채	▸ 艸 (풀 초 : 뜻) + 采 (캘 채 : 음) 山菜 野菜 菜麻 ☞ 採 (캘 채) : 採用 採取 採擇 彩 (무늬 채) : 色彩 光彩
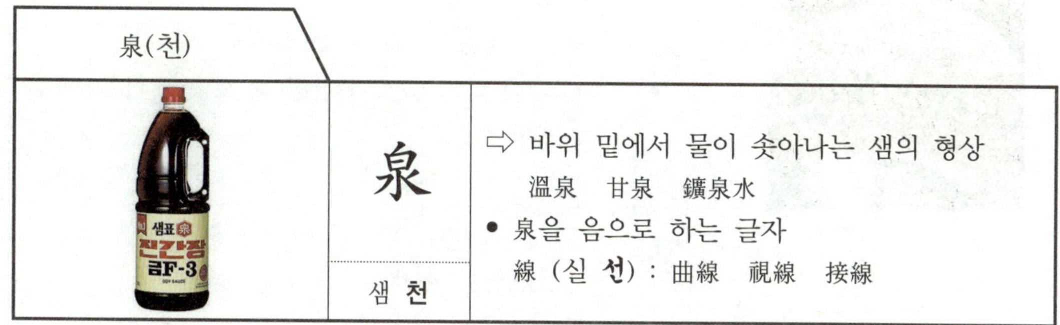	食 먹을 식	食事 食堂 肉食 食品 ● 먹는 것(食)과 관계된 한자 : 飮 (마실 음) : 飮酒過飮 飮料 飯 (밥 반) : 白飯 飯店 飯酒
	主 주인 주	主人 戶主 主義 主 ⇔ 客 ☞ 住 (살 주) : 住宅 住所 住居 ☞ 注 (물댈 주) : 注入 注油 注意 ☞ 柱 (기둥 주), 往 (갈 왕) : 往來
	義 옳을 의 뜻 의	▸ 羊 (양 양) + 我 (나 아) ⇨ 착한 양처럼 나를 희생한다 〈회의원리〉 正義 義理 義士 主義 ☞ 議 (의논할 의) : 議論 會議 儀 (예법 의) : 儀式 儀典 祝儀金

	泉 샘 천	⇨ 바위 밑에서 물이 솟아나는 샘의 형상 溫泉 甘泉 鑛泉水 ● 泉을 음으로 하는 글자 線 (실 선) : 曲線 視線 接線

生 날 생	生命　生存　生日　生産　生活 ⇔ 死 (죽을 **사**) : 九死一生　死力 ● '生'을 부수로 한 글자 : 産 (낳을 **산**) 産業

辛 매울 신	⇨ 예전 노예에게 문신을 새기던 바늘의 모양 　⇒ 괴롭다. 맵다. 千辛萬苦　辛酸

牛 소 우	韓牛　牛馬車　牛乳　黃牛 ☆ '牛'가 다른 글자와 합칠 때 '牜'로 바뀜 　　牧 (소칠 **목**) : 牧場　牧童　牧者 ● 午 (정오 **오**) : 正午　午前　午後
肉 고기 **육** 몸 **육**	肉食　豚肉　肉感　肉體　肉身 ● '肉'이 다른 글자와 합칠 때 모양이 '月'로 바뀌 기도 한다 　育 (기를 **육**)　肥 (살찔 **비**)　豚 (돼지 **돈**)
湯 끓일 **탕**	▶ 氵(물 수 : 뜻) + 昜(**양** : 음) 　海物湯　蔘鷄湯　沐浴湯　湯麵 ● '昜'(양)을 음으로 하는 글자 : 　場(마당 장)　揚(날릴 양)　陽(볕 양)

直 곧 **직** 직접 **직**	直線 正直 直接 直感 ⇔ 曲 (굽을 **곡**) ☞ 植 (심을 **식**) : 植木 植民地 ☞ 値 (값 **치**) : 價値 數値
火 불 **화**	火力 火災 消火 火焰 火田民 ● '火'가 부수로 쓰일 때 '灬'로도 됨 熱 (열 **열**) 燃 (탈 **연**) 燈 (등불 **등**) 熟 (익힐 **숙**) 燒 (불 사를 **소**) : 燒酒

元 으뜸 **원**	大元 味元 元首 元素 元祖 ● '元'을 음으로 하는 한자 : 院 (집 **원**) : 學院 病院 法院 完 (완전할 **완**) : 完全 完成
祖 조상 **조**	祖上 先祖 祖父母 祖國 元祖
三 석 **삼**	三角關係 三國 三伏 三三五五 三尺童子 ● '參'은 '三'의 갖은자로, 마음대로 고치지 못하 도록 문서 따위에 '三' 대신 써넣음 : 壹貳參
養 기를 **양**	▶ 羊 (양 **양** : 음) + 食 (먹일 **식** : 뜻) 三養 養鷄 養豚 奉養 養老院 ☞ 羊 (양 **양**) 洋 (큰바다 **양**) 樣 (본모양 **양**) : 樣相樣式

粉 가루 분	▸ 米 (쌀 미 : 뜻) + 分 (나눌 **분** : 음) 粉末 粉乳 製粉 粉筆 ● 盆 (화분 **분**) : 花盆
皮 가죽 피	外皮 皮膚 皮相的 皮革 ● '皮'는 짐승으로부터 벗긴 채로의 가죽, '革'은 털을 뽑아 만든 가죽 ● '皮'를 음으로 하는 글자 : 彼 (저 **피**) 疲 (지칠 **피**) 被 (입을 **피**)

安 편안할 안	▸ 宀 (집) + 女 (여자) ⇨ 집안에 여자가 편안하게 있다 〈회의원리〉 安定 安全 安寧 安心 安否
城 성터 성	▸ 土 (흙 토 : 뜻) + 成 (이룰 성 : 음) 山城 城內 安城 城南 ● 成 (이룰 성) : 成人 成功 誠 (정성 성) : 誠實 精誠洞
湯 끓일 탕	▸ 氵(물 수 : 뜻) + 昜(양 : 음) 海物湯 蔘鷄湯 沐浴湯 湯麵 ● '昜'(양)을 음으로 하는 글자 : 場(마당 장) 揚(날릴 양) 陽(볕 양)
麵 보리 면	▸ 麥 (보리 **맥** : 뜻) + 面 (얼굴 **면** : 음) 冷麵 麵類 素麵 湯麵 ☞ 麥

大長今(대장금)		
大 큰 **대**		大韓民國　大路　大器晩成 ⇔ 小 (작을 **소**) : 小心　弱小 ☞ 太 (클 **태**) : 太極旗　太陽
	長 길 **장** 어른 **장**	① 長 (길 **장**) : 長距離　長身　長久　長壽 　⇔ 短 (짧을 **단**) : 短期 ② 長 (어른 **장**) : 長幼有序 ③ 長 (우두머리 **장**) : 社長　會長
	今 이제 **금**	只今　今方　今年　今時初聞 ☞ 令 (명령할 **령**) : 命令　法令　令狀

米麥(미맥)		
米 쌀 **미**		▶ 모양을 본떠 만든 상형자 　白米　玄米　精米所　政府米 ● '米' 자를 부수로 하는 한자 : 　精 (쌀 찧을 정), 糞 (똥 분), 糧 (양식 량)
	麥 보리 **맥**	▶ 원래 '올 래'(來)가 보리를 나타내는 글자였다. 　麥酒　麥콜　小麥　大麥

無 없을 무	有無　無所有　無力　無事 ☞ 撫 (어루만질 **무**) : 愛撫 　　舞 (춤출 **무**) : 舞姬　舞踊	
洗 씻을 세	▶ 氵 (물 **수** : 뜻) + 先 (먼저 **선** : 변형된 음) 　洗手　洗面場　洗禮　洗鍊　洗濯 ☞ 先 (먼저 **선**) 　先頭　先進國　先 ⇔ 後	
米 쌀 미	⇨ 모양을 본떠 만든 상형자 　白米　玄米　精米所　政府米 ● '米' 자를 부수로 하는 한자 : 　精 (쌀 찧을 **정**), 糞 (똥 **분**), 糧 (양식 **량**)	
乾 마를 건 하늘 건	乾魚物　乾燥　乾葡萄 ⇔ 坤 (땅 **곤**) : 坤方　乾坤	
式 법 식	⇨ 자(工)로 재는 등 법식에 맞춘다는 데서 '의식' 　을 뜻함 　公式　正式　形式　禮式　卒業式 ☞ 試 (시험할 **시**) : 試驗　試植	

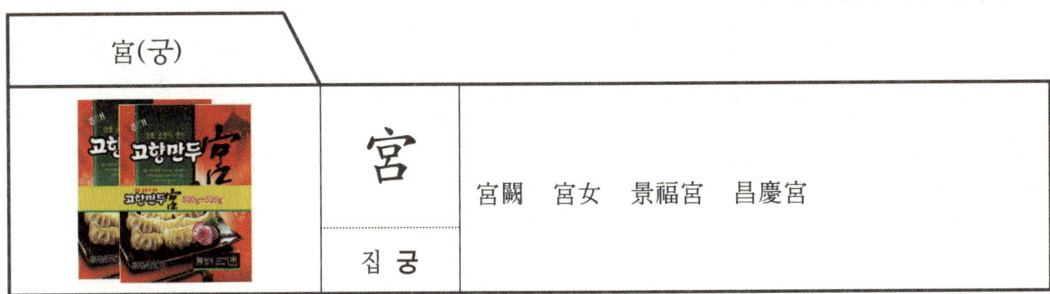

宮 집 궁	宮闕　宮女　景福宮　昌慶宮

蔘 인삼 삼	▶ 艸 (풀 **초** : 뜻) + 參 (석 **삼** : 음) 紅蔘　白蔘　山蔘　乾蔘
鷄 닭 계	▶ 奚 (어찌 **해** : 변형된 음) + 鳥 (새 **조** : 뜻) 群鷄一鶴　鷄肋　鷄卵
湯 끓일 탕	▶ 氵(물 **수** : 뜻) + 昜(**양** : 음) 海物湯　蔘鷄湯　沐浴湯　湯麵 ● '昜'(**양**)을 음으로 하는 글자 : 　場(마당 **장**)　揚(날릴 **양**)　陽(볕 **양**)

作 지을 **작** 만들 **작**	作文　作品　作曲　創作　工作合作　動作　作心三日 ☞ 昨 (어제 **작**) : 昨年　昨今　再昨年

鮮 신선할 **선** 생선 **선**	① 鮮 (고울 **선** / 신선할 **선**) : 　新鮮　鮮明　鮮血　朝鮮 ② 鮮 (생선 **선**) : 生鮮

海 바다 해	▶ 氵(水 : 뜻) + 每 (매양 **매** : 음) 海洋　陸·海·空　海神　東海 ● '每'와 관련된 글자 : 　每 (매양 **매**)　梅 (매화나무 **매**)
松 소나무 송	▶ 木 (나무 **목** : 뜻) + 公 (공변될 **공** : 음) 民松　老松　松林　松都 ● 나무들 : 桃 (복숭아 **도**)　梨 (배 **이**) 　柳 (버드나무 **류**)　李 (오얏나무 **리**)

東 동녘 동	⇨ 日 + 木 (동쪽에서 뜨는 해가 나무에 걸려 있다) 東洋　嶺東 ☞ 凍 (얼 **동**) : 凍傷　冷凍　凍破 　棟 (건물 **동**) : 實習棟　105棟
海 바다 해	▶ 氵(水 : 뜻) + 每 (매양 **매** : 음) 海洋　陸·海·空　海神　東海 ● '每'와 관련된 글자 : 　每 (매양 **매**)　梅 (매화나무 **매**)

愛 사랑 애	⇨ 마음(心)의 상태를 나타냄 愛人　愛情　愛國　戀愛

<table>
<tr><td colspan="3">大吉(대길)</td></tr>
<tr>
<td rowspan="2"></td>
<td>大
큰 대</td>
<td>大韓民國　大路　大器晚成
⇔ 小 (작을 소) : 小心　弱小
☞ 太 (클 태) : 太極旗　太陽</td>
</tr>
<tr>
<td>吉
길할 길</td>
<td>立春大吉　吉日　吉凶禍福　洪吉童
⇔ 凶 (흉할 흉) : 凶家　凶年　凶惡
● 胸 (가슴 흉) : 胸部外科　胸像</td>
</tr>
</table>

<table>
<tr><td colspan="3">精誠園(정성원)</td></tr>
<tr>
<td rowspan="3"></td>
<td>精
정성 정</td>
<td>▶ 米 (쌀 미 : 뜻) + 靑 (푸를 청 : 변형된 음)
① 精 (쌀찧을 정) : 精米所　精油
② 精 (자세할 정) : 精密　精讀
③ 精 (정성 정) : 精誠
④ 精 (혼 정) : 精神　精氣　妖精</td>
</tr>
<tr>
<td>誠
정성 성</td>
<td>▶ 言 (<u>말씀 언</u> : 뜻) + 成 (이룰 <u>성</u> : 음)
⇨ 말(言)과 행동이 일치하고 거짓이 없음
　至誠感天　精誠　誠意　忠誠
☞ 成 (이룰 성)　城 (성터 성)
　盛 (성할 성) : 盛大全盛期</td>
</tr>
<tr>
<td>園
동산 원</td>
<td>▶ □(<u>에워싸는 모양</u>) + 袁(원 : 음)
　公園　庭園　學園　幼稚園
● 袁을 음으로 하는 한자 :
　遠 (멀 원), 猿 (원숭이 원)</td>
</tr>
</table>

海 바다 해	▸ 氵(水 : 뜻) + 每 (매양 **매** : 음) 海洋　陸·海·空　海神　東海 ● '每'와 관련된 글자 : 　每 (매양 **매**)　梅 (매화나무 **매**)
感 느낌 감	▸ 咸 (다 **함** : 음) + 心 (<u>마음 **심**</u> : 뜻) 同感　感動　感想　感謝

味 맛 미	▸ 口 (입 **구** : 뜻) + 未 (아직아닐 <u>**미**</u> : 음) 味元　調味料　味覺 ☞ 未 (아닐 **미**) : 未完成　未成年　未定 ☞ 末 (끝 **말**) : 月末　學期末
元 으뜸 원	大元　味元　元首　元素　元祖 ● '元'을 음으로 하는 한자 : 　院 (집 **원**) : 學院　病院　法院 　完 (완전할 **완**) : 完全　完成

情 뜻 정 사랑 정	▸ 忄(=心 <u>마음</u> : 뜻)+靑(푸를 **청** : 음) 母情　友情　感情　同情　眞情 ● 타고난 성질은 '性', 밖으로부터 자극을 받아 　일어나는 마음의 움직임, 욕심에 연결된 감정 　쪽을 '情'

竹 대나무 죽	竹刀　竹馬故友　竹鹽 ● 竹을 부수로 하는 한자 : 　筆 (붓 **필**)　算 (셈할 **산**) : 計算 　節 (마디 **절**)　管 (대통 **관**)
鹽 소금 염	⇨ '塩' : '鹽'의 俗子 　竹鹽　鹽田　食鹽水　鹽分

綠 초록빛 록	綠色　草綠　綠茶　綠豆 ☞ 錄 (기록할 **록**) : 記錄　錄音　語錄
茶 차 **다** 차 **차**	茶房　雪綠茶　茶山　茶道

村 마을 촌	▶ 木 (**나무 목** : 뜻) + 寸 (마디 **촌** : 음) 　村落　村家　村長　農村　江村

<table>
<tr><td colspan="3">人蔘糖(인삼탕)</td></tr>
<tr><td rowspan="3"></td><td>人
사람 인</td><td>▶ 사람이 서 있는 모습을 옆에서 본뜬 글자 (상형원리)

聖人　人民　他人　爲人</td></tr>
<tr><td>蔘
인삼 삼</td><td>▶ 艸 (풀 초 : 뜻) + 參 (석 삼 : 음)

紅蔘　白蔘　山蔘　乾蔘</td></tr>
<tr><td>糖
엿 당
사탕 탕</td><td>▶ 米 (쌀 미 : 뜻) + 唐 (당나라 당 : 음)

糖分　糖原　糖尿病　葡萄糖</td></tr>
</table>

<table>
<tr><td colspan="3">黑砂糖(흑사탕)</td></tr>
<tr><td rowspan="3"></td><td>黑
검을 흑</td><td>暗黑　黑心　黑人　黑 ⇔ 白
● '黑'을 부수로 하는 글자 :
　黙 (잠잠할 묵) : 沈黙
　點 (점 점) : 點火　點檢　點線</td></tr>
<tr><td>砂
모래 사</td><td>▶ 石 (돌 석 : 뜻) + 少 (적을 소 : 음)
⇨ '沙'와 같은 글자
　砂金　土砂　沙漠　沙器　白沙場　砂糖</td></tr>
<tr><td>糖
엿 당
사탕 탕</td><td>▶ 米 (쌀 미 : 뜻) + 唐 (당나라 당 : 음)

糖分　糖原　糖尿病　葡萄糖</td></tr>
</table>

高 높을 고		天高馬肥　高等學校　高級 ⇔ 低 (낮을 **저**) : 低下　低氣壓　低俗 ● 방향 : 上下高低
笑 웃음 소		▸ 竹 + 夭 (요 : 음) ⇨ 대나무가 바람에 휘어지며 스치는 소리가 나 듯 몸을 굽혀 움직이며 '웃는다'는 뜻. 談笑　微笑　冷笑 ● 妖 (요염할 **요**) : 妖精　妖物
美 아름다울 **미**		美人　美容

百歲酒(백세주)

百 일백 **백**		百千萬　百姓　百貨店 ● 白 (흰 **백**) : 黑白　白人
歲 해 세		歲月　年歲 "及時當勉勵　歲月不待人"
酒 술 주		▸ 氵(水 물 **수** : 뜻) + 酉(닭 **유** : 변형된 음) 酒店　淸酒　濁酒　麥酒　洋酒 ☞ 酌 (술따를 **작**) : 酌婦　酌定　獨酌 酊 (술취할 **정**) : 酒酊

<table>
<tr><td colspan="3">茶席(다석)</td></tr>
<tr>
<td rowspan="2"></td>
<td>**茶**
차 **다**
차 차</td>
<td>茶房　雪綠茶　茶山　茶道</td>
</tr>
<tr>
<td>**席**

자리 **석**</td>
<td>▸ 부수가 '巾'(수건)이다. 이는 옛날에 자리에 '넓은 천'을 깐다는 데서 '자리'를 뜻함.
出席　參席　座席　首席　客席</td>
</tr>
</table>

<table>
<tr><td colspan="3">紅蔘水(홍삼수)</td></tr>
<tr>
<td rowspan="3"></td>
<td>**紅**

붉을 **홍**</td>
<td>▸ 糸 (실 **사** : 뜻) + 工 (장인 **공** : 변형된 음)
▷ '糸'이 색깔을 표시하기도 함 : 綠
　百日紅　紅蔘　紅一點
● 색깔을 알아보면
色 : 白 靑 黃 黑 赤 朱</td>
</tr>
<tr>
<td>**蔘**

인삼 **삼**</td>
<td>▸ 艹 (풀 **초** : 뜻) + 參 (석 **삼** : 음)
紅蔘　白蔘　山蔘　乾蔘</td>
</tr>
<tr>
<td>**水**

물 **수**</td>
<td>水道　湖水　水深　水平線
● '水'(=氵)를 부수로 하는 글자 :
河 (물가 **하**) – 江 (강 **강**) – 海 (바다 **해**) – 洋 (큰바다 **양**) / 油(기름 **유**)</td>
</tr>
</table>

胃力(위력)

胃 밥통 위	胃腸　胃痛 • 月은 '肉달月'로 신체의 부분을 나타내는 글자에 쓰임 　腸 (창자 **장**)　背 (등 **배**)　肺 (허파 **폐**) 　肝 (간장 **간**)　腹 (배 **복**)　脚 (다리 **각**)
力 힘 력	能力　强力　國力　努力 • '力'을 부수로 하는 한자 : 　加(더할 **가**)　功(공 **공**)　勇(날랠 **용**) 　助(도울 **조**)　勉(힘쓸 **면**)　務(힘쓸 **무**) 　動(움직일 **동**)　勞(수고로울 **로**)

腸(장)

腸 창자 장	▶ 月(肉달**월**-<u>신체의 부위</u> : 뜻) + 昜(**양** : 음) 　胃腸　大腸　十二指腸　腸炎 • '昜'(**양**)이 음을 나타내는 한자 : 　場(마당 **장**)　揚(날릴 **양**)　湯(끓일 **탕**)　陽(볕 **양**)

貴人(귀인)

貴 귀할 귀	貴下　貴族　貴公子　富貴　高貴 • 遺 (남을 **유** / 끼칠 **유**) : 　遺傳　遺産　遺言
人 사람 인	⇨ 사람이 서 있는 모습을 옆에서 본뜬 글자 　〈상형원리〉 　聖人　人民　他人　爲人

身 몸 신	肉身　心身　身體　自身　出身　身長
土 흙 토	土地　國土　土星　土木工事 土種 (본래 그 땅에서 난 종자)
不 아니 **불** 아니 **부**	未成年者入場不可　　不便不當 不正　　不足
二 두 이	二重性　　一口二言　　一石二鳥 二次　　二八靑春

花 꽃 화	▶ 艸 (풀 **초** : 뜻) + 化 (될 **화** : 음) 　花草　花園　開花　花柳界 ● '化'를 음으로 하는 글자 : 　貨 (재화 **화**) : 貨物　百貨店 　訛 (그릇될 **와**) : 訛傳　訛言
郞 사내 **랑**	新郞　花郞　慕竹旨郞歌 ● 良 (좋을 **량** / 어질 **량**) 　良好　善良　良質　優良 ☞ 娘 (아가씨 **낭**) : 娘子

天 하늘 **천**	天性　天國　天職　天 ⇔ 地 天上天下唯我獨尊 〈석가의 말씀〉
菊 국화 **국**	▸ ⧺ (풀 **초** : 뜻) + 匊 (손바닥 **국** : 음) 　菊花　黃菊　菊月(음력 9월) ● 梅蘭菊竹 (四君子) : 　梅花 · 蘭草 · 菊花 · 대나무

名 이름 **명**	▸ 名 : 해가 지면(夕) 눈으로 식별할 수 없기 때문에 상대를 부를(口) 수 있는 이름(名)이 생긴 것이다. 　姓名　地名　名聲　呼名
品 물건 **품**	① 品 (물건 **품**) : 名品　商品　學用品 ② 品 (품격 **품**) : 人品　性品　品行

純 순할 **순**	▸ 糸(실 **사** : 뜻) + 屯(진칠 **둔** : 변형된 음) ▸ 아무 색이 없는 '명주실'→ '순수하다' 　純粹　純眞　純金　單純　淸純 ● 屯 (진칠 **둔**) : 駐屯　屯田 ● 梅 (매화 **매**) : 梅花　梅實酒

<table>
<tr><td colspan="3">乳(유)</td></tr>
<tr>
<td></td>
<td>乳

젖 유</td>
<td>牛乳　粉乳　豆乳　乳房　乳母
● 油 (기름 유)
　石油　原油　注油所　食用油</td>
</tr>
</table>

<table>
<tr><td colspan="3">眞露(진로)</td></tr>
<tr>
<td rowspan="2"></td>
<td>眞

참 진</td>
<td>眞理　眞實　眞露　眞價　眞相　純眞　寫眞
⇔ 僞 (거짓 위) : 僞善　僞造　虛僞
☞ 善 (착할 선) : 善行　最善</td>
</tr>
<tr>
<td>露

이슬 로</td>
<td>▶ 雨 (<u>비</u> 우 : 뜻) + 路 (길 로 : 음)
● 雨가 들어가서 기상현상을 나타냄
　雨 (비 우)　雪 (눈 설)　露 (이슬 로)
　霜 (서리 상) 雲 (구름 운)　霧 (안개 무)</td>
</tr>
</table>

<table>
<tr><td colspan="3">淸河(청하)</td></tr>
<tr>
<td rowspan="2"></td>
<td>淸

맑을 청</td>
<td>▶ 氵(水 뜻 : <u>맑다</u>) + 靑(푸를 청 : 음)
⇔ 濁
淸酒　淸純　淸潔　淸明　淸掃　淸白吏　淸廉
☞ 靑 (푸를 청) : 靑色　靑年</td>
</tr>
<tr>
<td>河

물 하</td>
<td>▶ 氵(물 수 : 뜻) + 可 (옳을 가 : 변형된 음)
　河川　黃河　銀河水　山河
● '可'를 음으로 하는 글자 :
　何 (어찌 하)　荷 (멜 하) : 荷役</td>
</tr>
</table>

<table>
<tr><td colspan="3">茶園(다원)</td></tr>
<tr>
<td rowspan="2"></td>
<td>茶

차 다
차 차</td>
<td>茶房　雪綠茶　茶山　茶道</td>
</tr>
<tr>
<td>園

동산 원</td>
<td>▶ □(에워싸는 모양) + 袁(원 : 음)
　公園　庭園　學園　幼稚園
● 袁을 음으로 하는 한자 :
　遠 (멀 원), 猿 (원숭이 원)</td>
</tr>
</table>

<table>
<tr><td colspan="3">電車男(전차남)</td></tr>
<tr>
<td rowspan="3">
</td>
<td>電

번개 전</td>
<td>▶ 雨 (비) + 申 (번개)
⇨ '申'은 원래 번갯불의 모양을 본따 만들어진
　글자이며, '雨'는 천체에 관계가 있는 글자임
　을 나타낸다. 〈회의원리〉
　電話　電氣　電子　電鐵　電算</td>
</tr>
<tr>
<td>車

수레 거
수레 차</td>
<td>馬車　自動車　汽車　車道
☞ 軍 (군사 군, 戰車로 진을 치다)
☞ 輪 (바퀴 륜) : 五輪　後輪　輪讀
☞ 輸 (나를 수) : 輸出入　輸送</td>
</tr>
<tr>
<td>男

사내 남</td>
<td>▶ 田 (논밭) + 力 (농기구)
⇨ 논이나 밭을 가는 사람 → 남자. 〈회의원리〉
　男便　男女　男性　男女老少</td>
</tr>
</table>

戀 사모할 **련**	▸ 부수가 心(마음), '마음'이 끌린다는 뜻 　戀人　戀愛　戀歌　失戀　悲戀 ● 戀戀 : 사모하여 잊지 못하는 모양
風 바람 **풍**	① 風 (바람 풍) : 風霜　風雲 ② 風 (풍속 풍) : 風俗　風土 ③ 風 (경치 풍) : 風景　風光
歌 노래 **가**	▸ 哥 (**가** : 음) + 欠 (하품 **흠** : 뜻) 　歌手　何如歌　愛國歌 ● 可 (옳을 **가**) : 可否　可能　可望　不可

來 올 래	未來　來日　往來　去來 ⇔ 去 (갈 **거**)　往 (갈 **왕**) ● 麥 (보리 **맥**) : 麥酒
美 아름다울 **미**	美人　美容
安 편안할 **안**	▸ 宀 (집) + 女 (여자) ⇨ 집안에 여자가 편안하게 있다 〈회의원리〉 　安定　安全　安寧　安心　安否

<table>
<tr><td colspan="3">武士(무사)</td></tr>
<tr>
<td rowspan="2"></td>
<td>武

무예 무</td>
<td>文武　忠武公　尙武　武士
⇔ 文 (글월 문) : 文學　文貞公　尙文　文士</td>
</tr>
<tr>
<td>士

선비 사</td>
<td>士大夫　紳士　士官　士農工商　博士　士氣　義士
● 仕 (벼슬 사) : 出仕　奉仕</td>
</tr>
</table>

<table>
<tr><td colspan="3">英韓辭典(영한사전)</td></tr>
<tr>
<td rowspan="4"></td>
<td>英

꽃부리 영</td>
<td>▶ 艸 (풀 초 : 뜻) + 央 (가운데 앙 : 변형된 음)
① 英 (꽃 영, 열매를 맺지 않는 꽃)
　華 (꽃 화, 열매를 맺는 꽃) : 英華
② 英 (빼어날 영) : 英雄　英才
③ 英 (영국의 이름) : 英國　英語</td>
</tr>
<tr>
<td>韓

나라이름 한</td>
<td>大韓民國　韓半島　三韓
☞ 성씨 '韓' : 淸州 韓氏</td>
</tr>
<tr>
<td>辭

말씀 사</td>
<td>① 辭 (말씀 사) : 辭典　言辭　修辭法
② 辭 (사양/사퇴할 사) : 辭表　辭退　辭意　辭職</td>
</tr>
<tr>
<td>典

법식 전
책 전</td>
<td>典型　典範　祭典　儀典
經典　古典　法典　辭典　字典</td>
</tr>
</table>

 	頭 머리 두	▶ 豆 (콩 **두** : 음) + 頁 (머리 **혈** : 뜻) 頭目　石頭　龍頭蛇尾 ☞ 豆 (콩 **두**) 豆乳　豆油　豆腐
	師 스승 사	① 師 (스승 **사**) : 君師父一體　教師 　　　　　　　　師父　牧師 ② 師 (군대 **사**) : 師團　出師表
	父 아버지 부	父母　學父兄　父子有親 ● 夫 (남편 **부**) : 夫君　夫婦有別 ● 夫 (사내 **부**) : 漁夫　大丈夫 ● 釜 (父 + 金 ; 가마솥 **부**) : 釜山
	一 하나 일	▷ 한 손가락을 옆으로 펴거나 나무젓가락 하나를 옆으로 뉘어 놓은 모양을 나타내어 '하나'를 뜻함. 〈지사원리〉 一般　一致　一方的　一貫性　同一
	體 몸 체	▶ 骨 (뼈 **골** : 뜻) + 豊 (禮의 古字 : 음) 體育　身體　體質　全體　主體 ☞ '体'는 '體'의 약자

	順 순할 순	▶ 냇물(川)처럼 순리를 따른다. 順理　順調롭다　順從　柔順 順天者는 存하고 逆天者는 亡이라 ⇔ 逆 (거스를 역) : 逆流　反逆

|  | 眞
참 진 | 眞理　眞實　眞露　眞價　眞相　純眞　寫眞
⇔ 僞 (거짓 **위**) : 僞善　僞造　虛僞
☞ 善 (착할 **선**) : 善行　最善 |

謹賀新年(근하신년)

謹 삼갈 근	謹賀新年　謹弔　謹愼 ● 勤 (부지런할 **근**) 　勤勉　勤務　勤儉節約
賀 하례할 하	▶ 加 (더할 **가** : 변형된 음) + 貝 (<u>돈, 재물</u> : 뜻) 　賀禮　祝賀　賀客 ● 加 (더할 **가**) ⇔ 減 　加入　加工　追加　加重　增加
新 새 신	▶ 辛 (매울 **신** : 음) + 斤 (<u>도끼</u> **근** : 뜻) ⇨ 나무를 베다 -> 새롭다 -> 새롭게 하다 　新式　新兵　新聞　新年　新曲　謹賀新年　送舊 　迎新
年 해 년	今年　新年　年歲　年上　年下

제Ⅶ장

교양 한문

초학입문

1) 天地라

上有天하고 下有地하니 天有日月星辰하고 地有江山草木이니라

上;	有;	天;	下;	地;
日;	月;	星;	辰;	江;
山;	草;	木;		

2) 人事라

人生於天地之間하여 爲萬物之靈하니 有父子君臣夫婦兄弟長幼朋友하니라

人;	生;	於;	之;	間;
爲;	萬;	物;	靈;	父;
子;	君;	臣;	夫;	婦;
兄;	弟;	長;	幼;	朋;
友;				

3) 五倫이라

五倫者는 父子有親하며 君臣有義하며 夫婦有別하며 長幼有序하며 朋友有信이니라

五 ;	倫 ;	者 ;	父 ;
子 ;	有 ;	親 ;	君 ;
臣 ;	義 ;	夫 ;	婦 ;
別 ;	長 ;	幼 ;	序 ;
朋 ;	友 ;	信 ;	

4) 長幼라

長은 年多者요 幼는 年少者라 長慈幼하고 幼敬長하여 衣服飲食起居出入을 幼者必後長者니라

長 ;	年 ;	多 ;	者 ;
幼 ;	少 ;	慈 ;	敬 ;
衣 ;	服 ;	飲 ;	食 ;
起 ;	居 ;	出 ;	入 ;
必 ;	後 ;		

5) 數計라

數者는 一二三四五六七八九十百千萬億兆也라 一十이 爲十이요 十十이 爲百이요 十百이 爲千이요 十千이 爲萬이요 萬萬이 爲億이요 萬億이 爲兆니라

數 ;	一 ;	二 ;	三 ;
四 ;	五 ;	六 ;	七 ;

| 八 ; | 九 ; | 十 ; | 百 ; |
| 千 ; | 萬 ; | 億 ; | 兆 ; |

6) 四方이라

四方者는 東西南北이니 東方則日月이 出焉하고 西方則日月이 入焉하며 南方則熱하고 北方
則寒하니라

四 ;	方 ;	東 ;	西 ;
南 ;	北 ;	出 ;	焉 ;
入 ;	則 ;	熱 ;	寒 ;

7) 四時라

四時者는 春夏秋冬이니 春日은 暖하며 東風이 吹하여 萬物이 生하고 夏日은 熱하며 南風
이 薰하여 草木이 盛하고 秋日은 凉하며 西風이 爽하여 百果熟하고 冬日은 北風이 起하니
木葉이 脫하며 雪이 來하고 氷이 至하니라

春 ;	夏 ;	秋 ;	冬 ;
風 ;	吹 ;	萬 ;	物 ;
生 ;	熱 ;	南 ;	薰 ;
盛 ;	凉 ;	西 ;	爽 ;
百 ;	果 ;	熟 ;	北 ;
起 ;	木 ;	葉 ;	脫 ;
雪 ;	來 ;	氷 ;	至 ;

8) 日月이라

日出則爲晝요 月出則爲夜니 春夏는 日長하고 秋冬은 日短하나니 望夜엔 月圓하고 晦朔엔 無月하니 所以爲陰陽之消長이니라

則 ;	爲 ;	晝 ;	夜 ;
春 ;	夏 ;	長 ;	秋 ;
冬 ;	短 ;	望 ;	圓 ;
晦 ;	朔 ;	無 ;	所 ;
以 ;	陰 ;	陽 ;	消 ;

9) 四書라

四書者는 論語孟子中庸大學이니 論語는 七卷이며 孔子門人所記요 孟子亦七卷이니 孟子가 與門人으로 問答之事요 中庸은 一卷이니 子思作之하시고 大學도 一卷이니 曾子作之하시니라

書 ;	論 ;	語 ;	孟 ;
中 ;	庸 ;	大 ;	學 ;
卷 ;	孔 ;	子 ;	門 ;
人 ;	所 ;	記 ;	亦 ;
七 ;	與 ;	問 ;	答 ;
之 ;	事 ;	中 ;	庸 ;
思 ;	作 ;	曾 ;	

2.

명심보감

1) 1주차 【明心寶鑑】

　一生之計는 在於幼하고,
　一年之計는 在於春하고,
　一日之計는 在於寅이니,
　幼而不學이면 老無所知요,
　春若不耕이면 秋無所望이요,
　寅若不起면 日無所辦이니라.

> 　"일생의 계획은 어릴 때 세워야 하고, 일년의 계획은 봄에 세워야 하고, 하루의 계획은 새벽에 세워야 하는 것이니, 어려서 배우지 않으면 늙어서 아는 것이 없고, 봄에 밭을 경작하지 않으면 가을에 아무런 바랄 것이 없으며, 새벽에 일찍 일어나지 않으면 그날은 보람있는 일을 하지 못한다"
>
> 　　　　　　　※孔子(공자)가 「三計圖(삼계도)」에서 하신 말씀입니다.

計: 꾀할 계, 셈할 계(時計 시계),
: 12지간의 3번째, 여기선 새벽 3시부터 5시까지,
耕: 밭갈 경(耕作 경작),
起: 일어날 기(起床 기상, 發起 발기),
◇ 無所(무소): ~할 것이 없다.

幼: 어릴 유(幼兒 유아)
若: 만약 약
望: 바랄 망(希望 희망, 所望 소망)
辦: 힘써 일할 판

2) 2주차 【明心寶鑑】

玉不琢이면 不成器하고

人不學이면 不知道니라

【禮記】

> "옥도 다듬지 않으면 그릇이 안 되듯이
> 사람이 배우지 않으면 도(살아가는 길)를 알지 못한다"

※아무리 귀중한 보석이라도 땅 속에서 캐내어 갈고 다듬지 않으면 그 빛을 발할 수 없습니다. 마찬가지로 사람도 자신을 계발하였을 때만이 자기 재능을 제대로 세상에 펼쳐보일 수 있습니다. 모든 사람은 자기만의 재능을 가지고 태어났습니다. 여러분도 여러분의 길을 찾기 위해서는 공부를 게을리 하지 말아야 합니다.

琢: 갈고 다듬을 탁(琢磨 탁마),   器: 그릇 기(大器晚成 대기만성)

3) 3주차 【明心寶鑑】

凡事에 留人情이면

後來에 好相見이니라

모든 일에 따뜻한 정을 남겨 두면(베풀면) 훗날 좋은 낯으로 만나게 될 것이다

살아가면서 항상 따뜻한 인정을 베풀면, 언제가 복을 받게 된다.

凡: 보통 범(凡常 범상), 留: 머무를 류(留學 유학),   好: 좋을 호

4) 4주차　【明心寶鑑】

貧若勤學이면 可以立身이요
富若勤學이면 名乃光榮하리라

> 가난해도 만약 부지런히 배운다면 입신할 수 있을 것이요
> 만약 부자인데도 부지런히 배운다면 이름이 더욱 빛날 것이다.
>
> 집이 가난하다고 해서 배우는 것을 포기한다면 그보다 더 어리석은 일은 없으며, 집이 부유하다고 해서 그것만 믿고 배우는 것을 소홀히 한다면 그 부를 다 탕진하고 말 것이다.

貧: 가난할 빈(貧民 빈민),　　富: 부자 부(富者 부자),　　若: 만약 약(萬若 만약)
勤: 부지런히할 근(勤勞 근로),　榮: 번영할 영(榮光 영광)　立身(입신): 기반을 닦고 출세함

5) 5주차　【明心寶鑑】

爲善者는 天報之以福하고
爲不善者는 天報之以禍니라

> 착한 일을 하는 사람에게는 하늘이 복으로 갚아주고
> 착하지 못한 일을 하는 사람에게는 하늘이 재앙으로 갚느니라.
>
> 매우 무서운 말입니다. 하늘이 인간의 행위에 대해 보답하고 응징한다는 것입니다. 착한 사람에겐 하늘이 복을 내려 보답하고, 착하지 않은 일을 한 사람은 언젠가는 그 죄 값을 치르게 된다는 것입니다.

爲: 할 위,　　　　善: 착할 선(善行 선행),　　報: 갚을 보(報恩 보은)
福: 복 복(幸福 행복),　　禍: 재앙 화

順天者 存하고

逆天者 亡이니라

하늘의 이치를 따르는 자는 살아남고,
하늘의 명을 거역하는 자는 망한다.

　선한 본성에 따라 착하고 성실하게 사는 것이 바로 하늘의 뜻입니다. 그 하늘의 뜻에 따라서 착하고 성실하게 사는 사람은 살아남게 되지만, 하늘의 뜻을 거역하면 이 세상에 존재할 근거를 잃게 됩니다.

順: 좇을 순(順從 순종),　　　　逆: 거스를 역(逆賊 역적)
存: 있을 존(存立 존립),　　　　亡: 멸망할 망(亡國 망국)

6) 6주차 【明心寶鑑】

若 人作不善하여 得顯名者는

人雖不害나 天必戮之니라

　혹시 사람이 착하지 못한 짓을 지어 이름을 날린 자는
사람이 비록 해치지 않더라도 하늘이 반드시 그를 죽이고야 만다.

　못된 짓을 했는데도 잘 먹고 잘사는 사람들이 있습니다. 비록 법과 권력을 이용해서 일시적으로 부귀영화를 누릴지는 모르지만 하늘은 반드시 그를 그냥 두지 않을 것입니다. 하늘 무서운 줄 알라는 말이 있습니다.

若: 만약 약,　　　　作: 지을 작(作文 작문),　　　　得: 얻을 득(得男 득남)
顯: 나타날 현,　　　雖: 비록 수,　　　　　　　　　害: 해할 해
戮: 죽일 륙

7) 7주차 【明心寶鑑】

父兮生我하시고
母兮鞠我하시니
哀哀父母여!
生我劬勞샷다
欲報深恩인대
昊天罔極이로다

아버지시여, 나를 낳으시고,
어머니시여, 나를 기르시니,
아아, 애닯다 어버이시어
나를 기르시느라 애쓰고 고달프셨다.
그 깊은 은혜를 갚으려 해도 하늘처럼 높아 끝이 없구나!

우리를 낳아 먹이고 입히고 가르쳐서 사람 노릇을 하게 하시느라고
우리 부모님은 온갖 고생을 다 하셨다. 그 사랑과 노고는 진정 다함이 없다.
그 은혜가 바다와 같이 넓고 하늘과 같이 높아 자식은 그 은혜에 보답할 길이 없어 안타
깝기만 하구나.

兮: 어조사 혜,	我: 나 아(自我 자아),	鞠: 기를 국(鞠養 국양)
哀: 서러울 애(哀愁 애수),	劬: 힘들 구,	勞: 고달플 로(疲勞 피로)
欲: 하고자 할 욕,	報: 갚을 보,	深: 깊을 심
恩: 은혜 은(恩惠 은혜),	昊: 여름 하늘 호	
罔: 없을 망,	極: 우주의 끝 극(太極 태극)	

8) 8주차 【明心寶鑑】

生事事生(생사사생)이요
省事事省(생사사생)이니라

일을 만들면 일이 자꾸 생기고,
일을 덜면 일이 줄어든다.

감당하지도 못할 일을 쓸데없이 벌여 놓는 것보다는,
적은 일이라도 충실하게 실천하는 것이 좋다는 뜻.

生: 날 생(生日 생일),　　事: 일 사(事務 사무)　　省: 덜 생, 살필 성(省略 생략)

9) 9주차 【明心寶鑑】

一言不中(일언부중)이면
千語無用(천어무용)이라

한 마디 말이 이치에 맞지 않으면 천 마디 말도 쓸데가 없다.

한 마디 말이라도 정확하게, 이치에 맞게 해야 한다. 이치에 맞지 않는 말을 아무리 번지르르 하게 해봐야 입만 아프다

中: 가운데 중, 들어맞을 중(的中 적중, 命中 명중)
用: 쓸 용(費用 비용)

10) 10주차 【明心寶鑑】

欲知未來커든 先察已然하라

> 미래를 알고 싶으면 지나간 일을 살펴 보라.
>
> 　과거와 현재에 내가 어떤 노력을 하고 있는가를 살펴보면 앞날에 내가 어떻게 살 수 있을 것인가를 예측할 수 있다. 지금 내가 열심히 노력하면 미래엔 결실과 보람을 얻을 수 있을 것이다.

欲: 하고자 할 욕(欲求 욕구),　　　　　察: 살필 찰(觀察 관찰)
已: 이미 이(已往 이왕),　　　　　　　已然(이연): 이미 지나간 일

11) 11주차 【明心寶鑑】

憐兒이거든 多與棒하고
憎兒이거든 多與食하라

> 아이를 사랑한다면 매를 많이 주고,
> 아이를 미워한다면 먹을 것을 많이 주라
>
> 　"미운 아이 떡 하나 더 준다"는 속담이 있습니다. 아이가 해달라고 보채는 대로 다 해주면 그 아이를 망치는 일이 됩니다. 진정으로 아이를 사랑한다면 엄하게 교육해야 합니다.

憐: 어여삐 여길 연(可憐 가련),　　兒: 아이 아(兒童 아동)
與: 줄 여(授與 수여),　　　　　　棒: 몽둥이 봉(棍棒 곤봉)　　憎: 미워할 증(憎惡 증오)

12) 12주차 【明心寶鑑】

父不憂心은 因子孝요

夫無煩惱는 是妻賢이라

言多語失은 皆因酒요

義斷親疎는 只爲錢이라

아버지가 근심 걱정하지 않음은 자식이 효도하기 때문이요
남편이 번뇌가 없는 것은 아내가 현명하기 때문이라.
말이 많아서 말에 실수를 하는 것은 모두 술 때문이요
의가 끊어지고 친한 사람과 서먹해지는 것은 돈 때문이다.

자식이 효도하고 아내가 현명하면 아버지는 근심이 없고 가정은 화목해진다. 술 먹고 하는 말에는 실수가 많은 법이니 주의해야 한다. 또 친구나 형제 간에 의를 상하는 일은 대개가 돈 때문이다. 그러므로 친구나 형제지간에는 돈 거래를 하는 것이 아니다.

憂: 근심 우(憂國 우국),　　　因: 인할 인(因緣 인연)

煩: 번거로울 번(煩悶 번민),　　惱: 괴로워할 뇌(苦惱 고뇌)

妻: 아내 처(妻家 처가),　　　賢: 현명할 현(賢明 현명)

失: 실수할 실(失言 실언),　　酒: 술 주(麥酒 맥주)

斷: 끊을 단(斷絕 단절),　　　親: 친할 친(親舊 친구)

疎: 멀 소(疎遠 소원),　　　只: 다만 지(但只 단지)

錢: 돈 전(金錢 금전)

13) 13주차 【明心寶鑑】

疑人莫用하고 用人勿疑니라

> 사람이 의심스러우면 쓰지를 말고,
> 사람을 썼으면 의심하지 마라.
>
> 사람을 등용할 때는 심사숙고해서 뽑아 쓰고, 일단 내 사람으로 쓰기로 했으면 더 이상 의심하지 마라. 함께 일하는 사람은 믿어야 한다.

疑: 의심할 의(疑心 의심), 莫: 없을 막, 말 막(莫大 막대)
用: 쓸 용(使用 사용), 勿: 말 물, 아닐 물(勿論 물론)

14) 14주차 【明心寶鑑】

大富由天하고 小富由勤이니라

> 큰 부자는 하늘이 내지만 작은 부자는 부지런하면 될 수 있다.
>
> 큰 부자는 운명이 정해져 있지만, 작은 부자는 부지런하기에 따라 얼마든지 될 수 있다. 누구나 노력하면 부자가 될 수 있다.

富: 부자 부(富者 부자), 勤: 부지런할 근(勤勉 근면)

15) 15주차 【明心寶鑑】

讀書는 起家之本이요

循理는 保家之本이요

勤儉은 治家之本이요

和順은 齊家之本이니라

독서를 하는 것은 집안을 일으키는 근본이요
이치에 따르는 것은 집안을 보존하는 근본이요
근면하고 검소한 생활은 집안을 다스리는 근본이요,
화목하고 순종하는 것은 집안을 평안하게 하는 근본이다.

독서한다는 것은 공부하는 것이다. 즉 공부를 열심히 하면 집안을 일으켜 세울 수 있다. 집안을 잘 보존하기 위해서는 지나친 욕심부리지 말고 순리에 따라 착하게 살아야 한다. 그리고 부지런히 일하고 낭비하는 일이 없도록 하는 것이 집안을 다스리는 길이다. 나아가 가족끼리 서로 화목하게 따른다면 그것이 가정의 행복이다.

讀: 읽을 독(讀書 독서),   起: 일어날 기(起床 기상)
循: 좇을 순(循環 순환),   保: 보호할 보(保存 보존)
勤: 부지런할 근(勤勞 근로),   儉: 검소할 검(儉素 검소)
治: 다스릴 치(政治 정치),   和: 화목할 화(和解 화해)
順: 순할 순(柔順 유순),   齊: 가지런할 제(齊唱 제창)

3. 한문 상식

1) 혼동하기 쉬운 漢字

綱(강) 벼리 : 紀綱. 綱目.
網(망) 그물 : 包圍網. 投網.

概(개) 대개 : 大概. 概觀.
慨(개) 슬퍼하다 : 慨嘆. 感慨.

建(건) 세우다 : 建設. 建築.
健(건) 굳세다 : 健全. 健康.

徑(경) 지름길 : 半徑. 捷徑.
經(경) 지내다, 경서 : 經歷. 五經.

警(경) 깨우치다 : 警戒. 警察.
驚(경) 놀라다 : 驚天動地.

券(권) 문서 : 入場券. 證券.
卷(권) 책 : 卷頭言. 上卷.

己(기) 몸 : 自己. 爲己之學.
已(이) 이미 : 已往之事.
巳(사) 간지이름 : 乙巳年.

談(담) 말씀 : 談話. 對談.
淡(담) 맑다 : 淡白. 淡水.

薄(박) 얇다 : 薄弱. 淺薄.
簿(부) 장부 : 家計簿. 戶籍簿.

班(반) 줄 : 班列. 兩班.
斑(반) 아롱무늬 : 斑點. 虎斑.

辨(변) 가리다 : 辨別. 辨償.
辯(변) 말 잘하다 : 辯護士. 能辯.

復(복) 되찾다 : 光復. 復舊.
複(복) 겹치다 : 重複. 複數.
腹(복) 배 : 腹痛. 空腹.

比(비) 비교하다 : 比率. 對比.
此(차) 이 : 彼此間. 此際.

邪(사) 사악하다 : 邪惡. 邪敎.
耶(야) 어조사 : 其夢耶. 其眞耶.

署(서) 관청 : 警察署. 專賣署.
暑(서) 더위 : 寒暑. 處暑.

說(설) 말하다 : 說明. 解說.
設(설) 베풀다 : 建設. 設備.

刀(도) 칼 : 短刀. 一刀兩斷.	續(속) 잇다 : 連續. 接續.
刃(인) 칼날 : 霜刃. 刃傷.	積(적) 쌓다 : 積金. 累積.
曆(력) 책력 : 月曆. 陽曆.	受(수) 받다 : 受諾. 接受.
歷(력) 지내다 : 歷史. 履歷書.	授(수) 주다 : 敎授. 授與.
祿(록) 봉록 : 爵祿. 國祿.	遂(수) 이루다 : 完遂.
錄(록) 기록하다 : 芳名錄. 錄音器.	逐(축) 쫓다 : 逐出.
綠(록) 푸르다 : 綠色. 新綠.	柴(시) 땔나무 : 柴門. 柴車.
緣(련) 인연 : 天生緣分.	紫(자) 붉다 : 紫朱色. 紫外線.
輪(륜) 바퀴 : 車輪. 輪回.	夭(요) 곱다, 일찍죽다 : 夭折. 夭死.
輸(수) 보내다 : 輸出. 空輸.	妖(요) 요괴롭다 : 妖鬼. 妖物.
門(문) 문 : 大門. 笑門萬福來.	于(우) 어조사 : 志于學.
問(문) 묻다 : 質問. 問答.	干(간) 방패 : 干戈. 干城.
聞(문) 듣다 : 所聞. 見聞.	愚(우) 어리석다 : 愚鈍. 愚頑.
間(간) 사이 : 父子間. 期間.	寓(우) 부쳐살다 : 寓居.
游(유) 헤엄치다 : 游泳.	且(차) 또 : 且問且答. 苟且.
遊(유) 놀다 : 遊覽. 遊子.	旦(단) 아침 : 旦夕. 元旦.
宜(의) 마땅하다 : 宜當.	捉(착) 붙잡다 : 捕捉.
宣(선) 펴다 : 宣布. 宣言.	促(촉) 재촉하다 : 促求. 督促.
日(일) 날, 해 : 植木日. 日月.	彩(채) 채색 : 色彩. 彩雲.
曰(왈) 말하다 : 曰可曰否.	採(채) 캐다, 따다 : 採取. 採集.
字(자) 글자 : 說文解字. 文字.	聽(청) 듣다 : 聽衆. 視聽料.
宇(우) 집 : 宇宙. 屋宇.	廳(청) 관청 : 道廳. 登廳.
粧(장) 단장하다 : 化粧.	淸(청) 맑다 : 淸明. 大淸掃.
裝(장) 꾸미다 : 裝飾. 裝置.	晴(청) 개다 : 快晴. 晴天白日.
栽(재) 심다 : 栽培. 植栽.	側(측) 옆 : 右側. 側面.
裁(재) 마름하다 : 裁斷. 裁量.	測(측) 헤아리다 : 測量. 推測.
抵(저) 맞닥뜨리다 : 抵觸. 抵當.	貪(탐) 욕심내다 : 貪慾. 貪心.
底(저) 밑 : 底邊. 海底.	貧(빈) 가난하다 : 貧困. 貧富.
籍(적) 문서, 서적 : 國籍. 書籍.	兎(토) 토끼 : 兎生員. 龜兎之說.
藉(자) 깔다 : 狼藉.	免(면) 면하다 : 免職. 謀免.
위로하다 : 慰藉料.	

┌ 廷(정) 조정 : 朝廷. 法廷.
└ 庭(정) 뜰 : 家庭. 庭園.

┌ 糶(조) 쌀 내다 : 糶米.
└ 糴(적) 쌀 들이다 : 糴米.

┌ 從(종) 따르다 : 服從. 病從口入.
└ 縱(종) 놓다 : 放縱. 縱橫.

┌ 坐(좌) 앉다 : 坐禪. 坐不安席.
└ 座(좌) 자리 : 王座. 座席.

┌ 州(주) 고을 : 州郡.
└ 洲(주) 물가, 섬 : 三角洲.

┌ 陳(진) 묵다 : 陳腐
│   말하다 : 陳述.
└ 陣(진) 진치다 : 背水之陣. 敵陣.

┌ 疾(질) 병 : 疾病.
│   빠르다 : 疾風.
└ 嫉(질) 미워하다 : 嫉視.

┌ 偏(편) 치우치다 : 偏見. 偏重.
├ 篇(편) 글, 책 : 短篇. 長篇.
└ 編(편) 엮다 : 編成. 再編.

┌ 弊(폐) 폐단 : 弊習.
│   지치다 : 疲弊.
└ 幣(폐) 폐백 : 納幣親迎. 貨幣.

┌ 享(향) 누리다 : 享年. 享宴.
├ 亨(형) 통하다 : 亨通.
└ 烹(팽) 삶다 : 割烹術

┌ 縣(현) 고을 : 州縣.
└ 懸(현) 매달다 : 懸賞金.

┌ 互(호) 서로 : 相互.
└ 瓦(와) 기와 : 瓦家. 瓦片.

┌ 豪(호) 호방하다 : 豪氣. 豪奢.
└ 毫(호) 터럭 : 秋毫. 毫髮.

┌ 侯(후) 제후 : 諸侯. 侯爵.
└ 候(후) 기후 : 氣候. 候補.

2) 다른 음과 뜻으로 쓰이는 漢字

降 ┌ (강) 내리다 : 降下. 降雨量.
  └ (항) 항복하다 : 降伏. 投降.

見 ┌ (견) 보다 : 發見. 見物生心.
  └ (현) 뵈다 : 見身. 謁見.

更 ┌ (경) 고치다 : 更新.
  │   밤시간 : 五更.
  └ (갱) 다시 : 更生.

否 ┌ (부) 아니다 : 否決. 否認.
  └ (비) 막히다 : 否塞. 否運.

北 ┌ (북) 북녘 : 北極. 南船北馬.
  └ (배) 달아나다 : 敗北.

邪 ┌ (사) 간사하다 : 邪惡. 邪念.
  └ (야) 의문 어조사 : 丞相 誤邪.

賈	(고) 장사 : 坐賈行商.
	(가) 성씨 : 賈島
龜	(구)(귀) 거북 : 龜甲船. 龜鑑.
	(균) 갈라지다 : 龜裂
金	(금) 쇠 : 金屬.
	(김) 성 : 金氏.
奈	(나) 어찌 : 奈落.
	(내) 어찌 : 奈何.
內	(내) 안 : 內外. 內助.
	(납) 들이다 : 內交.
度	(도) 법 : 法度. 制度.
	자, 재다 : 尺度. 度量衡.
	(탁) 헤아리다 : 忖度.
讀	(독) 읽다 : 讀書. 講讀.
	(두) 구두 : 句讀點.
洞	(동) 골짜기 : 洞谷. 靑鶴洞.
	동리 : 里洞.
	(통) 밝다 : 洞察.
率	(률) 비율 : 出生率. 比率.
	(솔) 거느리다 : 引率.
	가볍다 : 輕率.
復	(부) 다시 : 復活.
	(복) 회복하다 : 復舊.
拾	(습) 줍다 : 拾得.
	(십) 열 : 拾萬.
食	(식) 먹다 : 食事. 飽食.
	(사) 밥 : 簞食瓢飮
	먹이다 : 食馬. 飮之食之.

索	(삭) 쓸쓸하다 : 索寞.
	줄, 노끈 : 鐵索. 索道.
	(색) 찾다 : 索出.
殺	(살) 죽이다 : 殺傷.
	(쇄) 덜다 : 相殺.
	빠르다 : 殺到.
參	(삼) 셋 : 參百六拾五日.
	(참) 참여하다 : 參與. 參席.
狀	(상) 모양 : 狀態. 現狀.
	(장) 문서 : 賞狀. 書狀官.
塞	(새) 변방 : 要塞. 塞翁之馬.
	(색) 막히다 : 否塞. 充塞.
說	(설) 말하다 : 說明.
	(세) 달래다 : 遊說.
	(열) 기쁘다 : 說樂.
省	(성) 살피다 : 反省. 昏定晨省.
	(생) 덜다 : 省略.
衰	(쇠) 쇠하다 : 衰弱.
	(최) 상복 : 齊衰.
數	(수) 수효 : 多數. 數學.
	(삭) 자주 : 頻數.
宿	(숙) 자다 : 宿食. 宿泊.
	(수) 별 : 日月星宿.
則	(즉) 곧 : 言則是也.
	(칙) 법칙 : 準則. 規則.
直	(직) 곧다 : 正直. 是非曲直.
	(치) 값 : 直下一錢.

識	(식) 알다 : 博識. 識見. (지) 기록하다, 표하다 : 標識板.	辰	(진) 별 : 辰宿. (신) 때 : 生辰.
樂	(악) 풍류 : 音樂. 雅樂. (락) 즐겁다 : 喜怒哀樂. 　　즐기다 : 安貧樂道. (요) 좋아하다 : 樂山樂水.	車	(차) 수레 : 電動車. (거) 수레 : 車馬費.
惡	(악) 악하다 : 邪惡. 善惡. (오) 미워하다 : 好惡. 憎惡.	拓	(척) 열다 : 開拓. (탁) 박다 : 拓本.
易	(역) 바꾸다 : 易地思之. (이) 쉽다 : 容易. 難易度.	沈	(침) 잠기다 : 沈水. 沈沒. (심) 성씨 : 沈淸.
刺	(자) 찌르다 : 刺客. (척) 찌르다 : 刺殺.	宅	(택) 집 : 住宅. (댁) 집 : 宅內.
著	(저) 짓다 : 著述. (착) 붙이다 : 附著.	便	(편) 편하다 : 便利. (변) 오줌 : 便器.
切	(절) 끊다 : 切斷. 切磋琢磨. (체) 온통 : 一切.	暴	(포) 사납다 : 暴惡. 狂暴. (폭) 드러내다 : 暴露.
諸	(제) 모두 : 諸君. (저) 어조사 : 反求諸其身.	行	(행) 가다 : 行進. (항) 줄 : 行列.
		畵	(화) 그림 : 圖畵. (획) 긋다 : 畵順.

3) 三綱五倫(삼강오륜)과 24節氣(절기)

① **三綱(삼강):** 君爲臣綱(군위신강)　　父爲子綱(부위자강)　　夫爲婦綱(부위부강)

　*綱 벼리 강 : 벼리가 그물의 질서를 잡아주듯 모든 인간 관계의 근본이 되는 것을 뜻함.

　　　　　綱領(강령)

② **五倫(오륜) :** 父子有親(부자유친)　　君臣有義(군신유의)　　夫婦有別(부부유별)

　　　　　長幼有序(장유유서)　　朋友有信(붕우유신)

　*倫 인륜 륜 : 人倫(인륜)　　倫理(윤리)

③ 24節氣(절기)

春(춘) :　立春(입춘)　雨水(우수)　驚蟄(경칩)　春分(춘분)　淸明(청명)　穀雨(곡우)

夏(하) :　立夏(입하)　小滿(소만)　芒種(망종)　夏至(하지)　小暑(소서)　大暑(대서)

秋(추) :　立秋(입추)　處暑(처서)　白露(백로)　秋分(추분)　寒露(한로)　霜降(상강)

冬(동) :　立冬(입동)　小雪(소설)　大雪(대설)　冬至(동지)　小寒(소한)　大寒(대한)

4) 干支

天干(천간)	地支(지지)	상징 동물	시간
甲(갑)	子(자)	쥐	23시~01시
乙(을)	丑(축)	소	01시~03시
丙(병)	寅(인)	범	03시~05시
丁(정)	卯(묘)	토끼	05시~07시
戊(무)	辰(진)	용	07시~09시
己(기)	巳(사)	뱀	09시~11시
庚(경)	午(오)	말	11시~13시
辛(신)	未(미)	양	13시~15시
壬(임)	申(신)	잔나비	15시~17시
癸(계)	酉(유)	닭	17시~19시
	戌(술)	개	19시~21시
	亥(해)	돼지	21시~23시

<table>
<tr><td colspan="6" align="center">六十甲子</td></tr>
<tr><td>甲子(갑자)</td><td>乙丑(을축)</td><td>丙寅(병인)</td><td>丁卯(정묘)</td><td>戊辰(무진)</td><td>己巳(기사)</td></tr>
<tr><td>庚午(경오)</td><td>辛未(신미)</td><td>壬辛(임신)</td><td>癸酉(계유)</td><td>甲戌(갑술)</td><td>乙亥(을해)</td></tr>
<tr><td>丙子(병자)</td><td>丁丑(정축)</td><td>戊寅(무인)</td><td>己卯(기묘)</td><td>庚辰(경진)</td><td>辛巳(신사)</td></tr>
<tr><td>壬午(임오)</td><td>癸未(계미)</td><td>甲辛(갑신)</td><td>乙酉(을유)</td><td>丙戌(병술)</td><td>丁亥(정해)</td></tr>
<tr><td>戊子(무자)</td><td>己丑(기축)</td><td>庚寅(경인)</td><td>辛卯(신묘)</td><td>壬辰(임진)</td><td>癸巳(계사)</td></tr>
<tr><td>甲午(갑오)</td><td>乙未(을미)</td><td>丙辛(병신)</td><td>丁酉(정유)</td><td>戊戌(무술)</td><td>己亥(기해)</td></tr>
<tr><td>庚子(경자)</td><td>辛丑(신축)</td><td>壬寅(임인)</td><td>癸卯(계묘)</td><td>甲辰(갑진)</td><td>乙巳(을사)</td></tr>
<tr><td>丙午(병오)</td><td>丁未(정미)</td><td>戊辛(무신)</td><td>己酉(기유)</td><td>庚戌(경술)</td><td>辛亥(신해)</td></tr>
<tr><td>壬子(임자)</td><td>癸丑(계축)</td><td>甲寅(갑인)</td><td>乙卯(을묘)</td><td>丙辰(병진)</td><td>丁巳(정사)</td></tr>
<tr><td>戊午(무오)</td><td>己未(기미)</td><td>庚辛(경신)</td><td>辛酉(신유)</td><td>壬戌(임술)</td><td>癸亥(계해)</td></tr>
</table>

5) '나이'와 관련된 成語

10세 : 幼學(유학). 人生十年曰幼 學(사람이 나서 열 살을 幼라고 하는데, 이 때에 배운다.)

〈『禮記』「曲禮」〉

15세 : 志學(지학). 吾十有五而志于學(열다섯에 학문에 뜻을 두었다.)

〈『論語(논어)』「爲政(위정)」〉

20세 : 弱冠(약관). 二十曰弱 冠(스물을 弱이라고 하는데, 이 때에 冠禮를 한다.)

〈『예기』「곡례」〉

30세 : 而立(이립). 三十而立(서른에 自立―흔들림이 없는 것―하였다.)

〈『논어』「위정」〉

40세 : 不惑(불혹). 四十而不惑(마흔에―모든 사리 판단에―의혹하지 않았다.)

〈『논어』「위정」〉

48세 : 桑年(상년). '桑'의 속자(俗字)가 '卅'인데, 이 글자를 나누면 '十十十八'이 되기 때문.

50세 : 知命(지명). 五十而知天命(쉰에 天命을 알았다.)

〈『논어』「위정」〉

60세 : 耳順(이순). 六十而耳順(예순에 모든 일을 들으면 마음에 통하여 거슬림이 없었다.)

〈『논어』「위정」〉

61세 : 還甲(환갑). 태어난 해의 甲子가 다시 돌아온 나이라는 뜻. 回甲(회갑). 華甲(화갑).
　　　 望七(망칠). 일흔 살을 바라보는 나이라는 뜻.

62세 : 進甲(진갑). 환갑에서 한 해 더 나아간 나이라는 뜻.

70세 : 從心(종심). 七十而從心所欲 不踰矩(일흔에 마음에 하고자 하는 대로 좇아도 법도
　　　 에 넘지 않았다.)

〈『논어』「위정」〉

　　　 古稀(고희). 人生七十古來稀(인생 칠십은 예로부터 드물었다.)

〈杜甫(두보) 詩(시)「曲江(곡강)」〉

71세 : 望八(망팔). 여든 살을 바라보는 나이라는 뜻.

77세 : 喜壽(희수). '喜'를 초서(草書)로 쓰면 '㐂'이기 때문.

80세 : 傘壽(산수). '傘'의 약자(略字)가 '仐'이기 때문.

88세 : 米壽(미수). '米'를 나누면 '八十八'이 되기 때문.

90세 : 卒壽(졸수). '卒'의 약자가 '卆'이기 때문.

91세 : 望百(망백). 백 살을 바라보는 나이라는 뜻.

99세 : 白壽(백수). 100[百]에서 1[一]을 빼면 99[白]가 되기 때문.

100세 : 上壽(상수). 人上壽百歲(사람의 최상의 수명은 100세이다)

〈『莊子(장자)』「盜跖(도척)」〉

6) 四字成語(사자성어)와 格言(격언)

正正堂堂(정정당당)	(태도, 마음가짐 등이) 아주 바르고 당당하다.
明明白白(명명백백)	아주 밝고 분명함(明白).
是是非非(시시비비)	옳은 것을 옳다 하고 그른 것을 그르다고 함.
形形色色(형형색색)	모양마다 빛깔마다 가지각색. 여러 모양과 종류.
坊坊曲曲(방방곡곡)	한 군데도 빼놓지 아니한 모든 곳.
家家戶戶(가가호호)	집집마다.
意氣揚揚(의기양양)	득의한 마음이 얼굴에 나타난 모양 → 아주 자랑스럽게 행동하는 모양.
自信滿滿(자신만만)	자신을 믿는 마음이 가득 함.
落落長松(낙락장송)	가지가 축축 늘어진 큰 소나무.
獨也靑靑(독야청청)	홀로 푸르고 푸르다 → 홀로 높은 절개를 지켜 늘 변함이 없음.
一口二言(일구이언)	한 입으로 두말을 함 → 말을 이랬다 저랬다 함.
一言半句(일언반구)	한 마디 말고 반 구절 → 아주 짧은 말
言中有骨(언중유골)	말 속에 뼈가 있음 → 말의 외양은 순한듯 하나 단단한 뼈 같은 속뜻이 있음.
異口同聲(이구동성)	다른 입에서 같은 소리가 남 → 여러 사람의 의견이 일치함.
甘言利說(감언이설)	달콤한 말과 이로운 소리 → 남의 비위를 맞추기 위한 말.
流言蜚語(유언비어)	흐르는 말과 뜬 소리 → 아무 근거 없이 널리 퍼진 소문.
語不成說(어불성설)	말이 말을 이루지 못함 → 말이 이치에 맞지 않음.
重言復言(중언부언)	거듭 말하고 또 다시 말함 → 한 말을 자꾸 되풀이 함.
言行一致(언행일치)	말과 행동이 일치함.
男兒一言重千金 (남아일언중천금)	사나이의 한 마디 말은 천금보다 무거움 → 말을 신중히 하라는 뜻.

九死一生(구사일생)	아홉 번 죽을 뻔하고 한 번 살아남 → 여러 번 죽을 고비를 넘기고 간신히 살아남.
東奔西走(동분서주)	동쪽과 서쪽으로 분주함 → 이리저리 바쁘게 돌아다님.
有備無患(유비무환)	준비가 있으면 근심할 것이 없음.
有名無實(유명무실)	이름만 있고, 실속은 없음.
夫唱婦隨(부창부수)	남편이 노래 부르면 아내도 따라 함.
魚頭肉尾(어두육미)	물고기의 머리와 육고기의 꼬리 → 물고기는 머리 부분이 맛이 있고, 육고기는 꼬리 부분이 맛이 있음.
龍頭蛇尾(용두사미)	용의 머리와 뱀의 꼬리 → 처음은 좋으나 끝이 좋지 않아, 끝으로 갈 수록 점점 나빠지는 현상에 비유.
作心三日(작심삼일)	마음을 먹은 것이 3일임 → 결심이 굳지 못함.
大器晩成(대기만성)	큰 그릇은 늦게 이루어짐 → 크게 될 사람은 늦게 이루어짐.
時機尙早(시기상조)	때가 아직 이름.
朝變夕改(조변석개)	아침에 변경하고 저녁에 또 고침 → 계획이나 결정 따위가 일관성이 없이 자주 바뀌거나 고쳐짐.
小貪大失(소탐대실)	작은 것을 탐하다가 큰 것을 잃음.
深思熟考(심사숙고)	깊이 생각하고 익히 고찰함.
有終之美(유종지미)	마침이 있는 아름다움 → 일의 끝맺음을 잘한 보람.
日就月將(일취월장)	날마다 나아가고 달마다 자라나감 → 하는 일이 날로 진보함.
晝耕夜讀(주경야독)	낮에는 농사짓고 밤에는 글을 읽음.
螢雪之功(형설지공)	반딧불과 눈의 공 → 고생하면서 열심히 공부하여 성공함.
自手成家(자수성가)	스스로의 힘으로 집안을 이룸 → 물려받은 재산 없이 스스로의 힘으로 집안을 이루고 재산을 모음.
事必歸正(사필귀정)	일은 반드시 바른 데로 돌아감 → 모든 일은 결과적으로 올바른 이치대로 됨.
一絲不亂(일사불란)	한 가닥의 실도 얽히지 않음 → 질서정연하여 조금도 흐트러짐이 없음.
明若觀火(명약관화)	밝은 것이 불을 보는 것과 같음 → 불을 보듯이 명백함.

多多益善(다다익선)	많으면 많을수록 더욱 좋음.
賊反荷杖(적반하장)	도둑이 도리어 매를 듦 → 잘못한 사람이 도리어 시비나 트집을 잡음.
主客顚倒(주객전도)	주인과 손님이 거꾸로 뒤바뀜
雪上加霜(설상가상)	눈 위에 서리가 더함(내림) → 불행이 엎친데 덮쳐 일어남.
破竹之勢(파죽지세)	대를 쪼개는 기세 → 거침없이 적을 물리치고 쳐들어 가는 당당한 기세.
四面楚歌(사면초가)	사방이 초나라 노래 → 사방이 모두 적에게 둘러싸인 형국으로, 누구의 도움도 받을 수 없는 고립된 상태.
進退兩難(진퇴양난)	나아가고 물러섬이 둘 다 어려움 → 이러기도 어렵고 저러기도 어려운 매우 난처한 처지에 놓임.
登龍門(등용문)	용문에 오름 → 사람이 뜻을 이루어 크게 출세함.
群鷄一鶴(군계일학)	여러 마리 닭 가운데 한 마리 학 → 평범한 무리 가운데 뛰어난 사람.
烏合之卒(오합지졸)	까마귀 떼와 같은 군졸 → 훈련되지 않은 군사. 규율도 통일성도 없는 군중.
羊頭狗肉(양두구육)	양의 머리를 내세우고 개고기를 팖 → 겉으로 훌륭하게 보이고 속은 변변찮음.
養虎遺患(양호유환)	호랑이를 길러 근심을 남김 → 화근을 길러 뒷날의 근심거리를 남김.
狐假虎威(호가호위)	여우가 호랑이의 위엄을 빌림 → 남의 권세를 빌려 위세를 부림.
虎視眈眈(호시탐탐)	범이 먹이를 노리어 눈을 부릅뜨고 봄 → 야심을 품고 날카로운 눈초리로 형세를 노려봄.
見利思義(견리사의)	이익을 보면 의리를 생각함.
見危授命(견위수명)	위태로움을 보면 목숨을 바침 → 나라가 위기를 당하여 자기 목숨을 나라에 바침.
捨生取義(사생취의)	삶을 버리고 의리를 취함 → 의를 위해서는 생명을 돌보지 않음.
殺身成仁(살신성인)	몸을 죽여서라도 어짊(仁)을 이룸 → 옳은 일을 위하여 자기 몸을 희생함.
近墨者黑(근묵자흑)	먹을 가까이 하는 자는 검어짐 → 주위 환경에 영향을 받는다는 뜻.
生者必滅(생자필멸)	생명이 있는 것은 반드시 죽음이 있음.

會者定離(회자정리)	만나는 자는 반드시 헤어짐.
同病相憐(동병상련)	같은 병을 앓는 사람끼리 서로 가엾게 여김 → 어려운 사람끼리 동정하고 도움.
同床異夢(동상이몽)	같은 잠자리에서 다른 꿈을 꿈 → 겉으로는 같이 행동하면서 속으로는 딴 생각을 함.
興盡悲來(흥진비래)	즐거운 일이 다하면 슬픈 일이 옴 → 興亡盛衰(흥망성쇠)가 엇바뀜.
轉禍爲福(전화위복)	재앙이 바뀌어 복이 됨 → 언짢은 일이 계기가 되어 오히려 좋은 일이 생김.
改過遷善(개과천선)	잘못을 고치어 착한 데로 옮김.
漁父之利(어부지리)	어부의 이익 → 양편이 다투는 사이에 제3자가 이득을 얻음.
三顧草廬(삼고초려)	(제갈량이) 초려(초가집)를 세 번 돌아봄 → 인재를 얻기 위한 끈질긴 노력.
藥房甘草(약방감초)	약방에 감초 → 한약을 짓는 데 감초가 빠지지 않는 것처럼 어떤 일에 나 빠짐없이 끼여드는 사람 혹은 사물
舊官名官(구관명관)	옛 관리가 훌륭한 관리 → 아무래도 오래 경험을 쌓은 사람이 낫다는 말.
走馬看山(주마간산)	말을 타고 달리면서 산을 봄 → 사물의 겉만 훑어보고 속에 담긴 내용 이나 참된 모습을 바르게 알아내지 못함(수박 겉핥기).
五里霧中(오리무중)	5리 앞이 짙은 안개 속임 → 무슨 일에 대해 알 길이 없음.
一擧兩得(일거양득)	한 번 들어서 두 가지를 얻음 → 한 가지 일을 하여 두 가지 이득을 얻음.
雨後竹筍(우후죽순)	비 온 뒤에 (많이 솟는) 죽순 → 한 때에 어떤 일이 많이 일어남.
口尚乳臭(구상유취)	입에서 아직 젖냄새가 남 → 말과 하는 짓이 아직 어림.
我田引水(아전인수)	자기 논에 물을 끌어들임 → 자기에게만 이롭게 되도록 생각하거나 행동함.
烏飛梨落(오비이락)	까마귀 날자 배 떨어짐 → 공교롭게 어떤 일이 같은 때 일어나 남에게 의심을 받음.
牛耳讀經(우이독경)	쇠귀에 경읽기 → 아무리 해도 알아듣지 못함.

鳥足之血(조족지혈)	새발의 피 → 아주 적은 분량.
燈下不明(등하불명)	등잔 아래가 밝지 않음(등잔 밑이 어둡다).
風前燈火(풍전등화)	바람 앞의 등불 → 사물이 매우 위태로운 처지에 놓여 있음.
目不識丁(목불식정)	(고무래를) 눈으로 보고도 ‘丁’자를 알지 못함 → 낫 놓고 기역자도 모른다.
三尺童子(삼척동자)	(키가) 석 자 정도의 아이 → 5,6세 쯤 되는 어린 아이.
眼下無人(안하무인)	눈 아래에 사람이 없음 → 사람을 업신여기고 교만함.
束手無策(속수무책)	손을 묶여 방책이 없음 → 어찌 할 도리없이 꼼짝 못함.

一日之狗는 不知畏虎라.

三歲之習이 至于八十이라.

無足之言이 飛于千里라.

談虎虎至요, 談人人至라.

不入虎穴이면, 不得虎子니라.

他人之宴에 曰梨曰柿(枾)라.

堂狗三年에 吠風月이라. ‘風月’은 ‘吟風弄月’

(맑은 바람과 달에 대해 시를 짓고 즐겁게 놀다)의 준말.

仁者는 樂山하고, 知者는 樂水니라.

順天者는 存하고, 逆天者는 亡하니라.

一日之計는 在於晨이요, 一生之計는 在於幼니라.

玉不琢이면 不成器요, 人不學이면 不知道니라.

春若不耕이면 秋無所望이요, 幼而不學이면 老無所知니라.

三人行에 必有我師焉이니라.

樹欲靜而風不止하고, 子欲養而親不待니라.

孝는 百行之本也라.